再考
司法書士の
訴訟実務

日本司法書士会連合会 編

発行 民事法研究会

推薦の辞

中央大学大学院法務研究科教授・弁護士

加藤　新太郎

　本書『再考　司法書士の訴訟実務』は、「司法書士の、司法書士による、司法書士のための民事訴訟実務のテキスト」である。類書はない。

＊

　司法書士の職務内容は、従来、①登記・供託手続の代理、②裁判所・検察庁・法務局・地方法務局に提出する書類作成、③登記・供託に関する審査手続の代理とされてきたが、司法制度改革の中で司法書士法が改正（平成15年4月1日施行）され、司法書士に、④簡易裁判所における通常訴訟のほか、限定付きではあるが、訴え提起前の和解手続、支払督促手続および民事調停法に規定する手続等について訴訟代理権が付与され、⑤これらの事件について、相談に応じ、または裁判外の和解について代理することができるようになった。もちろん、これを担うことのできるだけの能力を備え、それが担保されることが前提となる。

　簡易裁判所の訴訟代理権付与は、司法書士に対する市民の期待を背景にしており、これまでの司法書士業務に大きな変革をもたらすものである。それでは、司法書士層は果たしてこの権限を活用できているであろうか。もとより、認定司法書士となったとしても、経験が乏しければ安易に受任することを躊躇うことはむしろ責任ある誠実な態度であるし、そもそも通常は簡裁案件の依頼が次々舞い込むこともない。しかし、過払金バブルが終息を迎えた現在、司法書士は新たな職域である簡易裁判所における訴訟代理人としての役割を果たすべく自己の力量をアップして市民の依頼に安んじて応えていくことが求められている。

　本書は、この課題を達成するための処方箋となる実務書である。その特色は次の点にある。

第1に、本書は、民事訴訟実務の展開に沿って、相談、手続選択、訴状の作成、期日ごとの対応、立証、和解、判決後の対応の各ステージにおける、司法書士の執務の全容を適切かつ具体的に説明している。また、手続の流ればかりでなく、司法書士の裁判業務それ自体や報酬のあり方などの制度面についての解説も行き届いている。さらに、基礎知識から最新情報にまで及んでいる。つまり、本書は、これ一冊で、民事訴訟実務において司法書士の心得ておくべき事項を見事にカバーしているのである。

第2に、本書は、簡裁訴訟代理人として経験を積んだ司法書士が、民事訴訟実務について司法書士の視点から、教科書的かつ抽象的説明にとどまることなく、教科書・基本書を咀嚼したうえで、実践的かつ具体的レベルの知識に組み替えて語っている。読者は、本書を読み進める中で、執筆陣である日本司法書士会連合会執務問題検討委員会に所属する訴訟代理で苦労しながらスキルを体得してきたベテラン認定司法書士の面々が得難くかつ貴重な蓄積を惜しげもなく発信してくれていることに気づかれるであろう。

第3に、本書は、そのようなわけで、「司法書士の、司法書士による、司法書士のための民事訴訟実務のテキスト」であり、司法書士による初めての民事訴訟実務指南書である。

*

司法書士層にとって、簡裁訴訟代理業務は、新しい大海原である。簡裁訴訟代理人の役割を適切に遂行していくため、相談・事情聴取というスタートから問題解決というゴールまできめ細かく、分かりやすく過不足なく語った本書を携えて、大海原に漕ぎだすことにしよう。

簡裁訴訟代理を受任して執務に当たろうとするすべての認定司法書士に、本書『再考　司法書士の訴訟実務』を推薦する次第である。

2019年3月

発刊にあたって

　司法書士は、明治5年（1872年）の制度発足以来、長年にわたり裁判書類の作成を業務として取り扱い、国民の権利の保護に寄与してきた。そのことは、平成14年に司法書士法が改正され簡裁訴訟代理等関係業務を取り扱うことができるようになった後も変わりはない。そして、司法書士は、これからも「身近なくらしの中の法律家」として、業務を通じて、市民の法律トラブルを予防し、また紛争の解決に向けた支援を続けていかなければならない。

　現在、政府では、裁判手続のIT化が検討されており、裁判手続が大きく変わろうとしている。司法書士もその変化に対応するために、これまで行ってきた裁判書類作成関係業務のあり方を今一度見つめ直さなければならない時期が訪れるはずである。

　そこで、司法書士の裁判書類作成関係業務のこれまでの考え方を振り返るとともに整理をし、さらにこれから司法書士に求められる裁判業務における執務姿勢を再考するために本書を発刊することとした。本書は、相談から判決後の対応まで、裁判手続の流れに沿った実務上の留意点を詳述する実務書でもあり、司法書士が実際に裁判書類作成関係業務を受任し、業務を遂行していく中で必要となる情報が網羅されている。

　本書が、司法書士の実務の充実に資することとなり、「身近なくらしの中の法律家」として司法書士が、国民の権利擁護と公正な社会の実現にさらに寄与することができれば幸甚である。

2019年3月

　　　　　　　　　日本司法書士会連合会会長　　今　川　嘉　典

は　し　が　き

　日本司法書士会連合会執務問題検討委員会では、司法書士の裁判外和解代理権の範囲についての情報収集と分析を行ってきた。そのような中、平成28年6月27日に最高裁判所において和歌山訴訟上告審の判決が言い渡された。

　この最高裁判決では、司法書士の裁判外和解代理権の範囲のみを審理の対象としていたことから、その余の部分は、審理の対象とされず、原審である大阪高裁判決が確定することとなった。

　その大阪高裁判決では、司法書士が裁判書類作成関係業務を進める中で負う善管注意義務を具体的に判示している。そして、司法書士を法律専門職と位置づけ、司法書士に高度な善管注意義務を求めており、これまで司法書士の裁判書類作成関係業務の範囲に関する裁判例として引用されてきた昭和54年6月11日の高松高裁判決よりも、司法書士に課された職責を重くみているといえるのではなかろうか。

　ところで、平成14年の司法書士法改正により平成15年7月に認定司法書士が誕生して以来、訴訟代理人や裁判外和解の代理人を引き受ける認定司法書士が増加し、裁判所における事件数も著しく増加した。しかし、近年はその事件数が大きく減少している。このことは、認定司法書士が受任していた事件の多くが債務整理事件であり、原告代理人として取り扱った事件のほとんどが過払金の返還を請求する事件であったことを示している。

　過払金返還請求事件は、金銭貸借の経過等の事実関係には争いがなく、いくつかの法的解釈について最高裁判例等を検討すれば対応できる事件であるといえる。ここ十数年は、そうした過払金返還請求事件を中心に簡裁訴訟代理等関係業務や裁判書類作成関係業務が多く行われてきたが、それらの事案において、定型的で事実関係に争いがない事件であるがゆえに、事実関係を依頼者から丁寧に聴取し、依頼者の生の紛争を法的に検討を加え、準備書面作成のために協議をするといった本来の業務遂行のステップをおろそかにする傾向が見受けられるようになってきている。そして、簡裁訴訟代理業務や

裁判外和解代理業務における本人に対する報告が疎かになったり、裁判書類作成関係業務における業務範囲から逸脱し、本人を差し置いて司法書士が実質的に訴訟遂行したりと、司法書士が長い歴史の中で培ってきた訴訟実務のあり方が十分に引き継がれてきていないと考えられる事案も一部みられるようになってきた。

　そこで、当委員会として、司法書士を法律専門職と位置づけて高度な善管注意義務を求められている今こそ、司法書士がこれまで培ってきた訴訟実務のあり方について再考する必要があると考え、従来の書籍とは趣の異なる実務書として本書を発刊することとした。

　まず、第1章では、これまで司法書士が行ってきた裁判業務のあり方を振り返るとともに現代的課題を指摘し、裁判書類作成関係業務を行うにあたっての考え方と執務における留意点を述べた。

　第2章では、司法書士の裁判書類作成関係業務と簡裁訴訟代理等関係業務における相談業務について整理するとともに、相談業務の意義について述べた。

　第3章では、司法書士が裁判業務を行うにあたって押さえておくべき事実認定の構造について述べた。

　第4章では、山本和子事件という事例を題材として設定し、前章で述べた事実認定の構造に基づいて、どのような事実を掴むことができるか、その留意点について述べた。

　第5章から第10章までは、手続の選択から判決後の対応まで裁判手続の流れに沿った留意点を第4章で設定した山本和子事件という事例について検討を加えながら述べた。

　第11章では、司法書士の報酬についての考え方と論点を整理して述べた。

　以上のとおり、司法書士の今後の訴訟実務のあり方と留意点を具体的に提示する本書が、裁判業務に取り組もうとする司法書士の実務の参考となれば幸いである。

　なお、本書を発刊するきっかけとなる示唆に富む助言をいただいた木村達

はしがき

也弁護士に感謝申し上げるとともに、本書の出版にあたり多くの助言をいた
だいた民事法研究会の南伸太郎氏に厚く御礼申し上げる次第である。

　2019年3月

　　　　　　　　日本司法書士会連合会執務問題検討委員会

目　次

『**再考　司法書士の訴訟実務**』

◎**目　　次**◎

第1章　司法書士の裁判業務
──今こそ温故知新

Ⅰ　はじめに …………………………………………………………………… 1

Ⅱ　高松高裁判決まで ……………………………………………………… 2

Ⅲ　高松高裁判決 …………………………………………………………… 3

　1　高松高裁判決に対する評価 ………………………………………… 3

　2　高松高裁判決の解釈を実務にあてはめる試み ……………………… 4

Ⅳ　昭和53年司法書士法改正 ……………………………………………… 5

Ⅴ　平成14年司法書士法改正と簡裁代理 ………………………………… 6

Ⅵ　和歌山訴訟 ……………………………………………………………… 7

　1　事案の概要 …………………………………………………………… 7

　2　裁判書類作成関係業務についての判断 …………………………… 8

　　(1)　裁判書類作成関係業務の定義 …………………………………… 8

　　(2)　大阪高裁判決の事実認定 ………………………………………… 9

　　(3)　大阪高裁判決の判断 ……………………………………………… 11

　　(4)　大阪高裁判決の検討 ……………………………………………… 12

　　　(ア)　裁判書類作成関係業務に含まれる義務／12

　　　(イ)　裁判書類作成関係業務のあり方／12

　3　説明助言義務 ………………………………………………………… 13

　　(1)　信義則上の義務 …………………………………………………… 13

　　　(ア)　大阪高裁判決の判断／13

　　　(イ)　望ましい執務の検討／14

　　(2)　委任契約から導かれる善管注意義務 ………………………… 15

7

目　次

　　　㋐　大阪高裁判決の判断／15

　　　㋑　望ましい執務の検討／16

Ⅶ　裁判書類作成関係業務の現代的課題 ………………………………… 16

　　1　高松高裁判決の理解 ………………………………………………… 16

　　2　大阪高裁判決における矛盾 ………………………………………… 18

　　3　松山地裁判決の見直し ……………………………………………… 19

　　4　目的的法的判断肯定説 ……………………………………………… 21

　　5　法的判断限定説と目的的法的判断肯定説の具体例における比較

　　　………………………………………………………………………… 25

Ⅷ　裁判書類作成関係業務と簡裁訴訟代理等関係業務の異同 …………… 35

第2章　相　談

Ⅰ　業務としての相談 …………………………………………………………… 37

　　1　相談業務規定の制定経緯 …………………………………………… 37

　　2　5号相談の意義 ……………………………………………………… 39

　　3　7号相談の意義 ……………………………………………………… 40

　　4　相談業務の整理 ……………………………………………………… 42

　　5　相談業務の切替え …………………………………………………… 44

　　6　相談における説明助言義務 ………………………………………… 45

Ⅱ　相談の意義 ………………………………………………………………… 45

　　1　日々、知識を補充する ……………………………………………… 45

　　2　相談の構造 …………………………………………………………… 47

Ⅲ　相談のあり方 ……………………………………………………………… 48

　　1　出口を意識した相談を ……………………………………………… 48

　　2　相談を受ける態度・心構え ………………………………………… 49

　　3　幅広い会話を引き出すコツ ………………………………………… 50

8

目　次

	4	信頼関係の築き方	53
	5	伝える技術	53
	6	相談技術の定量化	54

【書式1】　相談チェックリスト／55

第3章　事実認定の構造

Ⅰ　事実認定の構造 ……………………………………………………… 56

〔図1〕　事実認定の構造／57

1　主要事実 ……………………………………………………… 58

2　間接事実 ……………………………………………………… 59

3　補助事実 ……………………………………………………… 60

4　事　情 ………………………………………………………… 60

Ⅱ　証明度に関する最高裁判所の立場 ………………………………… 61

Ⅲ　事実認定に役立つ五つのヒント …………………………………… 61

Ⅳ　事実認定における裁判官の視点 …………………………………… 62

1　動かしがたい事実 …………………………………………… 62

2　書証の位置づけ ……………………………………………… 63

3　人証の位置づけ ……………………………………………… 64

4　動かしがたい事実と合理的なストーリー ………………… 65

5　経験則による事実認定 ……………………………………… 66

Ⅴ　経験則による事実認定の実践 ……………………………………… 67

1　1枚の写真から推認する構造 ……………………………… 67

2　経験則の分類と柔軟な活用 ………………………………… 68

3　経験則の体系 ………………………………………………… 72

4　経験則違反 …………………………………………………… 75

9

目　次

第4章　事例にみる事実認定と判断
──山本和子事件を題材に

Ⅰ　事例設定 ……………………………………………………………… 79

Ⅱ　事実を掴む …………………………………………………………… 81

　1　要件事実を中心とした聴き取りの落とし穴 ……………………… 81

　　(1)　数万円単位の複数回の貸付け ………………………………… 81

　　　㋐　返還の合意／81

　　　㋑　金銭の交付／81

　　　㋒　証拠と法的評価／82

　　(2)　30万円の貸付け ………………………………………………… 83

　　　㋐　返還の合意／83

　　　㋑　金銭の交付／83

　　(3)　小　括 …………………………………………………………… 83

　2　事案のストーリーを探れ …………………………………………… 83

　3　評価と事実の相違 …………………………………………………… 84

　4　動かしがたい事実は何か …………………………………………… 86

　5　動かしがたい事実とストーリー …………………………………… 87

　6　ストーリーを聴き取る ……………………………………………… 91

　7　ストーリーの活用 …………………………………………………… 93

第5章　手続選択

Ⅰ　事件の流れ、事件の筋 ……………………………………………… 95

Ⅱ　事案の把握と相談者の意向 ………………………………………… 98

　1　事案の把握 …………………………………………………………… 98

目　次

　　2　相談者の意向 ……………………………………… 98

　　3　手続と実現可能性 ………………………………… 99

Ⅲ　本人訴訟と訴訟遂行能力 …………………………… 99

Ⅳ　手続の提示と説明・理解・選択 …………………… 101

　　1　交　渉 ……………………………………………… 102

　　2　支払督促 …………………………………………… 103

　　3　調　停 ……………………………………………… 104

　　4　簡易裁判所における代理訴訟 …………………… 106

　　5　少額訴訟 …………………………………………… 107

　　6　地方裁判所における本人訴訟 …………………… 107

　　7　簡易裁判所における本人訴訟 …………………… 108

Ⅴ　受　任 ………………………………………………… 109

　　1　委任の内容および範囲 …………………………… 109

　　2　報　酬 ……………………………………………… 109

　　3　委任契約書の作成 ………………………………… 109

　　　　【書式2】　簡裁訴訟代理等関係業務委任契約書（例）／110

　　　　【書式3】　裁判書類作成関係業務基本契約書（例）／116

Ⅵ　依頼者と司法書士の役割分担 ……………………… 120

第6章　和　解

Ⅰ　司法書士による和解 ………………………………… 122

Ⅱ　相談時における和解 ………………………………… 123

　　1　和解の提案 ………………………………………… 123

　　2　具体的な和解交渉方法の提示 …………………… 124

　　3　紛争当事者に対するエンパワーメント ………… 125

　　4　和解交渉をするか否かの助言 …………………… 125

11

目　次

Ⅲ　受任後における和解 ……………………………………………… 126

　1　内容証明郵便等の活用 ………………………………………… 126

　(1)　内容証明郵便の活用 ……………………………………… 126

　　(ア)　内容証明郵便を送付する目的／126

　　【書式4】　通知書──山本和子事件／127

　　(イ)　内容証明郵便等の送付にあたって／129

　(2)　訴えの提起前における照会の活用 ……………………… 131

　　(ア)　提訴予告通知書／131

　　【書式5】　提訴予告通知書──山本和子事件／131

　　(イ)　提訴前証拠収集の処分／134

　　【書式6】　提訴前証拠収集の処分申立書──山本和子事件／134

　　(ウ)　内容証明郵便等の送付後の対応／136

　2　和解の履行の確保──訴え提起前の和解の利用 ………… 138

　　【書式7】　訴え提起前の和解申立書──山本和子事件／139

　3　本人が直接、和解に向けた交渉をする際の留意点 ……… 142

Ⅳ　訴えの提起後における和解 …………………………………… 143

　1　裁判所による和解勧試 ………………………………………… 143

　(1)　訴えの提起直後の和解勧試 ……………………………… 143

　(2)　当事者から主張立証がなされた後の和解勧試 ………… 144

　(3)　予想される判決内容と和解内容との比較 ……………… 144

　(4)　当事者の思いと相当な和解案 …………………………… 145

　2　和解の方法（訴訟上、訴訟外） …………………………… 146

　(1)　訴訟上の和解 ……………………………………………… 146

　(2)　訴訟外の和解 ……………………………………………… 146

　(3)　和解に代わる決定 ………………………………………… 146

Ⅴ　判決後における和解 …………………………………………… 147

Ⅵ　小　括 …………………………………………………………… 148

12

目　次

第 7 章　訴状の作成

Ⅰ　訴状の作成に関する基本的なルール ……………………………… 149

　1　訴状の記載方法 ……………………………………………………… 150

　2　裁判書類作成関係業務における送達場所・送達受取人 …………… 151

　3　附属書類および証拠方法 …………………………………………… 153

Ⅱ　訴状の作成 …………………………………………………………… 154

　1　訴状の作成の注意点 ………………………………………………… 154

　　(1)　簡潔かつ正確な文章 ……………………………………………… 154

　　(2)　欠席判決に耐えられる訴状を作成する ……………………… 155

　　(3)　主張と証拠 ………………………………………………………… 155

　　(4)　判例の引用 ………………………………………………………… 156

　　(5)　学説の引用 ………………………………………………………… 157

　2　訴状例 ………………………………………………………………… 157

　　(1)　司法書士が代理人として簡易裁判所に提出する訴状例 ………… 157

　　　【書式 8 】　訴状──簡裁訴訟代理等関係業務／158

　　　【書式 9 】　訴訟委任状／161

　　(2)　裁判書類作成関係業務として地方裁判所に提出する訴状例 ……… 162

　　　【書式10】　訴状──裁判書類作成関係業務／162

　　(3)　山本和子事件における訴状例 …………………………………… 164

　　　【書式11】　訴状──山本和子事件／165

Ⅲ　証拠説明書 …………………………………………………………… 168

　1　証拠説明書の意義と記載事項 ……………………………………… 168

　　(1)　作成者 ……………………………………………………………… 169

　　(2)　立証趣旨 …………………………………………………………… 169

　　(3)　原本・写しの別 ………………………………………………… 170

　2　山本和子事件における証拠説明書 ………………………………… 171

目　次

　　【書式12】　証拠説明書──山本和子事件／171

Ⅳ　納品先は依頼者──説明・理解・選択 ……………………………… 172

第8章　期日ごとの対応

Ⅰ　答弁書・準備書面の作成 ……………………………………………… 174

　1　訴状を受け取った依頼者（被告）への説明 ………………………… 174

　2　答弁書作成の留意点 …………………………………………………… 174

　3　答弁書の記載方法 ……………………………………………………… 175

　4　答弁書例 ………………………………………………………………… 175

　⑴　司法書士が代理人として提出する答弁書例 …………………… 175

　　【書式13】　答弁書──簡裁訴訟代理等関係業務／175

　⑵　裁判書類作成関係業務として作成する答弁書例 ……………… 177

　　【書式14】　答弁書──裁判書類作成関係業務／177

　5　山本和子事件における答弁書例 …………………………………… 179

　⑴　松本一郎の言い分 ………………………………………………… 179

　⑵　松本一郎の言い分に基づく答弁書例 …………………………… 179

　　【書式15】　答弁書──山本和子事件／180

　6　準備書面の記載方法と作成の留意点 ……………………………… 181

　7　山本和子事件における準備書面例 ………………………………… 181

　　【書式16】　第1準備書面（原告側）──山本和子事件／182

　　【書式17】　第1準備書面（被告側）──山本和子事件／182

Ⅱ　依頼者への裁判手続と法廷での振る舞いの教示 ………………… 183

　1　裁判手続についての教示 …………………………………………… 183

　⑴　期日当日の流れ …………………………………………………… 183

　⑵　擬制陳述 …………………………………………………………… 184

　⑶　擬制自白 …………………………………………………………… 185

14

目　次

　　(4)　裁判長の訴訟指揮 ……………………………………………… 185

　　(5)　弁論準備手続 …………………………………………………… 185

　　(6)　書面による準備手続 ………………………………………… 186

　2　法廷での振る舞い ………………………………………………… 186

Ⅲ　裁判書類作成関係業務における期日への同行と法廷傍聴 …………… 187

Ⅳ　期日間の当事者とのやりとり ……………………………………… 188

　1　依頼者とのやりとり ……………………………………………… 188

　　(1)　代理人として出廷した場合の期日の報告 …………………… 188

　　　【書式18】　期日報告書／189

　　(2)　準備書面作成、証拠の収集のための打合せ ………………… 189

　2　相手方とのやりとり ……………………………………………… 190

　　(1)　準備書面等の直送、受取り ………………………………… 190

　　　【書式19】　直送送信書（送付書）／191

　　(2)　和解の打診 …………………………………………………… 192

Ⅴ　関係者との接し方 ………………………………………………… 192

第9章　立　証

Ⅰ　立証の目的と種類 ……………………………………………… 194

　1　立証の目的 ………………………………………………………… 194

　2　弁論主義の採用 …………………………………………………… 194

　3　立証の種類 ………………………………………………………… 194

Ⅱ　書証による立証活動 …………………………………………… 195

　1　書証の種類 ………………………………………………………… 195

　　(1)　処分証書 ……………………………………………………… 195

　　(2)　報告文書 ……………………………………………………… 195

　　(3)　準文書 ………………………………………………………… 195

15

目　次

　　　㈠　写真の提出／195

　　　㈡　録音データの提出／196

　　　㈢　電子情報の提出／196

　　〔図2〕　電子情報のプロパティ①／197

　　〔図3〕　電子情報のプロパティ②／197

　　(4)　準文書による立証例 ……………………………………………… 198

　　　㈠　近隣からの音／198

　　　㈡　居住の有無／198

　　〔図4〕　電気メーター／199

　　〔図5〕　ガスメーター／199

　　〔図6〕　ガスメーター（タグ付き）／199

　　【書式20】　現地調査報告書／199

　　　㈢　関係者との会話／201

　　(5)　山本和子事件における書証 ………………………………………… 202

　　〔図7〕　メール画像／204

　2　証拠力 ……………………………………………………………………… 204

　　(1)　形式的証拠力 ………………………………………………………… 204

　　(2)　実質的証拠力 ………………………………………………………… 204

　3　書証の提出方法 …………………………………………………………… 205

　4　立証活動 …………………………………………………………………… 206

　　(1)　何を提出するべきか ………………………………………………… 206

　　(2)　いつ提出するか ……………………………………………………… 206

　　(3)　間接事実の重要性 …………………………………………………… 207

　　(4)　証拠の収集 …………………………………………………………… 207

　5　陳述書 ……………………………………………………………………… 208

　　(1)　陳述書の意義 ………………………………………………………… 208

　　(2)　陳述書の証拠評価 …………………………………………………… 209

　　(3)　陳述書作成の際の注意点 …………………………………………… 209

㋐　時系列で生の事実を述べる／209

　　㋑　直接体験した事実か、伝聞か／210

　　㋒　事実か、意見か／210

　　㋓　相手方の主張に対する反論や感情的な事項は適切な範囲に

　　　とどめる／210

　　㋔　不利益な事実／210

　　㋕　断定的な表現／211

　　㋖　陳述書の内容と準備書面の内容を全く同じにしないこと／211

　⑷　陳述書の提出および利用 ……………………………………… 211

　⑸　陳述書提出の時期 ……………………………………………… 212

　⑹　陳述書と主張の関係 …………………………………………… 212

　⑺　山本和子事件における陳述書 ………………………………… 212

　　【書式21】　陳述書──山本和子事件／213

Ⅲ　人証による立証 ………………………………………………… 220

　1　人証とは ………………………………………………………… 220

　⑴　証拠方法が人であること ……………………………………… 220

　⑵　適切な内容かつ必要十分な尋問を行うこと ………………… 220

　⑶　供述の構造を理解したうえで、尋問を行う必要があること …… 220

　　㋐　供述とは／220

　　㋑　誤り・偏りの侵入／221

　2　尋問技術に関する10の原則 …………………………………… 222

　3　尋問における留意点 …………………………………………… 222

　　【書式22】　用語等説明書／224

　4　主尋問 …………………………………………………………… 225

　⑴　主尋問とは ……………………………………………………… 225

　⑵　主尋問のテクニック（総論）………………………………… 226

　　㋐　事前準備／226

　　㋑　面接時の心構え／226

17

目　次

　　㈦　面接以外の準備／227

　　㈢　何を立証するのかを明確に／227

　　㈣　推論の構造を意識する／228

　　㈤　陳述書やその他の書証との整合性チェック／228

　　㈥　尋問の予行演習／228

　⑶　主尋問のテクニック（各論）……………………………………… 229

　　㈠　書証の成立は明らかに／229

　　㈡　主要事実の前後の事実を具体的に／229

　　㈢　民事訴訟規則を意識する／230

　　㈢　尋問メモの作成／231

　⑷　山本和子事件における主尋問 ………………………………………… 231

　　【書式23】　証拠申出書──山本和子事件／231

　　㈠　複数回の貸付け／232

　　㈡　最後の30万円の貸付け／236

　5　反対尋問 …………………………………………………………………… 240

　⑴　反対尋問の目的 ………………………………………………………… 240

　⑵　反対尋問の範囲 ………………………………………………………… 241

　⑶　反対尋問のテクニック（総論）……………………………………… 241

　　㈠　事前準備／241

　　㈡　反対尋問の進め方／243

　　㈢　反対尋問における注意事項／243

　　㈢　注意事項を意識した尋問／244

　⑷　反対尋問のテクニック（各論）……………………………………… 244

　　㈠　何から聞くか／244

　　㈡　反論を投げかけるか、言わせるままにするか／244

　　㈢　証人の特性への対応／245

　⑸　反対尋問を行うか否か ………………………………………………… 245

　⑹　失敗とされる反対尋問 ………………………………………………… 246

目　次

　　　㈦　主尋問をなぞるだけの反対尋問／246

　　　㈦　意見・評価を求める尋問／247

　　　㈦　議論をする結果となる尋問／247

　　⑺　山本和子事件における反対尋問 ……………………………… 247

　　　㈦　複数回の貸付けに対する反対尋問／247

　　　㈦　最後の30万円の貸付けに対する反対尋問／249

　6　本人訴訟における尋問 …………………………………………… 251

　　⑴　争点が多い場合 ………………………………………………… 251

　　⑵　争点がさほど多くない場合 …………………………………… 251

　　⑶　公示送達の場合 ………………………………………………… 251

　　⑷　書面尋問の活用 ………………………………………………… 251

　7　簡易裁判所における尋問での注意点 ………………………… 252

第10章　判決後の対応

Ⅰ　判決の言渡し ……………………………………………………… 254

Ⅱ　既判力 ……………………………………………………………… 254

Ⅲ　仮執行宣言 ………………………………………………………… 255

Ⅳ　控　訴 ……………………………………………………………… 256

　1　控訴の手続 ………………………………………………………… 256

　　【書式24】　控訴状──第1審が簡易裁判所であり地方裁判所に対し
　　　　　　て控訴する場合（山本和子事件）／258

　　【書式25】　控訴状──第1審が地方裁判所であり高等裁判所に対し
　　　　　　て控訴する場合／259

　2　控訴の実務上の留意点 …………………………………………… 261

　　⑴　上訴についての説明 …………………………………………… 261

　　⑵　控訴審の受任の仕方 …………………………………………… 261

19

目　次

　(3)　控訴状と控訴理由書 ………………………………………………… 262

　(4)　弁護士選任についての助言 ………………………………………… 262

第11章　報　酬

Ⅰ　弁護士の報酬制度 ……………………………………………………… 264

Ⅱ　司法書士の報酬制度の流れ …………………………………………… 264

Ⅲ　日本司法書士会連合会の報酬指針 …………………………………… 266

　1　債務整理事件の処理に関する指針 ………………………………… 266

　2　債務整理事件における報酬に関する指針 ………………………… 270

Ⅳ　司法書士の報酬の論点 ………………………………………………… 273

Ⅴ　裁判書類作成関係業務の成功報酬 …………………………………… 274

・事項索引／277

・判例索引／279

・執筆者紹介／281

〔凡　例〕

民集	最高裁判所民事判例集
集民	最高裁判所裁判集民事
判時	判例時報
判タ	判例タイムズ
金法	金融法務事情
ジュリ	ジュリスト
リマークス	私法判例リマークス

第1章　司法書士の裁判業務
——今こそ温故知新

I　はじめに

　司法書士の裁判書類作成関係業務について司法判断されたものとして、昭和54年の高松高裁判決（高松高判昭和54・6・11判時946号129頁）があり、以来、高松高裁判決の表現が他の裁判例などでも繰り返し用いられている。[1]

　平成14年の司法書士法改正による簡裁代理権付与後、高松高裁判決の表現は実態にそぐわない側面も生じている状況にあるところ、実務の工夫として、後述のとおり、実態に即した形に解釈することによって運用されている。しかし、この解釈運用については整合的な説明とはいいがたく、抜本的な見直しが迫られている。

　一方で、高松高裁判決の表現を逆手に取り、後述のとおり、司法書士の裁判書類作成関係業務の範囲を狭めるかのような主張も散見されるようになってきた。

　こういった問題を解消するために、本章では、司法書士の裁判書類作成関係業務につき、高松高裁判決の表現とは異なる形で説明することを提案する。

　具体的には、高松高裁判決の原審である松山地裁判決（松山地西条支判昭

1　　和歌山訴訟最高裁判決（最判平成28・6・27民集70巻5号1306頁）、和歌山訴訟高裁判決（大阪高判平成26・5・29民集70巻5号1380頁）、和歌山訴訟地裁判決（和歌山地判平成24・3・13民集70巻5号1347頁）、富山訴訟（富山地判平成25・9・10判時2206号111頁）、愛知訴訟（名古屋地判平成30・5・31消費者法ニュース117号218頁）など。

1

第1章　司法書士の裁判業務

和52・1・18判時865号110頁）の表現による説明である。

　これにより意図するところは、上述の問題の解消であり、現在なされている実務を変更するものではない。当然ながら、裁判書類作成関係業務の範囲が従来とは異なることになるわけではない点に留意されたい。

Ⅱ　高松高裁判決まで

　現在の司法書士制度の始まりは、明治5年の司法職務定制が定めた代書人であるといわれている。[2]

　当時の代書人の業務は、裁判所に提出する訴状を作成し、訴訟手続が円滑に進むようにすることであったといわれている。

　大正8年の司法代書人法では、業務を「他人ノ嘱託ヲ受ケ裁判所及検事局ニ提出スヘキ書類ノ作製ヲ為スヲ業」とすると定めた。

　その後、昭和10年に司法代書人法が司法書士法に名称が変更され、同年6月28日の法曹会決議では「司法代書人カ訴訟書類非訟書類ヲ依嘱人ニ有利トナル如ク作成スル為事件ノ内容ニ付判断シ鑑定ニ属スル程度ノ処置ヲ為スハ代書業ノ範囲ヲ逸脱ス」と述べられていた。

　また、昭和29年1月13日付け民甲第2554号法務省民事局長回答も「訴状、答弁書、準備書面又は告訴状、告発状等の作成は、他人から嘱託された趣旨内容の書類を作成する場合であれば、司法書士の業務範囲に含まれ、弁護士法72条の違反の問題を生ずることはない。しかし、いかなる趣旨内容の書類を作成すべきかを判断することは、司法書士の固有の業務範囲には含まれないと解すべきであるから、これを専門的法律知識に基づいて判断し、その判断に基づいて右の書類を作成する場合であれば、同条の違反の問題を生ずる」と述べている。

　しかし、松山地裁判決は、次のように言っている。

2　日本司法書士会連合会司法書士史編纂委員会編『日本司法書士史〔明治・大正・昭和戦前編〕』ほか。

「司法書士は書類作成業務にその職務があるのであるが、他人の嘱託があつた場合に、唯単にその口述に従つて機械的に書類作成に当るのではなく、その嘱託人の目的が奈辺にあるか、書類作成を依頼することが如何なる目的を達するためであるかを、嘱託人から聴取したところに従い、その真意を把握し窮極の趣旨に合致するように法律的判断を加えて、当該の法律事件を法律的に整理し完結した書類を作成するところにその業務の意義があるのであ」る。

Ⅲ　高松高裁判決

1　高松高裁判決に対する評価

　松山地裁判決の控訴審である高松高裁判決では、「司法書士の業務である右の訴訟関係書類の作成は、前述のとおり、弁護士の主要業務の一部と全く同一であることからして、右書類作成については相当な法律知識を必要とすることは司法書士法1条の2の規定をまつまでもなく明らかであり、また国が司法書士法を制定して一定の資格を有する者のみを司法書士としてその書類作成業務を独占的に行わせ、他の者にその業務の取扱を禁止している趣旨からして、司法書士が他人から嘱託を受けた場合に、唯単にその口述に従つて機械的に書類作成に当るのではなく、嘱託人から真意を聴取しこれに法律的判断を加えて嘱託人の所期の目的が十分叶えられるように法律的に整理すべきことは当然であり、職責でもある」と述べており、こういった部分では、単に依頼者の口述を筆記するような代書的役割という評価を払拭していると理解することができる。

　しかし、高松高裁判決は、司法書士の裁判書類作成関係業務について、

3　昭和53年改正後の司法書士法1条の2（職責）は「司法書士は、常に品位を保持し、業務に関する法令及び実務に精通して、公正かつ誠実にその業務を行わなければならない」と規定していた。

「制度として司法書士に対し弁護士のような専門的法律知識を期待しているのではなく、国民一般として持つべき法律知識が要求されていると解」し、「司法書士が行う法律的判断作用は、……法律常識的な知識に基く整序的な事項に限つて行われるべきもの」と判示しており、当時は、「司法書士の法律知識が、国民一般の水準を超えないという上級審の説示は、あまりにも現実と離れている」との批判もあった[4]。

そして、高松高裁判決以降は、こういった批判を踏まえながらも、判決理由に沿うように司法書士の裁判業務を説明していくことが求められるようになった。

2 高松高裁判決の解釈を実務にあてはめる試み

高松高裁判決では、「制度として司法書士に対し弁護士のような専門的法律知識を期待しているのではなく、国民一般として持つべき法律知識が要求されていると解され、従つて上記の司法書士が行う法律的判断作用は、嘱託人の嘱託の趣旨内容を正確に法律的に表現し司法（訴訟）の運営に支障を来たさないという限度で、換言すれば法律常識的な知識に基づく整序的な事項に限つて行われるべきもので、それ以上専門的な鑑定に属すべき事務に及んだり、代理その他の方法で他人間の法律関係に立ち入る如きは司法書士の業務範囲を越えたものといわなければならない」と述べられていることから、「法律常識的な知識」とは「国民一般として持つべき法律知識」ともいうし、「司法書士が行う法律的判断作用は嘱託人の嘱託の趣旨内容を正確に法律的に表現し司法（訴訟）の運営に支障を来たさない」ということは、「法律常識的な知識に基づく整序的な事項」を行うということでもある。そして、「国民一般として持つべき法律知識」を「法律常識的な知識」と同義で使用しているのは、国民が裁判所を利用する場合には上記の意味における「法律常識的な知識」をもつべきと裁判所が考えているからである。だから

4　伊藤眞「弁護士と当事者」新堂幸司編『講座民事訴訟(3)当事者』120頁。

こそ、「国民一般として持つべき法律知識」であって、「国民一般として持っている法律知識」ではないのである。

これを言い換えると「法律常識的な知識」というのは、法治国家で生活をするうえで国民が本来は知っていなければならない種々の法律や、膨大な判例知識、裁判実務等を包含する法律知識ということができる。つまり、「法律常識的な知識」とは、一般用語の意味する「常識」とは異なり、高度な法律知識を意味していると考えられる。

このように「法律常識的な知識」を理解することによって、司法書士は自らの専門的知識を発揮した裁判書類を作成し、依頼者の需要に応えていったのである。

Ⅳ　昭和53年司法書士法改正

司法書士が汲う訴訟業務の大きな転換点は、昭和53年司法書士法改正であると考えられる。

同改正により、司法書士法に目的規定、職責規定が創設されたが、これについて、立法担当者は、「司法書士法中に司法書士制度の目的あるいは職責を定めた直接の規定は見当たらなかった。このため例えば司法書士を単なる『代書』と見たり、あるいは司法書士制度を不当に低く評価しようとする誤った見解が行われないではなかった。そこで今回の改正においては、従来から当然のこととして理解されてきた司法書士制度の目的あるいは司法書士の職責についての明文の規定を設け、司法書士の法的位置づけを明確にすることにより、司法書士制度に対する一般の理解を深めるとともに、司法書士自らの自覚をも高め、その品位の向上と業務の進歩改善に資することとした」と述べているのである。[5] つまり、目的規定や職責規定を創設した意義は、代書性の払拭を目的としたものであったというのである。

5　清水湛「司法書士法の一部を改正する法律について」ジュリ669号17頁。

第1章　司法書士の裁判業務

　こうした中で、日本司法書士会連合会では、平成元年に前年の司法書士試験合格者を対象に「司法書士中央新人研修」の開催を始めた。以来、現在に至るまで30年以上、裁判業務を中心に集合研修が行われている。この取組みは、新人司法書士に「訴訟支援」という認識を植え付けるのに、大きな役割を果たしている。

Ⅴ　平成14年司法書士法改正と簡裁代理

　平成14年司法書士法改正前は、簡易裁判所の訴訟代理人は許可代理人を除き弁護士に限られていたが、弁護士が地域的に偏在していること、簡易裁判所で行われる訴訟事件が少額であることなどから、国民の権利擁護が十分ではない状況が生じていた。

　そこで、地域に偏在なく存在し、従来から裁判書類の作成を業務としていた司法書士に簡易裁判所の訴訟代理権を付与すべきという指摘がなされていた。そして、平成13年6月12日付け司法制度改革審議会の意見書は、隣接法律専門職種の活用等について、「訴訟手続において、隣接法律専門職種などの有する専門性を活用する見地から、司法書士への簡易裁判所での訴訟代理権については、信頼性の高い能力担保措置を講じた上で、これを付与すべきである。また、簡易裁判所の事物管轄を基準として、調停・即決和解事件の代理権についても、同様に付与すべきである」と述べるに至り、平成14年法律第33号により司法書士法が改正されたのである。

　ちなみに、改正年である平成14年における簡易裁判所における民事第1審通常訴訟新受事件数は31万2952件、民事調停新受事件数は48万7943件であった。そして、簡易裁判所における民事第1審通常訴訟既済事件31万4623件のうち、少なくとも一方の代理人として弁護士が関与した事件は2万9534件と、わずか10％にも満たず、また、双方に弁護士が関与した事件は3768件と、全体の1％強にすぎなかった。

　そして、平成14年改正司法書士法が施行され、簡裁訴訟代理等関係業務が

認められることとなり、平成15年7月28日に簡裁訴訟代理等関係業務を行うことができる2989名の認定司法書士が初めて誕生した。これにより、従来からの裁判書類作成関係業務に加え、裁判外の和解代理業務や訴訟代理業務の取組みが始まった。

このことは、社会問題であった多重債務問題の解決にも大きな影響を及ぼすことになった。これは、司法統計にも顕著に顕れている。

平成14年当時、破産手続開始申立件数は22万4467件と増加傾向にあり、平成15年2月から7月までも月2万2000件～2万3000件台で推移していたが、8月は約1万9000件と約15％の減少をみせた。そして、その後も月1万4000件～2万2000件台と、8月を境に減少を続けた。

また、平成14年の特定調停申立件数は41万6642件であり、平成15年7月までは月5万件と増加傾向にあったが、8月に約4万件に落ち込んで、その後も減少傾向が続いた。

以上のように、平成15年8月を境に、破産事件、特定調停事件ともに減少傾向をみせているが、これらの原因は、認定司法書士による任意整理が全国的に激増したことによるといってよい。

VI　和歌山訴訟

1　事案の概要

和歌山訴訟は、以上のような状況の中で認定司法書士が行った債務整理に関する事件である。まず、事案の概要を紹介する。

この事件は、Y司法書士が以前受任した債務整理事件について、依頼者であった一家4名のうち、父母であるX_1とX_2から、債務整理の内容が非弁行為にあたるとして損害賠償請求訴訟を提起されたものである。

家族4名の総債権者数は合計33社で、負債総額は約2200万円、過払金（相殺分含む）は合計約1000万円であった。

第1章　司法書士の裁判業務

X_1およびX_2はY司法書士に対し、不法行為に基づく損害賠償請求として、X_1ら一家の債務整理によって得た報酬と慰謝料、Y司法書士を紹介した被害者の会への寄付金、弁護士費用など合計約400万円の支払いを求めたのである。

2　裁判書類作成関係業務についての判断

⑴　裁判書類作成関係業務の定義

和歌山訴訟では、裁判書類作成関係業務に関し、最高裁判所は上告を受理しなかったが、原審である大阪高裁判決において判断されているので検討しておく。

まず、司法書士が裁判書類作成関係業務を行うにあたって取り扱うことができるのは、「依頼者の意向を聴取した上、それを法律的に整序することに限られる」としている。そして、「それを超えて、法律専門職としての裁量的判断に基づく事務処理を行ったり、委任者に代わって実質的に意思決定をしたり、相手方と直接交渉を行ったりすることは予定されていないものと解され、司法書士の裁判書類作成関係業務としての行為がこれらの範囲に及ぶときは、同項〔注・司法書士法3条1項〕4、5号の権限を逸脱することになるものと解すべきである」としている。

これに対し、高松高裁判決は、「司法書士の業務である右の訴訟関係書類の作成は、前述のとおり、弁護士の主要業務の一部と全く同一であることからして、右書類作成については相当な法律知識を必要とすることは司法書士法1条の2の規定をまつまでもなく明らかであり、また国が司法書士法を制定して一定の資格を有する者のみを司法書士としてその書類作成業務を独占的に行わせ、他の者にその業務の取扱を禁止している趣旨からして、司法書士が他人から嘱託を受けた場合に、唯単にその口述に従つて機械的に書類作成に当るのではなく、嘱託人から真意を聴取しこれに法律的判断を加えて嘱託人の所期の目的が十分叶えられるように法律的に整理すべきことは当然であり、職責でもある」としている。

8

このように高松高裁判決では司法書士の書類作成業務は「法的判断を加えたうえで法的整序を行う業務である」としている一方で、大阪高裁判決では「法的整序を行う業務」とのみ定義づけているため、大阪高裁判決の当該部分からは、業務に法的判断は含まれないと受け止められかねない。

しかし、後に検討するように（後記3(2)参照）、大阪高裁判決では、司法書士に対して重い善管注意義務を課していることから、次の①②のように整理できる。

①　高松高裁判決　　裁判書類作成関係業務は、法的判断を加えたうえで法的整序を行う業務である。

②　大阪高裁判決　　裁判書類作成関係業務は法的整序に限られるが、委任契約上の善管注意義務として、依頼者の意向にかかわらず、依頼者にとって最善の手続を説明助言して本人が意思決定することが必要である。

そうすると、司法書士がする法的判断の部分について、委任契約上の善管注意義務まで含めて解釈すると、大阪高裁判決は、高松高裁判決をより広く判断していると考えられる。

(2)　大阪高裁判決の事実認定

大阪高裁判決は、Ｙ司法書士がＸ₁のＡ社に対する過払金に関して行った裁判書類作成関係業務について、次の①〜⑰のように事実認定した。

①　Ｙ司法書士は、Ａ社が開示したＸ₁との間の取引履歴に、昭和57年6月12日からの借入れおよび返済しか記載されていなかったため、Ａ社に対し、それ以前の借入れおよび返済が記載された取引履歴の開示を求めたが、Ａ社は、システム上、開示できないと回答した。

②　Ｙ司法書士は、Ａ社から開示された取引履歴を前提に、引直計算を行い、その結果249万7009円の過払金元本が判明した。また、昭和57年6月12日の貸金債務残高を取引履歴記載の44万3100円ではなく0円として計算すると、613万3096円の過払金元本が発生することが判明した。

③　Ｙ司法書士は、平成20年9月4日、Ｘ₁に対し、訴訟の準備をするよ

第 1 章　司法書士の裁判業務

う伝えた。

④　Ｙ司法書士は、平成20年11月18日、Ｘ₁からＡ社に対し過払金返還を求める不当利得返還請求訴訟の訴状を作成し、これをＸ₁に代わって和歌山地方裁判所に提出した。

⑤　Ａ社は、平成20年12月19日、Ｙ司法書士に対し、答弁書を送付し、499万円を平成21年2月末頃までに支払う内容で和解したい旨を連絡した。

⑥　Ｙ司法書士は、平成20年12月20日、Ｘ₁に対し、Ａ社からの上記連絡を伝えた。その頃、Ｘ₁は、Ｙ司法書士とも相談したうえで、上記Ａ社からの申出の内容により和解することにした。

⑦　Ｙ司法書士は、平成20年12月22日、和歌山地方裁判所に対し、期日変更の申立書類をファックス送信した。これを受けて、同裁判所は、同日午前10時の上記訴訟の第1回口頭弁論期日の指定を取り消し、追って指定とした。

⑧　Ｙ司法書士は、同日、Ｘ₁に対し、Ａ社から受領した答弁書を交付した。

⑨　Ｘ₁は、同日、Ｙ司法書士に対し、613万円余りの過払金が発生していても、早期解決のためにＡ社が提案する499万円の過払金を受領する内容で和解をしたい旨回答した。

⑩　Ｙ司法書士は、同日、Ａ社に対し、上記⑨の内容で和解する旨を伝えた。また、Ｘ₁も、同日、Ａ社に対し、上記和解をする旨を伝えた。

⑪　Ｙ司法書士は、Ａ社から和解金の支払期限を平成21年2月27日とする旨の連絡を受け、和解契約書を作成し、平成20年12月26日、これをＸ₁に送付した。

⑫　Ｙ司法書士は、平成21年1月6日、和歌山地方裁判所に対し、裁判外で和解が成立したので、口頭弁論期日を追って指定としてほしい旨を電話で伝えた。

⑬　Ｘ₁とＡ社は、平成21年2月20日、Ａ社がＸ₁に対し、不当利得返還債

務として499万円を、同月27日限り支払う旨の和解契約が成立した。Y
司法書士は、和解契約書に「書類作成者」として記名押印した。

⑭　A社は、平成21年2月27日、X₁名義の銀行口座に、上記499万円を振り込んで支払った。

⑮　X₁とY司法書士は、平成21年3月5日、A社からの過払金返還額を確認した。

⑯　Y司法書士は、平成21年3月18日、和歌山地方裁判所に対し、X₁のA社に対する前記訴えの取下書を提出した。

⑰　Y司法書士は、この間、終始X₁とA社の訴訟進行について相談を受けて助言しており、これに応じて、A社の上記過払金499万円の回収の報酬として、その2割である99万8000円の支払いを受けた。

(3)　大阪高裁判決の判断

以上の事実を前提に、大阪高等裁判所は、次のように説明し、Y司法書士の行ったA社についての行為は弁護士法72条の趣旨を潜脱するものであると断じた。

「Y司法書士は、本件委任契約に基づき、X₁とA社との取引に係る債務整理の依頼を受け、受任通知を発送した上、入手した取引履歴に基づいて引直し計算を行ったところ、過払金が140万円を超えることが判明したことから、X₁に訴訟の提起を助言し、一般に用いられている冒頭ゼロ計算による過払金額を前提に訴状を作成して裁判所に提出し、その後、A社から提示された和解案をX₁に伝えるなどして和解案の伝達を何度か行った後、X₁本人がA社に電話をして和解が成立したと認められる。Y司法書士は、一応X₁にA社との訴訟を任せ、裁判関係書類の作成に関与しているように行っているものの、上記訴訟の当初から和解に至るまで終始、X₁からの相談を受けて法律専門職として助言しており、この実質的な関与に応じて報酬についても、単なる裁判書類作成関係業務の通常の対価4～5万円（Y司法書士）に比して、約20倍に上る99万8000円を得ており、全体としてみると、弁護士法72条の趣旨を潜脱するものといえるから無効というべきである」。

第1章　司法書士の裁判業務

⑷　大阪高裁判決の検討

　前記のように、Y司法書士は裁判書類の作成に関与しているように行っているものの、実体としては「実質的な関与」をしているのであるから弁護士法72条の趣旨を潜脱するものであると述べている。すなわち、Y司法書士の行った行為は裁判書類作成関係業務とは異なるものであると述べているのである。したがって、裁判書類作成関係業務である「依頼者の意向を聴取した上、それを法律的に整序すること」とはいかなる範囲の業務であるのか、また、そのあり方はどのようなものであるのかは明確には述べられていないが、大阪高等裁判所の判断を前提とする限り、次のように定立することができる。

㋐　裁判書類作成関係業務に含まれる義務

　司法書士が行う裁判書類作成関係業務は「依頼者の意向を聴取した上、それを法律的に整序することに限られる」が、こうした狭義の書類作成業務にとどまらず、委任契約上の善管注意義務は広く認められる。

　たとえば、A社について、X₁が499万円で和解したことについて、X₁はY司法書士が、「499万円であれば早期に和解ができる旨を説明した上で、その選択をするよう助言し、控訴人X₁は、それを受けて和解を選択した経緯があることを踏まえれば、控訴人X₁は、選択に必要な説明を受けた上で、自らの意思により上記選択をしたものと認められるから、被控訴人に注意義務違反はない」と判示していることから、和解についての説明助言は、委任契約上の善管注意義務に含まれると解釈することができる。

㋑　裁判書類作成関係業務のあり方

　裁判書類作成関係業務のあり方については、単に法的に整序した書類を作成するのでは足らず、その内容を依頼者に「説明」することが必要であるし、その「説明」は依頼者が内容を「理解」するように行うことが必要であり、そのうえで、依頼者がその書類を裁判書類として使用するかどうかは依頼者の「選択」によると考えられる。

　このように、大阪高裁判決では、「説明」「理解」「選択」というキーワー

12

ドを掲げ、これら三つを踏まえて本人が司法書士の作成した書面を自らの書面とすることを決定したのでなければ、弁護士法72条の趣旨を潜脱することになると考えている。

そうすると、事案の内容や作成する書類の内容や水準がいかに高度なものであっても、それが依頼者に説明され、依頼者が理解し、それを利用することを選択したうえで、自らの書面とすることを決定したのであれば司法書士の業務範囲を逸脱することにはならず、正当な裁判書類作成関係業務を遂行したという評価になる。

3　説明助言義務

大阪高裁判決では、司法書士が裁判書類作成関係業務を受任する際の説明助言義務として、一般原則から導かれる信義則上の義務と委任契約から導かれる善管注意義務を示している。

⑴　信義則上の義務

㋐　大阪高裁判決の判断

信義則上の義務については次のように判示している。

「本件における控訴人ら4名の債権債務の客観的状況は、別紙1のとおりであり、これによれば、過払金の回収さえ適切に行われれば、X_2のB社に対する債務を含めて、すべての債務を弁済することが可能であったと見込まれる。そして、これを実現するには、過払金をどれだけ回収できるかが最も重要であり、そのためには訴訟を提起してでも、これをできるだけ多く回収する必要があった。本件における大口の過払金は、①X_1のA社に対するもの、②X_2のC社に対するもの、③X_1及びX_2のD社に対するものであり、次いで④X_3のE社に対するものであった。これらについて訴訟を提起する場合、いずれも訴額が140万円を超えるから、認定司法書士であるY司法書士には代理権限がない。そうすると、Y司法書士が本件を受任するに当たり、本件業務にとって最も重要な過払金回収のための訴訟を本人訴訟で行うことになるがそれが可能かどうか、それを希望するかどうかを確認する必要があ

第1章　司法書士の裁判業務

る。司法書士が訴状等の書面を作成し、裁判書類の作成及びその事務のための相談に応じて、その限りで訴訟遂行を援助するとしても、本人自らが法廷に出頭しなければならないこと、裁判官や相手方当事者と手続進行や審理内容について自らやりとりしなければならないこと、多くのケースでは判決までに数回の期日を重ねること、弁護士に委任した場合には、弁護士が代理人としてすべて対応すること等を説明した上で、司法書士である自己に委任するか否かを確認する必要がある。そのような説明・助言を欠いたまま、司法書士が債務整理を受任する場合には、委任者は紛争の問題点や法的に適切な解決方法を知ることなく、不測の損害を被るリスクを負うことになるから、そのような説明・助言が不可欠であって、司法書士は、債務整理を受任するに当たり、信義則上、上記の説明・助言をすべき義務を負うものと解するのが相当である」。

㈠　望ましい執務の検討

大阪高裁判決は、裁判書類作成関係業務を受任する際に、信義則から導かれる説明助言義務としてY司法書士がどのような説明をすべきであったのかを示している。裁判書類作成関係業務受任の際の信義則上の説明助言義務を示したのは本判決が初めてであろう。ここで、説明すべき内容は、当該事案が依頼者にとって経済的・精神的にいかなる影響をもつ事件であるかを認識したうえで、過去の交渉の経過、依頼者の訴訟遂行能力、相手方出頭の見込み、相手方の訴訟遂行能力、相手方が弁護士を選任する見込み、重要な証拠の有無、尋問の要否などを検討したうえで定まるものと思われる。

本人は自らの紛争をどのようにすべきかわからないから相談・依頼に来るのに加え、相談しようとしている相手方（司法書士）が法律専門職であることは認識し得ても、具体的にどのような権限をもって、いかなる業務を行うのか正確に理解していないことが多い。

したがって、依頼者の抱える紛争の中心的・優先的課題は何であり、それを解決するためにはおおむねどのような方策が考えられ、それに対して司法書士はどのような権限でいかなる業務を行うのか、弁護士であればどのよう

14

な権限でいかなる業務を行うのか、司法書士に依頼する場合と弁護士に依頼する場合ではどのように違うのかなどを説明する必要がある。

そして、その説明は、形式的な通り一遍の説明ではなく、本人にとってのメリット・デメリット等を具体的にする必要があるというのであるから、マニュアル的な説明では足りず、事件の個性を見極めたうえで具体的な説明をする必要があると考えられる。

そのほかに、信義則から導かれる説明助言義務として、次の①②のようなものも考えられよう。

① 遺産分割手続と相続税について相談したいと司法書士に相談に来た本人に対し、遺産分割手続については書類作成から登記手続に至るまで受任できるが、相続税については、常識的なことは説明するにしても具体的には税理士に相談したほうがよいという例

② 報酬を一時に調達できない相談者に対して、依頼を断るのではなく日本司法支援センター（法テラス）の法律扶助の利用を説明するという例

(2) 委任契約から導かれる善管注意義務

㈠ 大阪高裁判決の判断

大阪高裁判決は、司法書士が裁判書類作成関係業務を受任した際の委任契約から導かれる善管注意義務について、次のように判示している。

「法律専門職として債務整理を受任する以上、権限の大小に関わらず、善管注意義務として、事案に即して依頼者の正当な利益を最大限確保するために最も適切・妥当な事務処理を行う義務を負うというべきであり、当事者の意向いかんにかかわらず、法律専門職として最善の手続について説明・助言すべき義務があるというべきである。その上で、当事者があえて自らの選択で他の手続を選ぶのであれば、それは自己の責任であるが、そのような説明・助言をすることなく、委任者が一定の意向を有するからといって、それに対応する事務処理を単に行うだけでは足りないというべきである。なぜなら、委任者は、そもそも高度な専門的知識を必要とする状況下にあるからこそ、その状況を的確に把握し、問題点・解決方法を得るために法律専門職に

第1章　司法書士の裁判業務

一定の事務処理を委任しているのであり、法律専門職が適切な説明・助言を
しないまま本人に意思決定をさせた場合、委任の趣旨に反するからである」。

　　(イ)　望ましい執務の検討

　大阪高裁判決は、「当事者の意向いかんにかかわらず」法律専門職として
最善の手続を説明せよとしている。

　この点について、高松高裁判決では司法書士が行う手続選択の判断は「そ
の行為の実質」で検討すべきと慎重な表現となっていること、昭和53年6月
6日の法務委員会における香川保一政府委員も「その嘱託人の趣旨と違っ
て、さらに法律的にはこういった方法をとった方がいい、……そういった措
置を勧誘するというふうなことまでまいりますと、やはり弁護士法違反とい
う問題がでてくる」と答弁していることと比較すると、大阪高裁判決では、
司法書士に対し、法律専門職としての高度な説明助言義務を認定していると
いえる。

VII　裁判書類作成関係業務の現代的課題

1　高松高裁判決の理解

　高松高裁判決の理解としては、「法律常識的な知識」を種々の法律、膨大
な判例知識、裁判実務等を包含した法律知識と解釈することにより、法的に
整序する内容自体が質の高いものとなるので、「法的に整序」といっても依
頼者の依頼内容を単に法律に照らして整えるわけではないことは、すでに述
べたとおりである。

　また、高松高裁判決においては、「法律的判断を加えて嘱託人の所期の目
的が十分叶えられるように法律的に整理することが当然であり、職責でもあ
る」と述べられており、司法書士のする裁判書類作成関係業務には、法的判
断も認められているのだから、平成14年改正後の司法書士業務においても問
題がないこともすでに述べた（高松高裁判決の別の部分で「専門的な鑑定に属

16

すべき事務」が裁判書類作成関係業務の範囲には含まれないと述べられており、鑑定の用語のあいまいさから、整合的な理解が難しい点については後述する）。

しかし、近時の裁判例において、裁判の相手方からされる主張を見渡してみると、以上のような認識とは前提となる理解が異なる主張が散見される。

たとえば、大阪高裁判決で「依頼者の意向を聴取した上、それを法律的に整序することに限られる」と端的に述べられたことにより、「法律的に整序」の部分だけが独り歩きしてしまい、司法書士は、裁判書類作成関係業務としては依頼者の言い分を単に法的に整序したものしか作成することができないと主張されるケースもある。これを本人の側からみると、司法書士は整序しかできないのだから、裁判書類の内容はすべて本人が司法書士に指示しなければならないということになる。そして、この主張の延長線上に、本人は、司法書士の作成した裁判書類の内容を具に理解していなければならず、そうでなければ、本人が理解できないような裁判書類を作成した司法書士の業務は非弁行為であるという主張がある。

このような主張がされる要因として、依頼者はその内容を「理解」したからこそ、裁判所に提出することを自ら決定したはずであるが、この「理解」の程度というものが抽象的なものであるところにある。すなわち、書類の言葉の一言一句まで納得できなければ理解したといわないケースもあれば、書類の内容の要旨さえ理解すれば足りるケースもある。また、本人は、通常、法律知識には疎いのだから、当事者しか知り得ない事実関係に対する理解と法律関係に対する理解の程度が異なることも当然である。

こういった理解の程度の相違を考慮せず、一律に本人による完全な理解が必要であるという主張は、専門家の存在を否定する主張であるといえる。

このような主張がされる背景には、どのようなケースであっても、また、事実関係にとどまらず法律関係においても、書類の言葉の一言一句まで本人が理解していなければならないという高松高裁判決の曲解があり、理解の程度が抽象的にならざるを得ないことに起因する問題である。

このような主張は、裁判の相手方に弁護士が代理人として選任された場合

第1章　司法書士の裁判業務

のほか、裁判官ですらする場合があり、近時の裁判実務において司法書士やその依頼者を戸惑わせることが少なくない。

2　大阪高裁判決における矛盾

大阪高裁判決が「司法書士が裁判書類作成関係業務を行うに当たって取り扱うことができるのは、依頼者の意向を聴取した上、それを法律的に整序することに限られる」と「整序」に重きをおいて述べたことにより、その部分だけをみれば、司法書士の裁判書類作成関係業務のあるべき水準の質が下がったかのようにみえるが、すでにみたとおり大阪高裁判決全体を通してみると、そのような趣旨ではない。

善管注意義務違反に触れた部分で、「事案に即して依頼者の正当な利益を最大限確保するために最も適切・妥当な事務処理を行う義務を負うというべきであり、当事者の意向いかんにかかわらず、法律専門職として最善の手続について説明・助言すべき義務がある」と述べられているからである。

すなわち、大阪高裁判決は、当事者が求めようが求めまいが、司法書士は受任の際には最善の手続について説明・助言すべき義務があるというのだから、この義務を果たすために、もてる能力のすべてを発揮しなければならないことになる。そして、その説明・助言を経て、受任後に作成する書類においても、「単に」法的に整序した内容にとどまらずに、その司法書士がもつべき法律知識のすべてを発揮した内容でなければならないということになる。つまり、認定司法書士において、その書類の内容は、代理業務における代理人として作成した書面と質的には変わらないものとならなければならない。

しかし、「整序」という用語が用いられていては、こういった理解がすべからくされるとは限らない。高松高等判決と同様に大阪高裁判決の判断枠組みは抽象的であり、解釈の幅が広くなってしまい、曲解を招いてしまうからである。

このように大阪高裁判決は、「整序」の概念を用いて高松高裁判決の判断

枠組みを基本的に踏襲したように思われる一方で、裁判書類作成関係業務を
する司法書士に重い善管注意義務を課すという矛盾したものとなっており、
高松高裁判決の判断枠組みの現代的課題が浮き彫りとなっている。

3　松山地裁判決の見直し

　近時、このような現代的課題を解消し、訴訟において散見されるような曲
解を招かないために、司法書士の裁判書類作成関係業務を別の枠組みで説明
する必要性が高まっている状況にある。つまり、理論および実務の双方か
ら、抜本的な見直しが求められているのである。

　そして、新たな枠組みの基礎として、高松高裁判決の原審となった松山地
裁判決の判断枠組みがある。すなわち、「唯単にその口述に従つて機械的に
書類作成に当るのではなく、その嘱託人の目的が奈辺にあるか、書類作成を
依頼することが如何なる目的を達するためであるかを、嘱託人から聴取した
ところに従い、その真意を把握し窮極の趣旨に合致するように法律的判断を
加えて、当該の法律事件を法律的に整理し完結した書類を作成する」とする
考え方である。

　これらの考え方について、加藤新太郎教授は、高松高裁判決の判断枠組み
を「法的判断限定説（司法書士が依頼者から裁判書類の作成を依頼された場合
に、司法書士が行うべき法的判断作用は、依頼者の依頼の趣旨・内容を正確に表
現し、訴訟の運営に支障を来さない限度、すなわち、法律常識的な知識に基づく
整序的な事項に限られるという見解）」、松山地裁判決の判断枠組みを「目的的
法的判断肯定説（司法書士が依頼者から裁判書類の作成を依頼された場合には、
依頼者の目的がどこにあるか、書類作成を依頼することがどのような目的を達す
るためなのかについて、依頼者から聴取したところにより、その真意を把握し、
依頼の趣旨に合致するように、法的判断を加えて、その案件について法的に整え
完備した書類を作成すべきであるという見解）」と呼び、認定司法書士が誕生し
た今となっては、後者の立場が相当であると述べている。[6]

　目的的法的判断肯定説によれば、代理業務と同様の法的判断を用いて裁判

書類作成関係業務をすることが容易に説明できるが、法的判断限定説では、「整序」される内容や「法律常識」をその時点における社会および構成員に従ってとらえていくという意味では法的判断の内容が流動的である。

この流動的という点が、近時、鋭く問われ、あろうことか職域紛争として顕在化しているのである（最高裁判所まで争われた和歌山のほか、新潟、愛知、大阪など、全国で訴訟が展開されている状況である）。

司法書士実務としては、「法律常識」を「高度な法律知識」と解することによって代理業務と同水準の書類が作成されているのは再三述べたとおりである。にもかかわらず、これと異なる解釈をする立場からの批判によって、司法書士の裁判書類作成関係業務のあるべき水準の質が下がるようなことがあってはならない。

このような状況を踏まえると、抽象的であるがゆえ、恣意的に判断基準が異なる解釈を可能とする法的判断限定説による説明は好ましくないということになる。

一方、目的的法的判断肯定説の考え方によれば、重要となるのは、依頼者の目的、すなわち依頼者の真意であり、その真意に沿ったものを司法書士は自らの専門的知見に基づき法律判断を加えた書類として当然に作成することになるのだから、法的判断限定説の立場からの批判は的はずれとなる。依頼者の側からみれば、自らの求める内容が表現されたものと認めて自らの書類とする決定をしたか否かということが重要になるからである。

以上みてきたとおり、認定司法書士が誕生した今となっては、簡裁訴訟代理等関係業務と裁判書類作成関係業務による書類の水準が同水準になる司法書士実務の実態を正確に表すには、目的的法的判断肯定説によることが相当であるといえる。[7]

6　加藤新太郎「司法書士の地裁訴訟関与のあり方」登記情報631号7頁。

4 目的的法的判断肯定説

　ここで、高松高裁判決が「制度として司法書士に対し弁護士のような専門的法律知識を期待しているのではなく、……法律常識的な知識に基く整序的な事項に限つて行われるべきもので、それ以上専門的な鑑定に属すべき事務に及んだり、代理その他の方法で他人間の法律関係に立ち入る如きは司法書士の業務範囲を越えたものといわなければならない」と述べ、司法書士の裁判書類作成関係業務として否定する「専門的法律知識」について検討する。

　目的的法的判断肯定説に立ったとしても、法的判断限定説の立場と業務範囲が異なるものとはならないのだが、高松高裁判決がいう「専門的法律知識」の内容については、現代にそぐわないものとなっており、少なくとも高松高裁判決の表現が否定されなければならない状態となっているからである。

　前提として、高松高裁判決がいう「専門的法律知識」とは、「専門的な鑑定に属すべき事務に及んだり、代理その他の方法で他人間の法律関係に立ち入る如きは司法書士の業務範囲を越えたもの」と理解することができるものの、用語の正確な整理は容易でない。

　たとえば、「代理その他の方法で他人間の法律関係に立ち入る」ことについては、依頼者と紛争の相手方、依頼者から委任を受ける司法書士という三者構造となることが多いことから、紛争の相手方と司法書士の関係に着目すれば、客観的にはわかりやすい。そして、この点が裁判書類作成関係業務として否定されることは、裁判書類作成関係業務としては紛争への関与ができないのだから当然である。

7　目的的法的判断肯定説に親和すると考えられる論稿として、兼子一＝竹下守夫『裁判所法〔第4版〕』452頁、伊藤眞「弁護士と当事者」新堂幸司編『講座民事訴訟(3)当事者』120頁、加藤新太郎「司法書士の地裁訴訟関与のあり方」登記情報631号14頁、加藤新太郎「認定司法書士の裁判外和解代理権の範囲」登記情報659号59頁、小田司「判批」リマークス50号117頁、我妻学「認定司法書士と裁判外和解の代理権能および裁判書類作成権能」加藤哲夫ほか編『現代民事手続の法理』764頁等がある。

しかし、「専門的な鑑定に属すべき事務」については、裁判書類を作成するにあたって、どこからが「専門的な鑑定に属すべき事務」であるのかといった線引きが困難であるうえ、裁判書類の作成は、依頼者と裁判書類を作成する司法書士という二者構造となることが多いことから、司法書士のする業務が、専門的法律知識に基づくものであるのか、それとも法律常識的な知識に基づくものであるのか、当事者以外の目に触れることがなく、客観的にもわかりにくい。

一方で、「鑑定」の定義は多様であり、一般的な定義をすることは難しいが、高松高裁判決がいう「鑑定」とは、「弁護士のような専門的法律知識」の例示として掲げられているものと理解できる。

そうであれば、認定司法書士の誕生により、代理権の範囲内において弁護士と同様の業務を行うようになった現在においては、高松高裁判決の考え方は、矛盾するものとなっている。つまり、裁判書類作成関係業務では、代理人として業務を行わず、当然その他の方法によっても他人間の法律関係に立ち入ることはしないものの、作成する裁判書類は、代理人として作成したものであっても、書類作成者として作成したものであっても、質的には変わらないものとなるからである（むしろ、「変わらないものとならなければならない」といえ、そうでなければ、善管注意義務に違反すると考えられる）。

このように考えると、高松高裁判決の「専門的な鑑定に属すべき事務」という記述は、現代的には妥当しないというほかない。

ところで、高松高裁判決の「鑑定」に相当する部分について、大阪高裁判決では、「司法書士が裁判書類作成関係業務を行うに当たって取り扱うことができるのは、依頼者の意向を聴取した上、それを法律的に整序することに限られる。それを超えて、<u>法律専門職としての裁量的判断に基づく事務処理を行ったり、</u>委任者に代わって実質的に意思決定をしたり、相手方と直接交渉を行ったりすることは予定されていない」（注・下線加筆）と述べられており、「鑑定」という表現は用いられていない。ここで用いられている「裁量的判断」とは、書類作成者が、直接、紛争に関与し、自己の判断で事務処理

をしているものと理解することができ、高松高裁判決がいう「鑑定」とは性質が異なると考えられる（上記のような裁量的判断が裁判書類作成関係業務において許容されないのは当然である）。

　また、愛知訴訟（過払金返還請求事件の原告の裁判書類作成をした司法書士に対し、貸金業者である被告から、裁判書類作成関係業務の範囲を超えて紛争に関与し、弁護士法に違反すると争われた事案）では、司法書士の作成した裁判書類に関し、「過払金返還請求に関する専門的知識がなければ、このような書面の作成が容易でないことは明らかである」として、司法書士が「専門的知識」を用いた裁判書類を作成したことを認定し、こういった事情を踏まえてもなお、「原告による本件訴訟の追行につき、実質的にはＹ司法書士による訴訟追行と評価すべき特段の事情を認めることはでき」ないと判断し、司法書士の作成する裁判書類が「法律常識の範囲」ではなく、「専門的知識」を用いたものであり、この裁判書類作成関係業務が適法であると明言している。そのうえ、司法書士の裁判書類作成関係業務の実情に関し、「Ｙ司法書士の知識経験を踏まえた見通し等を説明して原告の意向を確認し、あるいは原告に方針決定を求めている」と認定し、司法書士に重い善管注意義務を課している点で、大阪高裁判決で、「当事者の意向いかんにかかわらず、法律専門職として最善の手続について説明・助言すべき義務がある」と述べられていることと整合性のある判断がなされている。

　このように近時は、高松高裁判決の現代的課題が、徐々に露呈されつつある状況にある。

　一方で、目的的法的判断肯定説に立てば、司法書士が裁判書類作成関係業務において交渉に関与してはならないのは同様であるが、依頼者は、通常、本人訴訟であっても、代理訴訟と同水準の法的判断が加えられた裁判書類の作成を望んでいるものである。そうであれば、司法書士が裁判書類を作成するうえで、代理人として受任した際と同じ水準の質による書類を作成することが依頼の趣旨であるといえることから、本人訴訟において、司法書士は自らが代理人となった訴訟と同内容の法的判断を加えた裁判書類を作成するこ

第1章　司法書士の裁判業務

とになる。これを言い換えれば、依頼者と司法書士との二者の関係における限り、高松高裁判決がいう「鑑定」も裁判書類作成関係業務に包含され、司法書士は、自身が作成する裁判書類の中で、当然に専門的知識に基づく判断をすることができるとの説明になる。

　しかし、目的的法的判断肯定説においても、実務上行われている裁判書類作成関係業務の範囲が拡大されるわけではない。代理権取得後の司法書士が当然に行っている裁判書類作成関係業務を正確に説明すると、おのずと目的的法的判断肯定説によることになるのであって、現在の司法書士実務を説明したにすぎないからである。

　また、後述のとおり、裁判書類作成関係業務の効力について争われた場合、法的判断限定説によれば、多くの部分で本人の理解度が問題となり、それらの部分で本人が理解していたか否かという抽象的な事柄が問われ、相手方の主張によっては本人の具^{つぶさ}な理解まで求められることがあるのに対し、目的的法的判断肯定説によれば、本人の理解度といった程度問題ではなく、司法書士のした業務が依頼の目的に沿った趣旨であり、それらの業務につき本人が自らの行為としてすることを決定していたか否かという客観的にわかりやすい基準で判断することになる。

　もちろん目的的法的判断肯定説に立ったとしても、本人が決定するためには、本人が理解しているのは当然であり、司法書士は職責に照らして十分に説明しなければならない。

　これらの事情を踏まえると、裁判書類作成関係業務においても専門的知識による判断が可能であると説明しやすく、法的安定性も高い目的的法的判断肯定説によって、裁判書類作成関係業務を説明することが望ましいといえるのである。

　ところで、目的的法的判断肯定説によって司法書士の裁判書類作成関係業務を説明することは、裁判例で用いられている表現とは異なる次元の問題である。司法書士業務を説明するために矛盾を含むものとなった裁判例の表現に無理にあてはめようとするから歪みが生じるのである。依頼者が安心して

24

Ⅶ　裁判書類作成関係業務の現代的課題

委任できる体制を整えることが何よりも求められるのだから、裁判例で用いられた表現に拘束されることなく、業務内容を自らの言葉で正確に説明していくことが重要と考えられる。

5　法的判断限定説と目的的法的判断肯定説の具体例における比較

以上を踏まえ、大阪高裁判決におけるＡ社に対する過払金返還請求におけるＹ司法書士の認定事実（前記Ⅵ2⑵参照）につき、望ましい執務例を掲げながら、法的判断限定説と目的的法的判断肯定説とを対比し、留意点を述べる。

> **認定事実①**　Ｙ司法書士は、Ａ社が開示したX_1との間の取引履歴に、昭和57年6月12日からの借入れおよび返済しか記載されていなかったため、Ａ社に対し、それ以前の借入れおよび返済が記載された取引履歴の開示を求めたが、Ａ社は、システム上、開示できないと回答した。

〔望ましい執務例〕

ⓐ　Ａ社に対し、代理権喪失による辞任を通知する。

ⓑ　本人に対し、代理権の範囲を超えている紛争なので簡裁訴訟代理等関係業務として遂行することができないことを伝える。

ⓒ　本人に対し、昭和57年以前の取引履歴の開示を自分で行うか、弁護士に依頼して行うなどの方法を説明し、決定してもらう。

ⓓ　本人に対し、裁判書類作成関係業務を司法書士に依頼をする方法、自分の力量だけで交渉・裁判を進める方法、弁護士を選任する方法があることを説明し、決定してもらう。

第1章　司法書士の裁判業務

〔留意点〕

　ⓐⓑをせずに裁判書類作成関係業務に自動的に切り替えるのは、たとえ事前に本人から包括的な同意を得ていたとしても望ましくない。これは、法的判断限定説や目的的法的判断肯定説とは別の問題である。

　ⓒⓓについては、法的判断限定説に立てば、本人の手続選択の前提として、それぞれの手続の違いについての本人の理解度が後から問われる可能性がある。一方、目的的法的判断肯定説に立てば、本事案においては、過払金を少しでも多く、できるだけ早く、取り戻したいというのが依頼の趣旨であるのだから、その依頼の趣旨に沿って、司法書士が手続の説明をし、本人が自らの意思で、その手続をすることを決定したか否かという事実が重視される。

> **認定事実②**　Y司法書士は、A社から開示された取引履歴を前提に、引直計算を行い、その結果249万7009円の過払金元本が判明した。また、昭和57年6月12日の貸金債務残高を取引履歴記載の44万310円ではなく0円として計算すると、613万3096円の過払金元本が発生することが判明した。

〔望ましい執務例〕

　開示された取引履歴を前提にした引直計算、いわゆるゼロスタートの計算方法などがあることを説明する。また、それらの計算方法について、依頼者が負うべき主張・立証責任の違いを説明する。

〔留意点〕

　法的判断限定説に立てば、ゼロスタートの計算方法についての本人の理解度が後から問われる可能性がある。

　一方で、目的的法的判断肯定説に立てば、依頼の趣旨が過払金を少しでも多く、できるだけ早く、取り戻したいということであるのだからゼロスタートの計算方法は、その趣旨に従って、本人が自ら決定したか否かという事実

が重視される。

> **認定事実③**　Y司法書士は、平成20年9月4日、X_1に対し、訴訟の準備をするよう伝えた。

〔望ましい執務例〕

　司法書士が訴状等の書類を作成し、裁判書類の作成およびその事務のための相談に応じて、訴訟遂行を援助するとしても、本人自らが法廷に出頭しなければならないこと、裁判官や相手方当事者と手続進行や審理内容について自らやりとりしなければならないこと、多くのケースでは判決までに数回の期日を重ねること、弁護士に委任した場合には、弁護士が代理人として対応すること等を説明したうえで、司法書士である自己に委任するか否かを確認する。

〔留意点〕

　法的判断限定説に立てば、本人訴訟の手続や弁護士に委任した場合の委任事項についての本人の理解度が後から問われる可能性がある。

　一方で、目的的法的判断肯定説に立てば、本事案においては、過払金を少しでも多く、できるだけ早く、取り戻したいというのが依頼の趣旨であるのだから、その依頼の趣旨に沿って、司法書士が手続の説明をし、本人が自ら司法書士に委任することを決定したか否かという事実が重視される。

> **認定事実④**　Y司法書士は、平成20年11月18日、X_1からA社に対し過払金返還を求める不当利得返還請求訴訟の訴状を作成し、これをX_1に代わって和歌山地方裁判所に提出した。

〔望ましい執務例〕

　作成した訴状の内容を説明する。そして、本人がその訴状を使うと決定したことを確認したうえで、訴状を提出する。

第1章　司法書士の裁判業務

〔留意点〕

　法的判断限定説に立てば、訴状の内容についての本人の理解度が後から問われる可能性がある。

　一方で、目的的法的判断肯定説に立てば、本事案においては、過払金を少しでも多く、できるだけ早く、取り戻したいというのが依頼の趣旨であるのだから、その依頼の趣旨に沿って、司法書士が手続の説明をし、本人がその訴状を使うことを決定したか否かという事実が重視される。

> **認定事実⑤**　A社は、平成20年12月19日、Y司法書士に対し、答弁書を送付し、499万円を平成21年2月末頃までに支払う内容で和解したい旨を連絡した。

〔望ましい執務例〕

　送達場所・送達受取人を引き受けること自体は、裁判書類作成関係業務の範囲外である。もっとも、単なる送達場所の提供であったり、受領した書類をそのまま依頼者に交付することは問題ないが、送達受取人となったことを契機として依頼者の意向を確認せずに書類を作成するなど訴訟の内容に踏み込んで実質的な関与をしてはならない。

　また、相手方から司法書士宛に和解提案の電話があったとしても、司法書士は代理人ではないのだからその旨を相手方に伝えるか、提案書を送達してくれれば受領して依頼者に手交する旨を説明すべきである。

〔留意点〕

　送達場所・送達受取人については、司法書士が実質代理人として関与していたか否かが問題となりうるが、法的判断限定説や目的的法的判断肯定説とは別の問題である。

> **認定事実⑥**　Y司法書士は、平成20年12月20日、X_1に対し、A社からの上記連絡を伝えた。その頃、X_1は、Y司法書士とも相談したうえ

で、上記Ａ社からの申出の内容により和解することにした。

〔望ましい執務例〕

　ⓐ　司法書士はＡ社とX_1との交渉には関与してはならない。

　ⓑ　和解の意味とともに、和解水準や内容について本人に説明する。

〔留意点〕

　ⓐについて、法的判断限定説に立てば、交渉に関与してはならないとともに、高松高裁判決で述べられている「鑑定」に属するような専門的知識に基づく法的判断をすることもできない。

　一方で、目的的法的判断肯定説に立てば、交渉に関与してはならないことは同様であるものの、高松高裁判決で述べられている「鑑定」に属するような専門的知識に基づく法的判断も、裁判書類作成関係業務としてすることができる。

　ⓑについて、法的判断限定説に立てば、和解水準や内容についての本人の理解度が後から問われる可能性がある。

　一方で、目的的法的判断肯定説に立てば、本事案においては、過払金を少しでも多く、できるだけ早く、取り戻したいというのが依頼の趣旨であるのだから、その依頼の趣旨に沿って、司法書士が手続の説明をし、本人自らが和解することを決定したか否かという事実が重視される。

認定事実⑦　Ｙ司法書士は、平成20年12月22日、和歌山地方裁判所に対し、期日変更の申立書類をファックス送信した。これを受けて、同裁判所は、同日午前10時の上記訴訟の第１回口頭弁論期日の指定を取り消し、追って指定とした。

〔望ましい執務例〕

　期日外で和解することのメリット・デメリット、期日において受諾和解する方法とそのメリット・デメリットを本人に説明し、どの方法をとるか、本

第1章　司法書士の裁判業務

人に決定してもらう。

〔留意点〕

　法的判断限定説に立てば、和解の方法についての本人の理解度が後から問われる可能性がある。

　一方で、目的的法的判断肯定説に立てば、本事案においては、過払金を少しでも多く、できるだけ早く、取り戻したいというのが依頼の趣旨であるのだから、その依頼の趣旨に沿って、司法書士が手続の説明をし、本人自らが決定した和解手続であるか否かという事実が重視される。

> **認定事実⑧**　Y司法書士は、同日、X₁に対し、A社から受領した答弁書を交付した。

〔望ましい執務例〕

　答弁書の内容について一つひとつ本人に認否を確認し、争点、反論すべき事項、立証すべき事項を抽出し、今後の対応について本人の意向を確認する。

〔留意点〕

　法的判断限定説に立てば、本人が答弁書の内容を理解したうえで争っているのか、本人の理解度が後から問われる可能性がある。

　一方で、目的的法的判断肯定説に立てば、本事案においては、過払金を少しでも多く、できるだけ早く、取り戻したいというのが依頼の趣旨であるのだから、その依頼の趣旨に沿って、司法書士が手続の説明をし、本人が自らの意思で争っているか否かという事実が重視される。

> **認定事実⑨**　X₁は、同日、Y司法書士に対し、613万円余りの過払金が発生していても、早期解決のためにA社が提案する499万円の過払金を受領する内容で和解をしたい旨回答した。

Ⅶ　裁判書類作成関係業務の現代的課題

〔望ましい執務例〕

　善管注意義務として、本人に対し、499万円であれば早期に和解ができるが訴訟を継続すれば約613万円の回収が見込めることを説明する必要がある。

〔留意点〕

　法的判断限定説に立てば、大幅な減額和解の理由についての本人の理解度が後から問われる可能性がある。

　一方で、目的的法的判断肯定説に立てば、本事案においては、過払金を少しでも多く、できるだけ早く、取り戻したいというのが依頼の趣旨であるのだから、その依頼の趣旨に沿って、司法書士が手続の説明をし、本人が自らの意思で、減額和解することを決定したか否かという事実が重視される。

> **認定事実⑩**　Y司法書士は、同日、A社に対し、上記⑨の内容で和解する旨を伝えた。また、X₁も、同日、A社に対し、上記和解をする旨を伝えた。

〔望ましい執務例〕

　和解する意向があることは本人が相手方に伝えるべきである。本人の意向により、上申書等に和解の意向を記載して裁判所に提出することもありうる（副本で相手方に意向が伝わる）。

〔留意点〕

　司法書士が本人の使者として紛争の相手方に本人の意思を伝えることは、当該使者と称する行為が実質代理として認定されるか否かが問題となる。これは、法的判断限定説や目的的法的判断肯定説とは別の問題である。

> **認定事実⑪**　Y司法書士は、A社から和解金の支払期限を平成21年2月27日とする旨の連絡を受け、和解契約書を作成し、平成20年12月26日、これをX₁に送付した。

第1章　司法書士の裁判業務

〔望ましい執務例〕

　本人から聴取した相手方との交渉結果を和解契約書として作成し、作成した書類を本人に説明する。

〔留意点〕

　法的判断限定説に立てば、和解契約書の内容についての本人の理解度が後から問われる可能性がある。

　一方で、目的的法的判断肯定説に立てば、本事案においては、過払金を少しでも多く、できるだけ早く、取り戻したいというのが依頼の趣旨であるのだから、その依頼の趣旨に沿って、司法書士が手続の説明をし、その和解契約書を使うことを本人が決定したか否かという事実が重視される。

> **認定事実⑫**　Y司法書士は、平成21年1月6日、和歌山地方裁判所に対し、裁判外で和解が成立したので、口頭弁論期日を追って指定としてほしい旨を電話で伝えた。

〔望ましい執務例〕

　期日変更申立書を作成し、裁判所に提出する。

〔留意点〕

　法的判断限定説に立てば、期日変更という裁判手続の内容についての本人の理解度が後から問われる可能性がある。

　一方で、目的的法的判断肯定説に立てば、依頼の趣旨を実現するために司法書士が手続の説明をし、期日を変更することを本人自らが決定したか否かという事実が重視される。

> **認定事実⑬**　X_1とA社は、平成21年2月20日、A社がX_1に対し、不当利得返還債務として499万円を、同月27日限り支払う旨の和解契約が成立した。Y司法書士は、和解契約書に「書類作成者」として記名押

印した。

〔望ましい執務例〕

　司法書士法施行規則28条に基づき、和解契約書に司法書士が記名押印する。

〔留意点〕

　司法書士がする記名押印によって、相手方に対し、あたかも司法書士が実質的に代理人であるかのような印象を与えるべきではない。これは、法的判断限定説や目的的法的判断肯定説とは別の問題である。

> **認定事実⑭**　A社は、平成21年2月27日、X_1名義の銀行口座に、上記499万円を振り込んで支払った。

〔望ましい執務例〕

　裁判外の和解の場合には、本人に対し、和解金が振り込まれたら訴訟取下げをする必要がある旨を説明しておく必要がある（本事案では、過払金返還後に、本人が錯誤により延期された当初の期日に出頭している）。

〔留意点〕

　法的判断限定説に立てば、訴訟取下げをする理由について、本人の理解度が後から問われる可能性がある。

　一方で、目的的法的判断肯定説に立てば、依頼の趣旨を実現するために司法書士が手続の説明をし、訴訟を終結させることを本人自らが決定したか否かという事実が重視される。

> **認定事実⑮**　X_1とY司法書士は、平成21年3月5日、A社からの過払金返還額を確認した。

第1章　司法書士の裁判業務

〔望ましい執務例〕

通帳を本人が管理し、本人に記帳してもらう。

〔留意点〕

司法書士が通帳を預かり、記帳や出金をするといった一連の行為が実質代理として認定されるか否かが問題となる。これは、法的判断限定説や目的的法的判断肯定説とは別の問題である。

> **認定事実⑯**　Y司法書士は、平成21年3月18日、和歌山地方裁判所に対し、X_1のA社に対する前記訴えの取下書を提出した。

〔望ましい執務例〕

訴えの取り下げについて、本人に説明したうえで、取下書を提出する。

〔留意点〕

訴えの取下げは、訴訟を終結させる重要な訴訟行為であるので、記名押印ではなく、署名押印によることが望ましい。

法的判断限定説に立てば、取下書の内容についての本人の理解度が後から問われる可能性がある。

一方で、目的的法的判断肯定説に立てば、依頼の趣旨を実現するために司法書士が手続の説明をし、訴訟を終了させることを本人自らが決定したか否かという事実が重視される。

> **認定事実⑰**　Y司法書士は、この間、終始X_1とA社の訴訟進行について相談を受けて助言しており、これに応じて、A社の上記過払金499万円の回収の報酬として、その2割である99万8000円の支払いを受けた。

〔望ましい執務例〕

裁判書類作成関係業務の報酬は、代理関係業務と同じ基準とするべきでは

34

ない。

〔留意点〕

代理業務と同じ基準の報酬では、実質代理として認定されるおそれがある。司法書士が作成した裁判書類の質がたとえ代理業務の場合と同水準であったとしても、裁判手続は本人が行っているので、代理業務と報酬基準が同じになることはない。これは、法的判断限定説や目的的法的判断肯定説とは別の問題である。

Ⅷ　裁判書類作成関係業務と簡裁訴訟代理等関係業務の異同

わが国の民事に関する裁判制度は、民事訴訟のほか、執行、倒産、家事、人事等あらゆる事件について、本人が訴訟を遂行することも、弁護士等の代理人を選任して遂行することも可能である。

司法書士の裁判書類作成関係業務は、本人訴訟を支える制度として位置づけられるから、あくまでも訴訟遂行者である本人の真意を把握し、依頼の趣旨に合致するように、法的判断を加えて、法的に整え完備した書面を作成することを中核とする。

一方、認定司法書士の簡裁訴訟代理等関係業務は、代理人に選任された認定司法書士が紛争解決自体を目的として方針作成・手続遂行を行うことを中核とする。

このように、裁判書類作成関係業務を通じて行う本人訴訟支援と、紛争解決自体を目的とする代理人訴訟とは、司法書士の訴訟に対するアプローチの仕方が全く異なるのである。

したがって、目的的法的判断肯定説においても、裁判書類作成の目的という限界があるのだから、それを超えて、司法書士が他人間の法律的紛争に立ち入っていくことが許容されないのは当然である。

司法書士の本人訴訟支援は、よく「二人三脚」に例えられるが、本人を書

第1章　司法書士の裁判業務

類作成という業務で支える司法書士は、マラソンランナーをゴールまで導くための優れたランニングシューズのようなものである（ゴールするのは本人の力次第だが、優れたランニングシューズがなければゴールに至る過程は、つらく険しいものとなり、リタイアする可能性も高まる）。

第2章 相　談

I　業務としての相談

1　相談業務規定の制定経緯

　一般的に相談が訴訟業務受任の契機となることが多いにもかかわらず、業務としての位置づけが明確にされているとはいいがたい。また、相談により相談者に何を提供すべきかについては個々の司法書士に委ねられており、相談について指針や獲得目標は示されていない。さらに、相談においてどのように相談者に接するべきかは経験を重ねて体得するのが一般的で、いわば暗黙知とされている。

　このような現状認識の下、相談について、その意義・あり方等について検討する。

　司法書士法3条1項5号に規定される相談（以下、「5号相談」という）は、裁判書類作成関係業務に関する相談である。具体的な条文は次のとおりである（注・下線加筆）。

（業務）
第3条　司法書士は、この法律の定めるところにより、他人の依頼を受けて、次に掲げる事務を行うことを業とする。
　一　登記又は供託に関する手続について代理すること。
　二　法務局又は地方法務局に提出し、又は提供する書類又は電磁的記録
　　（電子的方式、磁気的方式その他人の知覚によつては認識することができ

第2章 相 談

ない方式で作られる記録であつて、電子計算機による情報処理の用に供されるものをいう。第4号において同じ。）を作成すること。ただし、同号に掲げる事務を除く。

三　法務局又は地方法務局の長に対する登記又は供託に関する審査請求の手続について代理すること。

四　裁判所若しくは検察庁に提出する書類又は筆界特定の手続（不動産登記法（平成16年法律第123号）第6章第2節の規定による筆界特定の手続又は筆界特定の申請の却下に関する審査請求の手続をいう。第8号において同じ。）において法務局若しくは地方法務局に提出し若しくは提供する書類若しくは電磁的記録を作成すること。

五　前各号の事務について相談に応ずること。

　また、司法書士法3条1項7号に規定される相談（以下、「7号相談」という）は、簡易裁判所の訴訟の対象となりうる民事紛争についての相談である。具体的な条文は次のとおりである（注・下線加筆）。

七　民事に関する紛争（簡易裁判所における民事訴訟法の規定による訴訟手続の対象となるものに限る。）であつて紛争の目的の価額が裁判所法第33条第1項第1号に定める額を超えないものについて、相談に応じ、又は仲裁事件の手続若しくは裁判外の和解について代理すること。

　相談に関する論稿は数多く存在するが、司法書士法に規定する相談規定が制定された経緯について、小林照彦＝河谷芳光『注釈司法書士法［第3版］』（以下、「注釈」ともいう）では次のとおり説明されている。

　「平成14年改正法による改正前の法〔注・司法書士法〕2条1項各号に掲げる事務（法3条1項1号から4号までに掲げる事務と同じ。）について相談に応ずることは、改正前の法2条1項各号の解釈として、可能であり、司法書士がこれらの事務について相談に応じた以上、仮に登記申請等の事件の受任に至らなくても、相談料を請求し受領することができると解されていた。

　平成14年改正法により、簡裁訴訟代理関係業務の一環として、民事に関す

Ⅰ　業務としての相談

る紛争について相談に応ずることが司法書士の業務として明記された（本項7号）。その反対解釈として『登記手続の代理等の従前から認められている事務について相談に応ずることが司法書士としての業務にならない』と解釈されることがないようにするため、本項5号は、登記手続の代理等の従前から認められている事務についての相談業務も司法書士の業務であることを明記している[1]」。

　この点について、加藤新太郎教授も次のとおり同旨の解説をしている。

　「平成14年改正法により、司法書士には、簡裁訴訟代理権が付与された。そして、簡裁訴訟代理関係業務の一環として、民事に関する紛争について相談に応じることが、司法書士の業務として明記されることになった（司法書士法3条1項7号。これを『7号相談』という）。そうなると、その反対解釈として、従前から認められていた登記手続の代理などの事務についての相談に応じることは司法書士としての業務とならないと解されるおそれがあるが、そのように解される余地を残しておくことはまずい。そこで、現行司法書士法3条1項5号において、『本項1号から4号までの事務について相談に応ずること』が、司法書士の業務として明記されることになった（これを『5号相談』という）[2]」。

2　5号相談の意義

　注釈では、5号相談の範囲は、「登記手続の代理や裁判書類の作成等の事務についての相談であり、依頼者の依頼の趣旨に沿って適切な書類を作成すること等のために必要な範囲内の相談である。通常は、依頼者の依頼内容を法律的に整序するための相談がこれに当たるものと考えられる[3]」と説明している。

　また、加藤教授は、「依頼者が司法書士に対して、例えば、『これこれの登

1　小林昭彦＝河合芳光『注釈司法書士法〔第3版〕』45頁。
2　加藤新太郎『司法書士の専門家責任』16頁。
3　小林昭彦＝河合芳光『注釈司法書士法〔第3版〕』46頁。

39

第2章　相　談

記手続をしてほしい』という依頼をしたい、『このような内容の裁判書類を
作成してほしい』と依頼をするような場合、司法書士は、依頼の趣旨に沿っ
て適切な書類作成することになる。そのために必要な範囲の相談が、いわゆ
る5号相談であると解されている」。「司法書士の行う相談も、通常は、依頼
者の依頼の趣旨にそって適切な書類を作成するために必要な範囲内のもの」
であると説明している。[4]

　このように、5号相談は依頼の前提が必要（「受任前提相談」と定義してお
く）とも読めるが、書類作成業務のいずれかの内容の依頼を前提として5号
相談を行った結果受任に至らないこととなることもありうる。また、各種相
談会等で受任を前提とせずに相談を行ったり、相談を行ったうえで依頼をす
るかどうかの意思が決定されることも多い。このため、5号相談は受任前提
相談の場合もあれば、依頼を前提としない相談（「独立相談業務」と定義して
おく）もあると考えられる。

3　7号相談の意義

　7号相談について、注釈は、「簡易裁判所の訴訟の対象となり得る民事紛
争についての相談であるから、手続的な法律問題に限らず、実体法上の法律
事項についても、法的手段や法律解釈を示しながら行うことになると考えら
れる。したがって、本号の相談は、いわゆる法律相談である」[5]と説明してい
る。

　もっとも、加藤教授は、法律相談には広義の法律相談（5号相談と7号相
談）と②狭義の法律相談（7号相談）とがあると解しており、「法律相談」の
定義は注釈とは異なっている。[6]

　ところで、5号相談は受任前提相談、独立相談業務の両方があるという位
置づけであったが、7号相談はどうであろうか。条文は、「民事に関する紛
争……について、相談に応じ、又は仲裁事件の手続若しくは裁判外の和解に

4　加藤新太郎『司法書士の専門家責任』17頁。
5　小林昭彦＝河合芳光『注釈司法書士法〔第3版〕』118頁。

ついて代理すること」と規定している（司法書士法3条1項7号）。

　法令上の用語法として、列挙に二階層がある場合には、「若しくは」は小さい階層の列挙に用い、「又は」は大きな階層に使われる。たとえば、「A又はB若しくはC」の階層をかっこ書で示せば次のようになる。

（A又は（B若しくはC））

これを上記の条文にあてはめると次のようになる。

（相談に応じ、又は（仲裁事件の手続若しくは裁判外の和解について代理すること））

　したがって、少なくとも7号相談は、条文の構造からすると何らかの依頼を前提とする受任前提相談ではなく、相談自体を一つの独立した業務と位置づけているものと考えられる。

　加藤教授の定義を拝借すれば、7号相談とは、「相談者が抱える問題事案を理解し、その事実に法律（法令）を当てはめ、法的判断（権利義務に関する判断）をするとともに、問題解決のための法的手続を教示するプロセス」という独立した業務と考えられるのである。

　そうすると、司法書士法3条1項6号に規定される代理業務の委任を受けることを前提とした相談は、どのような法的根拠によるものなのかという問

6　加藤新太郎『司法書士の専門家責任』21頁では「法律相談である7号相談との対比では、5号相談は『依頼者の依頼内容を法律的に整序すること』であって、法律相談ではないというのが公式見解ということになる」が、これは弁護士法72条を意識して7号相談だけを法律相談と定義しているのであり、「私見は、法律相談とは、相談者が抱える問題事案を理解し、その事実に法律（法令）を当てはめ、法的判断（権利義務に関する判断）をするとともに、問題解決のための法的手続を教示するプロセスであると定義したうえで、法律専門家である司法書士の受ける相談は、法的判断作用を欠かせないという考え方の下に、法律相談には広義の法律相談（5号相談と7号相談）と②狭義の法律相談（7号相談）とがあると解している」としている。

第2章 相　談

題が浮上するが、平成14年改正前において司法書士法2条1項各号に関する相談については当該各号の解釈として当然できるものと解釈されていたことと同様、6号の代理業務の委任を受けることを前提とした相談は、7号相談ではなく、それぞれの業務の解釈として当然にできると考えるべきである。この点について、加藤教授は、「どのような業務であっても、常に相談という作用を内包するという意味で、相談は執務の基礎なのである」と述べている。

4　相談業務の整理

　以上の定義を前提として、司法書士が行う相談業務を整理すると次のとおりとなる。

相談内容	根拠規定	備　考
依頼を前提とする書類作成業務の相談	5号	受任前提相談
依頼を前提としない書類作成業務の相談	5号	独立相談業務
依頼を前提とする6号の代理業務の相談	6号の代理業務の各業務規定に包含されている	受任前提相談
依頼を前提としない6号の代理業務の相談	7号の相談規定	独立相談業務

　実際に司法書士が受ける相談の多くは、最初から5号相談か7号相談か6号の代理業務についての相談なのか、必ずしも明確に区分されているわけではないと想像される。

　以上の整理を前提とすると、たとえば、特定調停代理の受任を前提とする相談は司法書士法3条1項6号の規定を根拠に当然できるということになるが、実は、このような結論が導き出されることは重要な意味がある。

7　加藤新太郎『司法書士の専門家責任』15頁。

Ⅰ　業務としての相談

　すなわち、和歌山訴訟の最高裁判決は、裁判外の和解について認定司法書士が代理することができる範囲は個別の債権ごとの価額を基準として定められるべきものであり、認定司法書士が債務整理を依頼された場合においても債務者が弁済計画の変更によって受ける経済的利益の額によって定められるべきものではないと判示した。いわゆる受益額説を否定し、債権者主張額説を採用した。

　この判旨は、司法書士法3条1項7号の「紛争の目的の価額が裁判所法第33条第1項第1号に定める額を超えないもの」は個別の債権ごとの価額を基準とすることを明らかにしたものであるから、裁判外和解代理業務のみならず7号相談にも該当する。したがって、個別の債権ごとの価額が140万円を超えている場合には認定司法書士は7号相談を受任することはできない。

　一方、特定調停や債務弁済協定調停における調停事項の価額は申立人の受益額によって算定することとされているから、個別の債権ごとの価額が140万円を超えていても申立人の受益額が140万円を超えていなければ認定司法書士は調停代理業務を受任することができる。[8]

　したがって、個別の債権ごとの価額が140万円を超えていても受益額が140万円を超えない事案については調停代理を受任することは可能である。そして、その前提となる相談を7号相談ととらえてしまうと個別の債権ごとの価額が140万円を超えているから相談を受けることはできないという結論になってしまうが、そうではなく、調停代理を受任する前提で行う相談は7号相談ではなく調停代理業務の根拠たる6号の規定に包含された業務であるから正当な業務であるという結論になるのである。[9]

8　同様の結論として加藤新太郎「認定司法書士の裁判外和解代理権の範囲」登記情報659号57頁、新井剛「判例の拘束力とその射程（2・完）」月報司法書士559号59頁。
9　理論的にはこのようになると考えられるが、一方で、「債権者が主張する債権額が140万円を超えるものについては、認定司法書士に代理権はないので債務整理の相談、裁判外の和解、特定調停の申立て等はできない」（紺田壽志「認定司法書士が訴訟代理人として果たすべき役割と実務上の留意点」市民と法110号80頁）という見解もみられる。

43

第2章　相　談

5　相談業務の切替え

　しばしば、「7号相談として相談を受けている最中に紛争の目的の価額が140万円を超えていることが明らかとなった場合には5号相談に切り替えて相談を継続する」というような表現がなされるが、これは正確ではない。

　たとえば、「貸金請求に関する相談をお願いしたい」と相談を申し込まれた段階では、裁判書類作成関係業務を依頼するつもりで相談するのであれば5号相談であるし、相談だけしたいというのであれば5号相談の場合もあるし、貸金が140万円以下であれば7号相談の場合もある（ただし、この時点で貸金が140万円以内であるかは話を聞いてみないとわからない）。さらに、簡裁訴訟代理等関係業務を依頼するつもりで相談するのであれば簡裁訴訟代理等関係業務を受けることを前提とした相談ということになるが、実際には相談を受けてみなければいずれの相談なのかはわからないし、もっといえば、相談が相当程度進んだ段階でなければいずれの相談なのか判別できないことも多い。

　したがって、紛争の目的の価額が140万円以内かどうかはっきりとせず、相談者が具体的な裁判書類作成関係業務や簡裁訴訟代理等関係業務を依頼する意思の有無がはっきりしない場合は、認定司法書士は、とりあえず7号相談として相談に応じることができる。

　そして、相談を進めるうちに、紛争の目的の価額が140万円を超えていることが判明した場合には、それ以上7号相談を進めることはできなくなり、相談を打ち切らなければならない。

　このような場合、何らの説明なく7号相談を打ち切って相談者の意思確認をせずに5号相談として相談を継続することはできない。なぜなら、7号相談と5号相談とでは、相談の根拠が異なるからである。

　したがって、紛争の目的の価額が140万円を超えていることが判明した場合には、理由を説明して7号相談を打ち切るのはもちろんのこと、書類作成に関する相談として進めるか、裁判書類作成関係業務の依頼を前提として相

談を進めるかを相談者に確認して、相談者があらためて5号相談を希望するのであれば5号相談を受任するというプロセスをたどるべきである。[10]

6　相談における説明助言義務

以上の検討のとおり、司法書士法3条1項1号～4号の業務についての5号相談があり、6号の業務については解釈上当然に受任前提相談をすることができ、受任を前提としない独立相談業務として7号相談がある。

このように、受任を前提とするかしないかはともかく、相談自体が業務として位置づけられていることは間違いない。

一方、和歌山訴訟の大阪高裁判決が示した説明助言義務（信義則上の義務および委任契約から導かれる善管注意義務）は、審理の対象となった裁判業務に限らず、およそ専門職能と呼ばれる職種の業務はすべからく対象となると考えられるところ、相談自体が業務として位置づけられていることから、相談における説明助言義務を具体化する必要があると考えられる。

そこで、以下、相談における信義則上の義務および相談における委任契約から導かれる善管注意義務を考えつつ、相談の意義・あり方を具体化してみたい。そのうえで、相談の定量化を提案してみたい。[11]ぜひ、読者のみなさんも実際の相談を定量化してみていただきたい。

Ⅱ　相談の意義

1　日々、知識を補充する

相談を受ける前提として、相談の背景となる社会的事実、相談に関連した法律や取引慣行等について知識を補充しておくことが重要なことはいうまで

10　加藤新太郎『司法書士の専門家責任』23頁にも同旨の解説がなされている。
11　定量化とは、「一般に質的に表現されている事物を数値を用いて表すこと」である（新村出編『広辞苑〔第5版〕』1819頁）。

もない。司法書士試験に合格するのに最低限必要な法律知識だけでは相談者が満足するような内容の相談にはならない。

もちろん、あらゆる分野における社会的事実や法律、取引慣行等に精通することは不可能であるが、相談に応じる中で不明な点は相談者に教えを請うなどの真摯な姿勢が必要である。わからないことがわかることが重要なのである。

昨今、司法書士が取り扱ってきた裁判事件の多くは過払金返還請求事件であるが、これは司法書士が多重債務事件を多く取り扱ってきた過程で得た知識を活用することにより相談に十分応えられるだけの知識を身に付けているからである。こうした得意分野を次々とつくっていきたいものである。

たとえば、建築設計に関する設計料をめぐるトラブルの相談に応じることを前提としては次のような知識を得ておく必要がある。

建築士法では、建築士事務所が新規に設計または工事監理の受託契約を締結しようとする場合（契約前）には必ず管理建築士またはその建築士事務所に所属する建築士が、契約内容にかかわる法令事項を含む所定の内容（重要事項）について建築主に説明して、記載内容の書面（重要事項説明書）を交付することが建築士事務所の開設者に対して義務づけられている（同法24条の7）。

重要事項説明書を交付していなくても、私法上はその後に締結された設計監理請負契約の成否に影響を及ぼすことはないと考えられるが、仮に、重要事項説明書の交付がなく、また、その内容について説明がなされていない場合には建築士法違反であり、建築士側の誠実性が問題視される場合がある。

また、平成27年6月25日に施行された改正建築士法では、延べ面積300㎡超の建築設計については書面による契約を作成することを義務化した（同法24条の8）。したがって、この要件に該当する建築設計請負契約の成立を主張する場合には、原則として契約書面が存在しているという法則が働くことになる。

なお、一般的に、建築設計監理請負契約が定める建築事務所の業務は、①

建築主の意図を十分理解したうえで基本構想をまとめ建築物の空間構成を具体化した設計図書を作成する「基本設計」、②建築主による基本設計承認後、これに基づいて工事の実施に必要で、かつ工事施工者が工事費明細書をつくるために必要で十分な設計図書を作成する「実施設計」、③工事を設計図書と照合し、それが設計図書のとおりに実施されているかいないかを確認し、設計図書を建築物へと具現化していく「工事監理」の三つに分かれる。そして、これら「基本設計」「実施設計」「工事監理」はすべて一貫した同一の思考の下に連続して行われる業務であるため、同一の建築事務所が請け負うことが多いと思われる。

　以上は、建築設計契約に関する最低限の知識である。司法書士にはあらゆる相談が舞い込んでくるのであるから、常日頃から一つひとつ知識を補充していく必要がある。

2　相談の構造

　相談は、一般的には、①事案や相談者の言い分の傾聴、②法律問題に関する事実の抽出、③それらの法的評価、④問題を解決するためのアドバイスというプロセスをたどることになる。この構造は、要件事実に該当する主要事実を特定し、それに法律を適用して権利関係を判断するという訴訟の構造と一見同じようにみえるが、相談においては必ずしも事実や相談者の言い分は整理されておらず、要件事実として整理される事実とは無関係かもしれない事情も相談者から多く語られる。そして、相談者の求めるものも法的に実現不可能な感情的なもの（「謝ってほしい」「許せない」など）であることも少なくない。

　しかし、相談業務においては、②以降のプロセスの前提として、こうした事案や相談者の言い分の傾聴（①）により相談者の訴えを詳細に聴き取って総体的に事案を把握し、相談者が精神的な問題も含めてどのような解決を望んでいるのかを把握する必要がある。

　そのうえで、法律問題に関する事実の抽出（②）をしていくことになる

47

第2章　相　談

が、まず、相談者にとっても紛争の相手方にとっても「動かしがたい事実」を確認し、その中から主要事実、間接事実を探し出すことになる。そして、事案や相談者の言い分の傾聴（①）として提供される当該事件の背景事情から相談者のストーリーを描いてみる。そのうえで、そのストーリーが「動かしがたい事実」と矛盾なくつながるか、経験則に反しないかを確認する（これらの手法については第3章V参照）。

　また、この段階においては、どのような法律構成により権利の発生・変更・消滅等の法的効果を判断すべきかを選択する必要がある。

　以上のように、限られた時間の中で相談者から事実や背景を聴き取ったうえで十分に説明義務を尽くし、さらに相談者に問題解決の糸口を提示するためには、漫然と相談を受けるのではなく相談のあり方を意識する必要がある。

Ⅲ　相談のあり方

1　出口を意識した相談を

　相談は、具体的な事件受任の契機となることも多く、その意味では、司法書士業務の中でも重要な位置を占めている。一方で、限りある時間の中で相談に応じなければならないのであるから、短時間で相談者の心を鷲掴みにする効率的なプレゼンテーションを行うつもりで相談に臨むべきである。

　そして、相談の出口を意識することが何より重要である。司法書士に寄せられる相談は、「戸籍の集め方がわからない」「遺産分割協議書の書き方がわからない」などといった手続的な相談から、「話合いがまとまらない」「遺留分減殺請求をされた」といった実体上のものまでさまざまである。

　これらの相談に対して司法書士が提供すべき回答は、「戸籍の集め方がわからない」という相談に対しては戸籍の請求方法を説明する、「遺産分割協議書の書き方がわからない」という相談に対しては書式例を示して説明す

48

る、「話合いがまとまらない」という相談に対しては調停や審判について説明するなど、相談者の求める疑問に対する解決策を説明するのが相談の意義であると考えることもできる。

　しかし、相談者は、単に手続や手段の説明を知りたいのではなく、手続の見通しや手段・手続の提案、そのメリット・デメリット、要する時間、費用などの具体的な回答を求めて相談に来ていると思われる。

　そうだとすると、相談者が相談終了後、何をすれば問題解決に向けて一歩踏み出すことになるのか、たとえば、不足する戸籍を遠隔地の役場に請求するにはいくらの定額小為替を入れてどのようにして郵送するか、登記事項証明書・固定資産評価証明書はどこにもらいにいけばよいのか、相談者の希望する解決方法でもよいが税務相談に行って課税関係にも配慮しておいたほうがよいのでどこの税務署に相談にいくべきで、その際はどのような資料を持っていくべきか、などということを具体的にアドバイスする必要がある。

　このように、相談者が相談終了後、何をすれば問題解決に向けて一歩踏み出すことになるのかという相談の出口を意識することが重要である。

2　相談を受ける態度・心構え

　相談を受けるにあたっては、まず、相談者が安心して話をすることができる状況をつくることが必要である。

　物理的な面では、相談者の秘密を守ることができるように個室または他の事務職員や来客からの視界に入らないような場所で相談を受けることが望ましい。また、相談を受ける場所は整理整頓され、掃除も行き届き、「あなたが相談に来ることを準備万端お待ちしていました」という状態で相談者を受け入れたいものである。間違っても、その前の相談者の書類の内容が見えてしまうように置かれていたり、たびたび電話等で相談を中断しなければならないような状況で相談を受けるべきではない。

　また、相談者が安心して話をするためには相談を受ける側に信頼感を抱いてもらうことが必要であるが、信頼感を与えられるかどうかは外観による第

第2章 相 談

一印象により決まってしまうことは否定できない。

そのため、はっきりとした挨拶、自己紹介や名刺交換などの礼儀、よくぞ相談にいらっしゃいました、どうぞ安心してお話しくださいという態度、丁寧でわかりやすい話し方などでよい第一印象を与えることも重要である。

3 幅広い会話を引き出すコツ

「どのように相続するかの話合いはまとまっています」「他の相続人は放棄すると言っています」とは言うものの、それは相談者の主観的な感想であり、実は何ら合意は成立していなかったり、いったんは合意したようにみえても、その後の他の相続人の行動をみると実際には合意は成立していないのではないかと疑問を抱かざるを得ない場合がある。これは一例であり、よくよく話を聞くことにより別の問題がみえてくることがある。

したがって、相談を受ける側が先入観をもって限定した範囲で質問をしたり、「はい」「いいえ」だけで答えられるような質問（クローズド・クエスチョン）ばかりではなく、相談者に事案の背景から家族の状況などを自由に発言してもらうなどして事案把握に必要な事情を広く聴き取る必要がある。

そのためには、相手が自由に返答できる質問（オープン・クエスチョン）を意識的に使う必要がある。その方法として、いつ、どこで、誰が、なぜ、どうやって、という５Ｗ１Ｈの質問をする方法が考えられるが、これらはオープン・クエスチョンの中でもある程度答えが限定される質問であり、矢継ぎ早に質問をしていると尋問をしているような雰囲気になってしまうので注意が必要である。

むしろ、５Ｗ１Ｈにこだわらず、上手に相槌を打っているだけで相談者がどんどん話し始めることがある。「上手な相槌」とは、相槌に感情が入った相槌である。「下手な相槌（会話が止まってしまう相槌）」と「上手な相槌（相談者がもっと話したくなる相槌）」を、次の例で比較してみよう（相談者＝⑭、司法書士＝⑤）。

Ⅲ　相談のあり方

対応例 1

〔下手な相槌〕

㊨「○○が30万円出してくれたんです」

㊄「そうですか」

〔上手な相槌〕

㊨「○○が30万円出してくれたんです」

㊄「へえ、30万円もですか。大金じゃないですか」

対応例 2

〔下手な相槌〕

㊨「男兄弟は弟だけですので弟の言うことを信じてしまったんです」

㊄「男兄弟は弟さんだけだったんですね」

〔上手な相槌〕

㊨「男兄弟は弟だけですので弟の言うことを信じてしまったんです」

㊄「わかります。まさか裏切られるとは思いませんよね」

対応例 3

〔下手な相槌〕

㊨「それ以来、メールしても返事をよこさないんです」

㊄「連絡がとれなくなってしまったんですね」

〔上手な相槌〕

㊨「それ以来、メールしても返事をよこさないんです」

㊄「おかしいですね。どういうつもりなんでしょうかね」

もしも感情が入った相槌が難しいのであれば、すなおの相槌を使ってもよ

51

第2章　相談

いだろう。すなおとは、「すごいですね」「なるほど」「おもしろいですね（おかしいですね）」の頭文字をとったものだ。「下手な相槌（会話が止まってしまう相槌）」と「すなおの相槌」を、次の例で比較してみよう（相談者＝㊞、司法書士＝㊙）。

対応例 1

〔**下手な相槌**〕

㊞「○○が30万円出してくれたんです」

㊙「そうですか」

〔**すなおの相槌**〕

㊞「○○が30万円出してくれたんです」

㊙「すごいですね」

対応例 2

〔**下手な相槌**〕

㊞「男兄弟は弟だけですので弟の言うことを信じてしまったんです」

㊙「男兄弟は弟さんだけだったんですね」

〔**すなおの相槌**〕

㊞「男兄弟は弟だけですので弟の言うことを信じてしまったんです」

㊙「なるほど」

対応例 3

〔**下手な相槌**〕

㊞「それ以来、メールしても返事をよこさないんです」

㊙「連絡がとれなくなってしまったんですね」

〔**すなおの相槌**〕

52

Ⅲ　相談のあり方

㊷「それ以来、メールしても返事をよこさないんです」

㊙「おかしいですね」

　以上のように上手な相槌を打つことによって、相談者の心が開き、より広い情報を収集し、事案の背景をより深く理解することができることになるだろう。

4　信頼関係の築き方

　相談者との信頼関係を築く方法として、相談者に共感を示すことが重要である。そのためには、相談者の役に立とう、相談者のことを知ろう、と強く思うことが必要である。もちろん、上手な相槌を打つことでも信頼関係が構築されるが、相談者の話に大きく頷く、体を乗り出して話を聞くといった少しの工夫で、相談者は、真摯に話を聞いてくれたという満足感を得ることになるだろう。また、「心配しなくて大丈夫ですよ」といった声をかけることも信頼関係を厚くする一つの方法である。

5　伝える技術

　相談者の話をひとしきり聴いた後は、問題の整理、相談者の意向の確認、とるべき手段の提案、解決までのロードマップ、要する時間、考えられる費用等を具体的に説明することになるが、いくら一生懸命説明しても相談者にとっては初めて聞くような話ばかりで、記憶に残すのは至難の業である。話し言葉は1割〜2割程度しか伝わらないと考えておいたほうがよい。

　そこで、相談者の理解度を見ながらホワイトボードやレポート用紙などに図解をして説明していくとよいであろう。ここが、まさに相談者の心を鷲掴みにするプレゼンテーションの真骨頂である。そして、ホワイトボードであれば携帯電話で写真を撮ってもらったり、レポート用紙であればコピーをとるなどして双方が同じ情報を共有することにより、それ以降の相談や打合せがスムーズになるだろう。

53

第2章　相　談

6　相談技術の定量化

　相談の正否は目に見えない。相談にうまく対応できたと主観的に思っていても、相談者はそうは思っていないかもしれない。

　そこで、相談の成否の定量化、すなわち、数値化してみることを提案したい。相談終了後、次のチェックリストを付けてみて、相談の成否を確認してみてはいかがだろうか。

Ⅲ　相談のあり方

【書式1】　相談チェックリスト

日　付	相談時間	相談者名	点数	結　果	
○年○月○日	○．○時間	○○○○	○点	受任・受任するかも・相談のみ	
贈与・財産分与	相続・相続登記	遺言・遺言執行	売　買	担保設定	
会社設立	会社変更登記	解散・清算	会社法関係	建物明渡し	
金銭請求	債務整理	相続放棄	後見申立て	契約書作成	
登記訴訟	その他（				）

□最初から依頼するつもりだった		□よさそうだったら依頼するつもりだった	
□依頼が必要かどうか決まっていない		□最初から依頼するつもりはない	

・相談室の準備は万全だったか	0	1	2
・相談者と目を合わせてはっきり挨拶したか	0	1	2
・相談者の話に相槌を打ったか、体を乗り出したか	0	1	2
・すごいですね、なるほど、と言ったか	0	1	2
・「大丈夫です」と言ったか	0	1	2
・相談者のバックグラウンドを聴き取ったか	0	1	2
・相談者との間に信頼関係は築けたか	0	1	2
・ホワイトボードまたはモニターで図示したか	0	1	2
・事件に対する見立て、意見を話したか	0	1	2
・解決方法（提案）を具体的に示したか	0	1	2
・次にするべきことを具体的に指示したか	0	1	2
・解決までのロードマップを示したか	0	1	2
・費用の説明を具体的にしたか	0	1	2
・相談者は、次にすべきこと、解決方法、ロードマップを理解したか	0	1	2
・「役に立とう」という熱意をもって相談できたか	0	1	2
・相談者にとって役に立つ相談だったか	0	1	2
相談者の心配していることは何だったか			
次にするべきこととして指示した事項			
改善すべき点、用意すべきツール、調査しておくことは何か			

55

第3章　事実認定の構造

第3章　事実認定の構造

Ⅰ　事実認定の構造

　民事訴訟は、認定された事実を小前提として、法律効果の発生、障害、消滅等の法的効果を生じさせるための法律上の要件を大前提としてその充足を確認し、権利関係や法律関係を判断するという三段論法の構造により運営されるといわれている。

　このような構造の中で妥当な結論を導き出すためには事実が適切に認定されなければならず、訴訟当事者は、いかにして事実を認定せしめるかが大きな課題となる。

　そして、事実が認定されるためには法律効果の発生要件にあたる要件事実が証明されなければならないが、必ずしも要件事実たる過去の主要事実が容易に立証できるわけではないため、そのような場合には、間接事実を小前提とし、経験則を大前提とする三段論法により主要事実を立証することを試みることとなる。そして、当該間接事実についても、別の間接事実を小前提とし、経験則を大前提とする三段論法により立証を試みることとなる。以上の構造を図示すると、〔図1〕のとおりとなろう。

　なお、立証の程度は、「社会の一般人であったなら、経験則に照らしてみて、合理的な疑いを差し挟まない程度に真実であろうと考える」という心証を裁判官が抱く程度のものが必要となるが、事実審裁判官が民事裁判実務において要求する証明度が高すぎるという事態がかなりの頻度で起こりうることが指摘されており、司法書士としては、証明度を高めるための準備を常に

56

〔図1〕　事実認定の構造

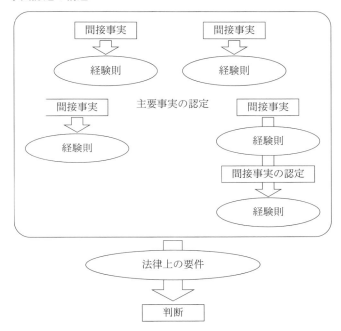

心がける必要がある。

　ここでは、まず、主要事実、間接事実、補助事実、事情の順に定義づけをしておくが、これらを区別して定義することに意味があるのではなく、間接事実、補助事実、事情がどのような理由で主要事実を推認させることになるかを理解しておくことが重要である。

　そこで、本章では、主要事実、間接事実、補助事実、事情の定義づけに続き、これらと主要事実をつなぐ架け橋的役割を担っている経験則について、やや頁を割いて解説しておくこととする。

1　田中豊『事実認定の考え方と実務』21頁。

第3章　事実認定の構造

1　主要事実

　主要事実とは、請求を特定するのに必要な事実（民事訴訟規則53条1項）をいい、その意味では要件事実と同義である。ここでは、間接事実と対比して検討するために主要事実の用語を使用することとする。

　民事裁判において、争点となっている事実を認定する手法には、主要事実を証明することのできる直接的な証拠（直接証拠）がある場合と、直接証拠はないが間接事実を積み上げて主要事実を推認することにより主要事実を認定することができる場合とがある。

　たとえば、売買契約に基づく代金支払請求権の主要事実は、「財産権移転の約束」と「代金支払いの約束」（民法555条）に該当する具体的事実であるところ、これらの事実を認定するには、直接証拠としてどのようなものが必要となるのかが問題となる。

　この点については、「直接証拠とは、処分証書のほか、それが報告文書や証言等の供述証拠である場合には、①問題となっている要証事実の体験者（体験者からの伝聞はこれに当たらない。）が、②当該要証事実そのものについてした供述（関連する供述はこれに当たらない。）が直接証拠に当たると考えてよい」とする見解がある。[4]

　この見解によると、「財産権移転の約束」と「代金支払いの約束」の直接証拠は、処分証書である売買契約書、売買契約当事者の尋問における供述やその旨の記載のある当事者の陳述書（供述録取書は含まない）、売買契約が締

2　処分証書とは意思表示ないし法律行為が記載されている文書をいい、私文書である処分証書の例として、手形・小切手、遺言書、解約通知書、契約書等をあげることができる（田中豊『事実認定の考え方と実務』55頁）。

3　報告文書とは見聞した事実や感想、判断等が記載されている文書をいい、私文書である報告文書の例として、商業帳簿、領収書、手紙、日記、陳述書等をあげることができる。民事裁判における証拠として提出されることの多い登記簿謄本（登記事項証明書）、戸籍謄本は公文書である報告文書に分類される（田中豊『事実認定の考え方と実務』55頁）。

4　村田渉「推認による事実認定例と問題点」判タ1213号46頁。

結される現場に立ち会った第三者が証人として「原告と被告が売買契約を締結した」と証言した場合のその証言やその旨の記載のある第三者の陳述書（供述録取書は含まない）などということになる。

これら対し、内金（手付金を含む）の領収書、当事者から売買契約を締結したという発言を聞いた第三者のその旨の証言や陳述書はいずれも間接証拠であり、直接証拠とはいえないことになる。[5]

なお、書証については、その記載およびその体裁から、特段の事情のない限り、その記載どおりの事実が認められることとなり、何ら首肯するに足る理由がないのにその書証が排斥されることはない（最判昭和32・10・31民集11巻10号1779頁、最判昭和45・11・26集民101号565頁）。

一方、実体法の中には、規範的評価の成立をもって法律効果の発生要件とするものがある。たとえば、民法709条の不法行為による損害賠償債務は、過失が一つの要件とされているが、過失そのものを証明する直接証拠は存在しないから、過失があったことを証明するためには、過失という評価を根拠づける具体的事実の存在が必要になる。このような事実は「評価根拠事実」と呼ばれており、個々の具体的な評価根拠事実が主要事実であるとされている。[6]

2　間接事実

間接事実とは、請求を理由づける事実に関連する事実（民事訴訟規則53条1項）であり、主要事実の存在を推認させるような事実のことをいう。

たとえば、売買契約の成立でいえば、売買契約の必要性、動機や目的、交渉の経過、目的物の引渡し、占有状況、契約後の言動などが考えられる。また、金銭消費貸借における金員の交付については貸付けに至る事前の経緯、貸主の資力、貸主と借主の関係、借主が借用する動機や必要性、現金授受について貸主と借主が会っているか、当事者が事後にとった行動などが考えら

5　以上について、司法研修所編『民事訴訟における事実認定』35頁参照。
6　田中豊『事実認定の考え方と実務』39頁。

第3章　事実認定の構造

れ、返還の合意については貸主と借主の関係、職業、貸付けに至る事前の経緯、貸主の資力、金額の多寡などが考えられる。

　直接証拠が処分証書ではなく、報告文書や証言等の供述証拠である場合には、争いのない事実等の動かしがたい間接事実や間接証拠等によってその真実性、信用性が担保されている直接証拠であるかどうかが重要である[7]。

　間接事実を証明する証拠（間接証拠）の有する証拠力（証明力）によって間接事実を認定し、認定された間接事実を小前提、経験則を大前提として推認（推理して認定するの意）することによって主要事実が認定されることとなる。

3　補助事実

　補助事実とは、証拠の証拠能力および証拠価値に関する事実であり、広い意味での間接事実である。たとえば、当事者と証人との関係（縁戚関係であったり利害を共通にするなど）、当事者や証人の能力（資力、判断力、記憶力、表現力等）、当事者や証人が平気で嘘をつく性格であること、証言の内容の合理性などがこれにあたる。

4　事　情

　事情とは、事件の由来・経過・来歴など、事件をより理解しやすくするための背景となる事実であり、「関連事実」と呼ばれることもある。また、必ずしも要件事実には関係のない事実であっても、一方当事者を擁護しなければならないと感じさせる事実や一方に加担せざるを得ない道義的な経緯や事件の背景などを事情として主張することは効果的な場合もある。

7　加藤新太郎編『民事事実認定と立証活動第Ⅰ巻』330頁。

Ⅱ　証明度に関する最高裁判所の立場

　立証活動を行うにあたり、裁判所がどの程度の証明度を要求しているのか
を念頭に入れておく必要がある。民事裁判の結論は「確定された事実」に法
令を適用することによって導かれるが、当該事実が証明されたものと認定す
るためには、どの程度証明する必要があるのであろうか。

　民事裁判における証明度については、ルンバール事件判決（最判昭和50・
10・24民集29巻9号1417頁）が、最高裁判所の立場を明らかにしたものである
と評価されている。この判決では、「訴訟上の因果関係の立証は、一点の疑
義も許されない自然科学的証明ではなく、経験則に照らして全証拠を総合検
討し、特定の事実が特定の結果発生を招来した関係を是認しうる高度の蓋然
性を証明することであり、その判定は、通常人が疑を差し挟まない程度に真
実性の確信を持ちうるものであることを必要とし、かつ、それで足りるもの
である」としている（事案の内容については本章Ⅴ4参照）。

Ⅲ　事実認定に役立つ五つのヒント

　裁判書類作成関係業務または簡裁訴訟代理等関係業務を遂行するうえで、
どのような立証活動が的確であるのか、頭を悩ませることは数えきれない。
そこで、裁判官の視点から、どのように事実認定を行っているのか、また、
裁判官がどのような点に悩みを抱いているのかをみることで、立証活動への
ヒントが浮かび上がってくるように思われる。

　須藤典明教授が、事実認定に役立つヒントを提示しているため、ここに紹
介する。[8]

8　須藤典明「高裁から見た民事訴訟の現状と課題」判タ1419号5頁。

第3章 事実認定の構造

① 事件の全体像を把握し、時系列で経過を確認すること

② 動かしがたい事実は些細な事実にあらわれること

③ 文書は、その内容だけではなく、その物の形状や材質などもよく確認すること

④ 証人や本人の個性に惑わされないこと

⑤ なぜ事実認定に迷っているのかを自覚すること

Ⅳ 事実認定における裁判官の視点

1 動かしがたい事実

民事訴訟における事実認定の実務は、動かしがたい事実を確定し、これを有機的につないで全体のストーリーを仮説として構築するという過程をたどる。仮説の中で説明をつけることができない新たな証拠が動かしがたい事実として現れたときは、また新たな仮説を組み立てるという作業の繰り返しであるといえる[9]。

ここでいう「動かしがたい事実」とは、処分証書や重要な報告文書、争いのない事実等があげられる。

裁判所は、争いのない事実はそのまま認定しなければならないため、これは「動かしがたい事実」としてとらえることができる。また、処分証書で認められる事実についても、原則そのまま認定しなければならないとされている[10]。そのため、処分証書から認められる事実についても、原則として「動か

---

9 司法研修所編『民事訴訟における事実認定』25頁参照。

10 最判昭和32・10・31民集11巻10号1779頁（要旨「書証の記載およびその体裁から、特段の事情のない限り、その記載どおりの事実を認むべきである場合に、なんら首肯するに足る理由を示すことなくその書証を排斥するのは、理由不備の違法を免れない」）、最

しがたい事実」であることを前提とすることができる。

　裁判書類作成関係業務や簡裁訴訟代理等関係業務を受任した司法書士も、上記プロセスを的確に認識したうえで、裁判業務を遂行する必要がある。

2　書証の位置づけ

　事実認定において、裁判官は書証を重視するというのが一般的傾向であるとされる。[11]民事裁判の実務において、最重要の証拠方法が文書であることは、これまでも繰り返し述べられているところである。[12]その意味で、書証は、動かしがたい事実を確定させる好材料ということができる。

　書証は、過去のある時点で作成された文書を、そのまま現在に伝えるものである。そのため、文書作成時点の、作者者の意思等がそのまま文書化されていることが多い。したがって、書証は、一般的に信用性が高いと評される。[13]

判昭和39・1・23集民71号237頁（要旨「永年盛大に旗屋を経営していたものが、店舗兼住宅の戦災による焼跡を終戦後間もなく他人に『おでんや』営業用の建物の敷地として使用することを許し、その後右当事者間において右土地使用関係につき期間5箇年の使用賃借契約を内容とする契約書を取り交わしたなど判示の事情がある場合貸主が借主より毎月若干の金員を受領していた事情があっても、右土地使用につき当初より普通建物の所有を目的とする賃貸借契約が成立したものであると認定することは、経験法則に違背する」）、最判昭和40・2・5集民77号305頁（要旨「甲乙間の売買契約の成立を推認させる書証（乙を宛名人とする甲名義の売買代金領収証）を、乙が甲の代理人として丙と売買契約を締結した旨の事実認定の資料に供した判決は、該書証の意味を別異に解すべき特段の事情がないかぎり、採証法則に違背する」）、最判昭和45・11・26集民101号565頁（要旨「ある行為がなされる際に契約書等の処分証書が作成されている場合は、その書証の成立が認められれば、特段の事情のない限り、記載どおりの事実があったと認定することができる」）、最判平成14・6・13判時1816号25頁（「関係者の供述のみに基づき保証書及び保証委託契約書の記載に反して保証の範囲を認定することが経験則ないし採証法則に違反するとされた事例」）参照。

11　司法研修所編『民事訴訟における事実認定』24頁、加藤新太郎編『民事事実認定と立証活動第Ⅰ巻』15頁〔村田渉判事発言〕（「一般に、人証と書証は信用性のレベルでは同等であると言われていますが、実際に事件を担当する民事裁判官の意識としては、審理は書証を中心として動き、人証はその説明をするか、あるいは書証を補充するためのものという位置づけにとどまるのではないかと思います」）参照。

12　田中豊『事実認定の考え方と実務』54頁。

第3章　事実認定の構造

　これに対して、同じ書証ではあるものの、性質が異なるものとして、陳述書があげられる。陳述書は、当該訴訟のために作成される報告文書であり、訴訟で有利な結果を得るために、何らかの作為が混入することを否定できない。したがって、一般論としては、陳述書の証明力は弱いと考えられている。[14]

3　人証の位置づけ

　書証は人証よりも強いといわれることがあるが、人証の証拠としての価値が低いと考えるのは妥当ではない。

　書証は、ある一定時点の内容が固定されたものであるのに対し、人証は尋問次第で異なった形となるため、不安定・不確実な要素が多いと評される。[15]しかし、人証の供述は、ストーリー全体を把握するにあたり、重要なものである。自由心証主義の下では、証明力について書証と人証との間に定型的な差異はないといってよい。書証の証明力も、その文書の性質、記載内容、体裁などによって吟味され、必要に応じ、他の証拠や弁論の全趣旨に照らして検討されなければならない。証言の信用性を評価するためには、まず、その証人が直接にその事象を認識したか、それとも、他人からの伝聞によって、あるいは他人の伝聞をも交えて、その事象を認識したかを確かめておくことが重要である。証人は、しばしば自らの認識と伝聞とを混同し、あるいは両者を区別しないで陳述することがあるからである。[16]

13　柴﨑哲夫＝牧田謙太郎『裁判官はこう考える弁護士はこう実践する民事裁判手続』99頁参照。また、東京弁護士会春秋会編『実践訴訟戦術』148頁以下では、「ほとんどの事件は、証人尋問に進む前に、書証で勝負が決まってしまう」「書証のほうが重要と言わざるを得ない」「最も重要なのは書証」といった趣旨の記載がある。

14　「裁判官の心証にどの程度の影響力があるものなのかという点ですが、一般論として言えば、陳述書自体の証明力は弱いと考えております」（那須弘平ほか「陳述書の運用に関するシンポジウム」判タ1200号55頁〔井上哲夫判事発言〕）。

15　司法研修所編『民事訴訟における事実認定』24頁。

16　司法研修所編『民事判決起案の手引〔10訂版〕』63頁。

64

4　動かしがたい事実と合理的なストーリー

　裁判官は、個々の証拠から、個別的ないし断片的な事実を認定する。これが、「動かしがたい事実」として整理されることとなる。そして、次に、当該事実をつなぐストーリーの合理性を検討することになる。

　上記の検討過程について、「裁判官は証拠から複数の『点』を押さえた上で、それらを〝線〟でつなぐ作用を行っている」と表現されることもある。[17]

　また、事実認定は仮説の投げかけのプロセスであるとも述べられている。[18]仮説の投げかけとは、①事件の中で当事者間に争いがない事実、客観的な証拠によって認められる事実あるいは証拠により確実に認定できる事実等の「動かしがたい事実（核となる事実）」をできるだけ見つける。②これらの「動かしがたい事実」を有機的につないでいく（時系列に並べ直したり、動かしがたい事実に矛盾することなく、その事実経過の流れの中に位置づけられる事実を折り込んだりする）。③そうすると、重要な事実関係がいわば仮説あるいは仮定的心証として形成されることとなる。④しかし、このような検討の過程で、これまでの仮説では説明できない証拠や事実が動かしがたいものとして出てくる場合がある。そのような場合は、これまでの仮説とは異なる、新たな仮説を構築する（これまでの仮説が基本的に原告側の主張する筋書（ストーリー）であったなら、基本的に被告側の主張する筋書（ストーリー）を新たな仮説とする）。⑤そのうえで、新たな観点（新たな仮説の立場）から再び①〜③のプロセスを行うことによって事件を見つめ直すことであると説明されてい

17　柴﨑哲夫＝牧田謙太郎『裁判官はこう考える弁護士はこう実践する民事裁判手続』99頁では、要旨、証拠からジグソーパズルにおける1ピースを入手し、次いで、これらのピースをつなぎ合わせ、パズルの完成をめざしていくが、入手したピースの全部をもってしてもパズルを完成させるに至らず、空白部分が生じてしまうため、裁判官は、つなぎ合わせることのできた複数のピースに描かれた絵柄から、空白部分にはどのような絵柄が描かれているべきであるのかを推察し、空白部分の穴を埋め、穴埋め部分をも用いることで、孤立状態にあるピースをつなぎ合わせ、最終的にパズルを完成させる、すなわち一連のストーリーを認定するに至るという表現も用いられている。

18　村田渉「推認による事実認定例と問題点」判タ1213号42頁。

第 3 章　事実認定の構造

1ヨ
る。

5　経験則による事実認定

経験則とは、個別的経験から帰納的に得られた事物の概念や事実関係についての法則的命題をいう[20]。

民事裁判における事実認定が正しいか否かは、およそ、それが経験則に合致しているかどうかを基準に判断されることになる。したがって、経験則は、民事裁判における事実認定のキーポイントになっている[21]。

前述のとおり、一般論として、書証は証拠価値が高いとされる。それはなぜであろうか。

通常、不動産の売買契約の場面では、契約書を残すという経験則が存在する。それにもかかわらず、売買契約書が存在しないとなると、通常は、売買契約締結の事実を否定する方向に作用することになろう。これは、「契約書が作成されていない」という間接事実に、「不動産の売買契約では、通常、契約書を作成する」という経験則を組み合わせることによって、事実認定を行うといった構造に沿ったものである。したがって、契約書を作成することが通常である事案において、書証の提出がなされない場合、経験則上、当該契約の不成立を導きやすくなる。

もっとも、どのような売買契約であっても、契約書が作成されるわけではない。たとえば、コンビニエンスストアで買い物をした場合に売買契約書が作成されることは皆無であろう。このような場合に、売買契約書が書証として提出された場合、通常は作成されるはずのない売買契約書として、疑いを差し挟むことになろう。

19　村田渉「推認による事実認定例と問題点」判タ1213号43頁。なお、司法研修所編『民事訴訟における事実認定』26頁注44では、「場合によっては、原告、被告いずれのストーリーとも異なる第三、第四のストーリーを作って検討対象とすることもある」とされている。

20　加藤新太郎『民事事実認定論』31頁。

21　加藤新太郎編『民事事実認定と立証活動第Ⅰ巻』347頁〔村田渉判事発言〕。

また、不動産の売買契約においても、どのような人間関係であるかによって、売買契約書を作成することが経験則に合致するといえるか否かは異なる。最判昭和23・2・10集民1号73頁では、「ごく親しい友人親族等の間では契約書など作らない場合もよくあることで、契約書ができて始めて売買が成立したものと見なければならないという経験則は存在しない」と判示しているが、経験則を検討するにあたっての好例であろう。

V　経験則による事実認定の実践

1　1枚の写真から推認する構造

　「これはどのような光景を写した写真か」と聞かれた場合、「帰省ラッシュ」と答える方が多いのではなかろうか。写真の中に、帰省ラッシュであることを証明する直接的なものは写っていないが、なぜ「帰省ラッシュ」と答えるのだろうか。

　列車のホームである、ホームに大勢の人がいる、冬の服装をしている、家族連れの人がいる、金沢行きの列車である……、そうした一つひとつの事実を無意識のうちに拾っているのだろう。

　そして、高崎、軽井沢に停車するのは北陸新幹線である、金沢行きの新幹線は下りである、などという必然的な経験に加え、遠くに行くために列車を利用する、家族連れで旅行するには休日を利用する、冬の旅行には帰省、Uターン、スキーなどがある、などという可能性の経験則を照らし合わせることにより、全体として「帰省ラッシュ」という推認を導き出しているのではなかろうか。

　事実認定でも同じようなことがいえる。たとえば、いくつか間接事実を並

第 3 章　事実認定の構造

べてみたときに、感覚的に「こうした間接事実が積み重なっていたのであれ
ば、主要事実があったに違いない」と認識することがある。しかし、なぜそ
のように認識したのかを言葉で説明するのは容易ではない。この場合、人間
行動の観察に基づく経験則を大前提、間接事実を小前提として主要事実の有
無を推認しているのであるが、大前提となる経験則は、あくまでも「人間は
○○のときは○○という行動をとる蓋然性が高い」というものであって、そ
のような人間行動を言葉で説明することが困難だからである。

　しかし、このような経験則の機能を利用して、主要事実そのものの立証が
困難な場合であっても間接事実の立証を適切に行うことにより主要事実を推
認させることに成功するということになる。

　このように、経験則とは、間接事実から主要事実を推認させる人間の行動
法則ともいうべきものであり、「民事訴訟の事実認定は、徹頭徹尾経験則の
適用」であるとまでいわれることがある。[22]

2　経験則の分類と柔軟な活用

「経験則」は、次の①～③のように分類されることがある。[23]

① 　特に専門的な知見を必要としない一般的経験則、専門的知見を要する
　専門的経験則

② 　一定の前提事実があれば必ずある結果が生ずるというような法則（必
　然性のある経験則）、一定の前提事実があれば通常ある結果が生ずるとい
　うような法則（蓋然性のある経験則）、一定の前提事実があればある結果
　が生ずることがあるというような法則（可能性の経験則）

③ 　自然科学的な法則を前提としているもの（自然科学的経験則。一般的経
　験則としては簡単な物理法則、専門的経験則としては複雑な医学・物理法則
　がある）、人間行動を観察して比較的多くの場合に導かれる蓋然性を前
　提としているもの（人間行動的経験則。一般的経験則としてはいわゆる社会

22　加藤新太郎編『民事事実認定と立証活動第Ⅰ巻』332頁。

23　加藤新太郎編『民事事実認定と立証活動第Ⅰ巻』332頁。

常識、専門的経験則としては業界の取引慣行などがある）

　しかし、実務上は、このような分類にとらわれずに検討すべき点を見落とさず、さまざまな方面からのアプローチを怠らないようにすることが重要である。

　この点について、伊藤滋夫教授が一例をあげているので紹介しておく。[24]

　「原告は、被告に対して平成7年3月3日午前10時半ころ現金300万円を貸し渡したと主張して、この貸金の返還を請求しているが、被告は、そのすべてを、すなわち、現金の交付もその返還の約束も否認しているものとする。その場合に次のような間接事実があるものとする。すなわち、『平成7年3月2日には被告は無資力であり、債権者Aから債務の返済を強く迫られていた。原告は、貸金業者であったが、3月2日に原告の店舗において、被告と初めて会い、翌3日午前10時ころその取引銀行から現金300万円を引き出した。同日午前10時半ころにも原告の店舗において再び原告と被告は面談した。同日午前10時ころから11時ころまでの間原告の店舗への来客は被告以外にはなかったが、午前11時ころには、原告は、先に銀行から引き出した300万円の現金を持っていなかった。同日午前11時ころ被告は、Aに対する300万円の債務を現金で弁済した。』という事実（間接事実）があるものとする。なお、原告と被告との間で作成されたと原告が主張する金銭消費貸借証書（連帯保証の記載もある）などの書証は、原告の店舗が火災により焼失しているため、仮にかつて存在したとしても、現在においては原告が証拠として提出できない合理的事情があると考えられ、かつ、原告が無資力の被告に300万円を貸すについては、被告が資力のある連帯保証人を提供したと考え得る状況があったものとする。

　そうすると、他に特段の事情のない限り、前記の間接事実を総合して、『原告は被告に対して、平成7年3月3日午前10時半ころ現金300万円を貸し渡した』という要件事実を推認してよいであろう。この事例があまりにも簡

24　伊藤滋夫『事実認定の基礎』85頁。

第3章　事実認定の構造

単であるために、この結論に異論のある人はいないであろうが、こうした簡
単な事例で法律実務家がどのようなプロセスでこうした結論に達したかを分
析しておくことが、間接事実による要件事実の推認方法を考える出発点とし
て有益であると考えるので、この例によって、推認のプロセスを以下に検討
することとする」。

　「『原告が被告に対し現金300万円を貸し渡した』という事実は、『原告が被
告に対し現金300万円を渡した』という事実と『被告が原告に対し300万円を
返す約束をした』という事実とから成り立っている。

　このうち、まず前者の事実、すなわち、『原告が被告に対し現金300万円を
渡した』という事実について考えてみよう。この推認の過程には、多くの簡
単な因果関係の法則が利用されている。そのすべてを挙げるのは煩さに堪え
ないが、被告側の状況について、一、二の例を挙げてみよう。例えば、『3
月2日にある者（被告）が無資力であったならば、特段の事情がない限り、
3月3日もその者（被告）は同じ状態、すなわち無資力である。そのように
無資力であった者（被告）が、同日午前11時ころに現金300万円を持ってい
たならば、その者（被告）は、その時より前であって無資力であった時より
後に、その300万円を取得した。』といったものである。このような因果関係
の法則は、何も人間の行動に特有のものではない。種々の自然現象の中にも
見られる法則といってよい。『ある状態は、何らかの作用が加わらない限
り、そのまま存続する。ある状態が変わった場合には、ある状態に何らかの
作用が加わったからである。』というように、要約することができる性質の
ものであろう。

　次に後者の事実、すなわち、『被告が原告に対し300万円を返す約束をし
た』という事実を推認するに当たっては、どのような法則が使われているで
あろうか。今度は原告側の状況についてみてみると、ここでは、人間は、そ
の営業内容としている行為をするときには、無償の行為（ここに当てはめて
いえば、それは贈与ということになる）はしないものであるという理解が前提
となっている。そして、簡単にいえば、『原告は貸金業者である。原告は被

70

告を知らなかった。原告は、自己の店舗で被告に初めて会い、その後同店舗で被告に現金300万円を渡した。そうすると、原告が被告に現金を渡したのは、その営業内容として行った行為である。したがって、原告は被告に対して現金を渡すに際しては、少なくとも、その返還を約束することを要求し、それが受け入れられなければ、現金を渡すことはない。原告は被告に現金を渡している。したがって、被告は原告に対してその返還を約束している。』といった推認の過程があるといってよいであろう。ここで使われている法則は、『人間の財産的行為は、原則として経済的利益を追求するものである。』という一般的な人間の行動法則である。

人間の行動法則としては、今述べた一般的な人間の行動法則のほか、ある人間に特有の要素、例えば、その人の特異な性格や特殊な経験等を考慮すべき要素として有する人間の行動の法則があると考える」。

また、伊藤教授は次のようにも指摘している。[25]

「一般的な行動法則とか個別的な行動法則とかいっているのは、考え得る法則をその一応の性質に従って分類をして各種の法則やそれに関連する種々の要素の整理を容易にする便宜上の手段に過ぎない。そのことをやや具体的に敷衍すれば、例えば、ある事実が本当にあったことなのかどうかを証拠を検討して考えていく場合において一般的な人の行動の仕方だけを念頭に置いて検討して、それですべての検討作業が終了したと考えてはならず、当該事件の本人や関係者に何か特有の事情や原因といったものがなかったかについても、検討を怠らないことが重要なのである。

そうした検討作業のことを、便宜、各証拠を、一般的な人間の行動法則のみならず、個別的な人間の行動法則にも照らして検討しなければならないと述べているだけである」。

25　伊藤滋夫『事実認定の基礎』87頁。

第 3 章　事実認定の構造

3　経験則の体系

さらに、伊藤教授は、経験則の体系（試案）を公表しているので参照しておく。[26]

第一　現実の行動の経験則

一　人の財産的行為（取引行為）は原則として経済的利益を追求するものである。

　1　原則として等価交換以上になるようにする。

　　例　売買・請負・代物弁済は時価でし、貸金は利息付きでするのが通常である。

　　企業を買収する場合にはなんらかの経営の見通しがあるのが通常である。

　　継続的取引では、その取引全体としての利益を追求するのが通常である（短期的な損失を必ずしも気にしない）。

　2　原則として等価交換の実質が確保されるようにする。

　　例　不動産の売買においては、残代金全額の支払と当該不動産の明渡し・所有権移転登記手続を同時履行とするのが通常である。

　3　原則として取引行為の相手が不当な利益を保持することを許さない。

　　例　貸金、売買代金などについては、利息などを含め、その請求をし回収を図るのが通常である。

二　人の財産的行為（取引行為）は原則として自己防衛的なものである〔一の分類との関係は重複の感もあるが、一は積極的な利益の追求の観点を重視し、二は消極的な防御の観点を重視したものである。また、二は、必ずしも等価交換の場合に限られない。〕。

26　伊藤滋夫『事実認定の基礎』98頁。

V　経験則による事実認定の実践

1　原則として取引行為の基本的意味は理解した上で、これを行う。

　例　重要な契約書であることが表題等から明らかな書面について、その内容を全く理解しないまま署名押印することはないのが通常である。

2　原則として取引行為はその権限があると考える者を相手として行う。

　例　不動産の売買など重要な行為では本人とし、又は代理人とする場合には印鑑証明、委任状などで権限を確認し、更には本人に対し確認する方法を採るのが通常である。

3　原則として取引行為をするときには自己の損失を最小限にしようとする。

　例　相当額の金銭を貸すときには担保を取るのが通常である。

　自己の財産を担保に提供する場合には、自己とその家族が現に居住している自宅など最も大事なものは最後にするのが通常である。

　他方、債権者からの追求を意識的に逃れるための仮装譲渡などの場合には、右のような最も大事な財産を失念することはないのが通常である。

4　原則として取引行為をしたときには、その実現された結果が、少なくともその主要な部分において、当初の合意に合致しているかを検討する。

　例　取引行為によって受領した物について、受領後相当期間内に異議を述べていないときには、当該受領した物は、少なくともその主要な部分において、当初の合意に合致した物（同一性、数量、品質などにおいて）であるのが通常である。

5　原則として自己の重要な財産の保全に留意する。

　例　実印、印鑑証明書、権利証などは、何の理由もなく他人に渡すことはしないのが通常である。

　多額（どの程度の額をもって多額とするかは、個人によって異なり得る

ものであり、十分な注意を要する）の現金は自宅の簞笥に置く（いわゆる簞笥貯金）などせず、金融機関に預けるのが通常である。

6　原則として法廷における本人の供述は、自己に有利になるようにとの考えに影響される。

例　自己に有利なことは曖昧な記憶でもこれを明確に述べようとし、自己に不利なことは曖昧に述べようとする一般的傾向がある。

三　財産的行為（取引行為）においても、特別の事情（人間関係、状況など）のある場合には、人は経済的利益の追求や自己防衛的であることを止める。

1　特別の人間関係がある場合にそうである。

例　親が子に土地を賃貸する場合には相場の賃料は取らないのが通常である。

信頼できる家族のみの居住する家屋内での実印等の保管は厳重ではないのが通常である。

信頼し合っている親子や家族などの間では、その一人から依頼されるままに、内容をよく見ないで文書（結果として、それが債務保証の文書であったりすることもある）に署名することもある。

親子、兄弟姉妹などの近い親族、親友などのためには、無償で、その債務の保証人になったり、自己の不動産を物上保証に供したりすることがある（逆に、このような特別の関係がない場合には、そうしたことは考えにくい）。

日常密接な関係のある隣人の間では、法律的に見れば多少の権利の侵害となる行為があっても、明示に異議を言わない（どの程度なら異議を言わないかは人によって異なり得る）のが通常である。

取引当事者間の力関係が異なるような場合には、等価交換の原則に反し、強者の立場にある者に著しく有利になっていることもある。

2　特別の状況が存在する場合にそうである。

例　倒産の際の異常な混乱時その他精神の安定を失っているような

V　経験則による事実認定の実践

特別の状況の下においては、結果として自己の資産を極めて安価で代物弁済に供したり、求められるままに内容を十分に確認しないで多数の書面に署名したりすることもある。

第二　証拠に関する行動の経験則（名称が相当かは問題かもしれない）

一　人は財産的行為（取引行為）では、原則として証拠を残す。

　　例　相当額の取引については、契約書を作成し、貸付帳簿、売上帳簿などの取引帳簿に記載し、弁済をした場合には領収書を取るのが通常である。

二　特別の事情のある場合には、人は、財産的行為（取引行為）においても証拠を残さない。

　　例　取引当事者の力関係が異なるような場合には、強者の立場にある者は、ときに弱者の立場にある者に証拠となるような書類を渡さないこともある。

　　脱税その他違法な目的のための取引のための金銭（いわゆる裏金）の授受がされる場合には、証拠となるような書類の授受や正規の帳簿への記載がされないことが多い。

三　人は純粋の好意に基づく行為では、原則として証拠にまでは留意しない。

　　例　家庭内における家族間の貸借、贈与などについては、通常の日常的な生活の中で起こる程度のものである限り、書面などは作成しないのが通常である。

　　隣人が自己所有の空地を駐車場として利用しているのを好意で承認しているような場合には、契約書まで作成しないのが通常である。

4　経験則違反

　裁判官が経験則に反する事実認定や合理的理由に基づかない事実認定をした場合は違法と評価されることとなるので、事実認定における経験則の位置

第3章　事実認定の構造

づけは極めて大きい。

　加藤新太郎教授は、判例において経験則違反の事実認定とされたケースのうち、汎用性のある規範を明示した10例を整理されているので引用しておく。[27]

---

(1)　ある法律行為・事実行為がされる際に作成された書証（例えば、契約書・領収書など）がある場合には、特段の事情がない限り、その記載どおりの事実を認めるべきである。しかし、特段の事情が認められないのに、そうでない事実認定をしているときは経験則違反とされる（最判昭和42・5・23集民87号467頁、最判昭和46・3・30判時628号45頁・判タ263号202頁、最判昭和59・3・13金法1077号32頁など）。

(2)　登記簿・土地台帳・家屋台帳に記載されている事項は、面積の点を除き、特段の事情がない限り、その記載どおりの事実を推認すべきである。しかし、特段の事情が認められないのに、そうでない事実認定をしているときは経験則違反とされる（最判昭和33・6・14集民32号231頁、最判昭和34・1・8民集13巻1号1頁）。

(3)　国が私人との間に契約を締結し、かつ詳細な契約書を作成した場合には、特段の事情がない限り、契約書に記載されていない特約の存在を認めることはできない。しかし、特段の事情が認められないのに、そうでない事実認定をしているときは経験則違反とされる（最判昭和47・3・2集民105号225頁）。

(4)　自己の権利義務に関する事項を記載した書面に署名捺印をしたものは、特段の事情がない限り、その記載内容を了解して署名捺印したものと推認すべきである。しかし、特段の事情が認められないのに、そうでない事実認定をしているときは経験則違反とされる（最判昭和38・7・30集民67号141頁）。

27　加藤新太郎『民事事実認定論』201頁。

V　経験則による事実認定の実践

(5)　金融業者が金銭を貸与した場合には、特段の事情がない限り、弁済期および利息の定めがあったものと推認すべきである。しかし、特段の事情が認められないのに、そうでない事実認定をしているときは経験則違反とされる（最判昭和45・11・26集民101号565頁）。

(6)　弁済の領収証はなくても、借主が借用証書を所持していれば、特段の事情がない限り、借金は返済されたものと推認すべきである。しかし、特段の事情が認められないのに、そうでない事実認定をしているときは経験則違反とされる（最判昭和38・4・19集民65号593頁）。

(7)　売買契約における目的物の価値と代金とは対価的均衡がみられることが経験則である。しかし、合理的な理由を説示することなく、時価より著しく低額な対価で不動産の売買が成立したと事実認定をしている場合は、経験則違反とされる（最判昭和36・8・8民集15巻7号2005頁：時価151万円余の家屋.敷地が10万円で売買されたケース）。

(8)　特別の事情がないのに、運送契約締結の際、荷送人が、運送人に保険契約を締結するよう申し出るとともに事故による損害については保険金のみをもって塡補することを約した事実のみで、荷送人が運送人に対し一切の損害賠償請求権を放棄したと事実認定をしている場合は、経験則違反とされる（最判昭和43・7・11民集22巻7号1489頁）。

(9)　化膿性髄膜炎の患者である幼児が入院治療を受け、重篤状態から一貫して軽快していた段階で、医師が治療のためルンバールを実施した後、発作が突然起こり、右半身痙攣性不全麻痺・知能障害・運動障害等の病変が生じた場合において、当時化膿性髄膜炎の再燃するような事情（特段の事情）が認められない事実関係のもとでは、ルンバール施術と発作およびこれに続く病変との因果関係の存在を推認すべきである。しかし、特段の事情が認められないのに、そうでない事実認定をしているときは経験則違反とされる（ルンバール事件判決・最判昭和50・10・24民集29巻9号1417頁）。

(10)　従業員の特定の日限りでの退職の意思表示と使用者が適当な職場を

77

第 3 章　事実認定の構造

斡旋することに努力する旨の文言のある当事者間の念書から、特段の
事情を示すことなく、従業員の退職の意思表示をすべき債務と使用者
の就職斡旋の債務とが対価関係にあると事実認定をしている場合は、
経験則違反とされる（最判昭和54・3・23判時924号51頁）。

第4章　事例にみる　事実認定と判断
——山本和子事件を題材に

I　事例設定

　本章では、第3章にみた事実認定の構造を踏まえて、以下の相談事例（山本和子事件）に即して、具体的な事実の掴み方をみていきたい。

　私（山本和子）は、3年ほど前に松本一郎さんと知り合い、お付き合いをしていました。一郎さんは優しい人ですが、パチンコが好きで、お金にだらしないところがあり、時々、「絶対に返すから、貸して」と頼まれ、2万円、3万円という単位でお金を貸していました。

　今年の3月、一郎さんから「30万円貸してほしい」と頼まれましたが、今までのお金の単位とは一桁違うので、どうしてそんな大金が必要なのかと問いただしたところ、一郎さんの友達の菊川次郎さんが引っ越しをすることになって、30万円を貸してほしいと頼まれているので、何とかしてほしいというものでした。私は、どうしようかと迷いましたが、一郎さんの頼みを断り切れず、お金を貸すことにしました。

　喫茶店で一郎さんと次郎さんの3人で会い、私は、そこで30万円を一郎さんに貸しました。次郎さんは、本当に助かったと私と一郎さんに礼を言い、30万円を持って先に喫茶店から出て行きました。

　その後、間もなく、私は一郎さんと些細なことでけんかをして別れました。

　一郎さんに以前貸していたお金は全く返してもらっておらず、全部で

79

40万円になっています。ですから、最後に貸した30万円と合計すると、70万円になります。

　私は、別れた後、一郎さんに70万円を返してほしいと何回かメールしました。最初の2回は返信をくれましたが、それ以降は返信すらくれません。メールのやりとりをプリントしてきたので見てください。

　和子「お久しぶりです。元気でいますか？　一郎さんに貸したお金、全部計算してみたら70万円になっています。もう別れたことだし、返してくれませんか？」

　一郎「えー、70万円になってるの？　そんなに借りたかな。金額間違ってない？」

　和子「だって、最後に30万円貸しましたよね。だからこんな金額になっています」

　一郎「ちょっと待って。最後の30万円って、菊川の分？　あれは、和子が菊川に貸したんじゃないの？　俺は関係ないよ。それに、それを除いても40万円あるなんて、考えられない」

　和子「そんな言い訳するの？　あんまりじゃない？」

　いずれも、借用書や領収書のようなものは書いてもらっていませんが、スマホのアプリで家計簿を付けていますので、日付と金額はわかります。以前に2万円～3万円ずつ貸したときは、持ち合わせていたお金で貸したものですから、証拠となるものはスマホの家計簿ぐらいしかありません。最後の30万円は銀行で下ろして貸しましたから、通帳に出金の記録があります。借りたのは菊川さんなんてことはデタラメです。それに、私は菊川さんの住所や電話番号も知りません。

　一郎さんには、分割でもいいですから70万円を必ず返してほしいのですが、どうしたらいいのですか？

Ⅱ　事実を掴む

1　要件事実を中心とした聴き取りの落とし穴

　和子の相談の主訴は、「一郎から、分割でもいいから70万円を必ず返して
ほしい」ということのようである。

　そして、和子は、「２万円、３万円という単位でお金を貸していました」
「一郎さんの頼みを断り切れず、お金を貸すことにしました」「最後に貸した
30万円と合計すると、70万円になります」「最後に30万円貸しましたよね」
「持ち合わせていたお金で貸した」「最後の30万円は銀行で下ろして貸しまし
た」というような表現をしているので、金銭消費貸借契約に基づいて貸金の
返還請求をしたいと考えているようである。

　金銭消費貸借契約に基づく貸金返還請求の要件事実は、「返還の合意」と
「金銭の交付」であるから、この２点について主要事実と間接事実を拾って
いくこととなる。

　もっとも、本件においては数万円単位の複数回の貸付けと30万円の貸付け
とは様態を異にしているように思われるので分けて検討することにする。

⑴　数万円単位の複数回の貸付け

㋐　返還の合意

　返還の合意についての主要事実は、一般的には金銭消費貸借契約書や借用
証などであるが、本件ではそのような文書は存在しない。

　間接事実としては、「そんなに借りたかな」と述べている一郎のメールぐ
らいである。

㋑　金銭の交付

　金銭の交付についての主要事実は、領収書や受領書、振込伝票などである
が、本件ではそのような文書は存在しない。

　間接事実としては、スマホの家計簿ぐらいである。

㈡ 証拠と法的評価

借用証書等の書面もない場合には、特段の事情のない限り、贈与や生活援助のための金銭の交付であり、消費貸借とは認定されないのではなかろうか。

和子がスマホのアプリで家計簿を付けていたので日付と金額はわかるとのことであるが、仮に日付と金額がわかったとしても、他に有力な間接事実等がない限り一郎との返還の合意があったとは認定できないと思われる。

また、スマホのアプリで和子が付けていた家計簿の証拠価値についても考える必要がある。たとえば、貸主において、借主の関与がないままに一方的に作成した覚書やメモ等が貸主が金銭交付の都度書き付けていたものとして証拠として提出された場合に、一般的には、ほかに信用性を肯定できる間接事実があれば格別、そうでない場合には、借主の関与が全くないメモ等の信用性は慎重に判断する必要があると考えられる[1]。

もっとも、一郎はメールの中で40万円という金額については認めていないが、いくばくかを借りたことは認めているようにも思われる。そこで、裁判所がメールの証拠価値をどのようにみているのかも知っておく必要があるが、メールは情報の断片化が著しいという傾向があり、一つの文書としてプリントアウトされたものだけを読んだのでは意味がわからなかったり誤解を生じるおそれが少なくないという意見がある。そこで、事件の全体像について一定のまとまりのあるメールを証拠として提出するという工夫が必要である。

また、前のメールで提示された条件などが後のメールでは撤回されていたり、さらにその撤回自体が撤回されていたりするなど、メールでは頻繁に情報が交換されるため都合のよい部分だけを書証とすることが容易であるから、提出されたメールを鵜呑みにすることは危険であるという意見もある[2]。

1　加藤新太郎編『民事事実認定と立証活動第Ⅱ巻』280頁〔村田渉判事発言〕。
2　加藤新太郎編『民事事実認定と立証活動第Ⅰ巻』73頁〔須藤典明訟務総括審議官発言〕。

Ⅱ　事実を掴む

⑵　30万円の貸付け

㋐　返還の合意

主要事実、間接事実となる文書等は存在しない。

㋑　金銭の交付

主要事実、間接事実となる文書等は存在しない。

⑶　小　括

このようにみていくと、数万円単位の貸付けにしても、30万円の貸付けにしても、（一郎が認める場合を除き）金銭消費貸借契約の成立を認めるのは困難である。しかし、和子の事例を最初に読んだとき、おそらく、最後の30万円について返還を求めるのは難しいかもしれないが数万円単位の貸付けについてはある程度の金額の返還を求めるのは可能ではないかと考えた方が多いのではないだろうか。

しかし、上記のように主要事実と間接事実を拾っていくと数万円単位の貸付けについてさえも要件事実を満たしていないことになってしまう。この違いはなぜ起こるのだろうか。

2　事案のストーリーを探れ

法律の初心者は、しばしば法律の定める要件事実を念頭に、それにあてはまる事実だけを拾い出すという作業をする。これは、「動かしがたい事実」や「争いがない事実」は、裁判所はそのまま認定することを知っているからであろう。

しかし、要件事実だけを念頭にして、それに事実をあてはめていくだけでは空論となってしまう。要件事実を拾う前に相談者のストーリーをもう一度思い出してみるべきである。

問題のきっかけは何であったのか、当事者の人間関係はどのようなものなのか、なぜこのような結末になってしまったのか、どちらが不誠実なのか、損失は誰が負担すべきなのか、それはなぜか……。

要件事実では拾わなかった事実やストーリーにより、事件が生き生きして

83

きて迫真性も湧いてくる。

　そして、こうしたストーリーを明確にすることで、見落としていた間接事実を拾い出すこともできるし、どのような経験則があてはまるかも見えてくるのである。

3　評価と事実の相違

　相談者が「事実」を語っているか、相談者が口にしている言葉は「事実」ではなく「評価」ではないのか、という観点から相談にあたることも重要である。

　たとえば、和子は、「喫茶店で一郎さんと次郎さんの３人で会い、私は、そこで30万円を一郎さんに貸しました」と述べているが、「貸しました」というのは「事実」ではなく和子が下した「評価」である。和子の「評価」をそのまま受け入れるのは危険である。もしも和子の「評価」が正しいのであれば、少なくとも、「私は、30万円を、返還を約束して一郎さんに交付しました」という事実があったということになる。

　しかし、「返還を約束した」とか「交付した」という言葉も「評価」が含まれている。たとえば、「返還を約束した」とは、一郎が和子に何らかの意思表示をし、どのような様態で合意が成立したのかという事実が明らかになって初めて「返還を約束した」ことになるのである。

　同様に「交付した」という根拠となる事実は、現金がどのように一郎に渡されたのかを明らかにする必要がある。たとえば、30万円が入った封筒（銀行で出金したお金だから銀行の名入りのある封筒なのかもしれない）を一郎に直接手渡したのか、テーブルの上に置いた現金を一郎が掴み取ったのか、などという事実である。仮に、和子が30万円の入った封筒をテーブルの上に置いたときに一郎が「ありがとう」と言い、そこに同席していた次郎が「本当に助かった」と言ってその封筒を手にしたとしたら、はたして「一郎に交付した」ことになるのか。

　このように、簡単に聞き流していることであっても、それがそのまま事実

であるとは限らないのである。

　このような危険は、伊藤教授も次のような例で説明している[3]。

　「例えば、契約が解除されて消滅したかが争われている事件において、原告が『原告は被告に対し、平成〇年〇月〇日被告に到達した書面で契約解除の意思表示をした。』と主張し、被告がそのような書面の到達を否認した場合において、この到達ということは、そのまま争点として認定の対象となる事実のように思える。しかし、このことも厳密には検討の余地がある。もし、原告が、被告の家を訪ねたが、被告に会うことなく、被告の郵便受けの中へ契約解除の意思表示を記載した書面を置いてきたが、現実に被告が同書面を見る前に同書面が消失したとすれば、その場合には、原告が被告に到達した書面で契約解除の意思表示をしたといえるか否か問題となる。この場合には、原告が被告に対して直接に当該書面を手渡していないことから、当然に書面による契約解除の意思表示がないといえるわけではないし（書面が被告の支配下に届き被告が了知し得る客観的な状態になれば、被告に到達したと考えてよいという説明を考えるとよい）、逆に当然に同意思表示があったと常にいってよいかも問題である（被告の家といっても、既に長期間その家に現住する者はなく、被告は、家財道具などをその家に置きながらも、海外に滞在中であって、被告の住所といえるか問題があるような場合を考えるとよい）。こうした場合には、一見したところ事実のように思われる『到達』ということが、実は、一種の法的評価であることに留意しなければならず、事実認定の対象となる事実というものは、この場合は、『到達』と評価してよいかどうかを判断する根拠となり得る事実、すなわち、被告の具体的な居住状態、郵便受けへの投函などの事実ということになる。これに類似したことは、事実認定の多くの場面において問題となるといっても過言ではない」。

　以上のように、相談者の話の中で評価を加えた表現に接したときには、その評価を加える前の事実を確かめてみることが必要である。もっとも、人間

3　伊藤滋夫『事実認定の基礎』12頁。

第4章　事例にみる事実認定と判断

が事実を認識してこれを言葉で表現する場合には、ほとんどの場合において評価を加えているから、特に重要と思われる点についてはその評価の根拠となった事実を確認するという程度でよいと思われる。

4　動かしがたい事実は何か

裁判所は、判決をするにあたり、口頭弁論の全趣旨および証拠調べの結果を斟酌して、自由な心証により、事実についての主張を真実と認めるべきか否かを判断することとされている（民事訴訟法247条）。このように、民事訴訟は、裁判所が判決の基礎となる事実を認定する際に、その事実の存否の判定を、裁判官が審理に現れたいっさいの資料に基づいて自由な判断により到達する心証に任せようとする自由心証主義により運営されている。

しかし、自由心証主義といっても裁判所の判断には一定の枠があり、それに違反することはできない。

その一つとして、争いのない事実は、裁判所はそのまま認定しなければならない（民事訴訟法179条・159条1項）。

また、処分証書などによって認定できる事実は、特段の事情のない限り事実と認定しなければならない。特段の事情がないにもかかわらず処分証書の記載に反する事実認定することはできない。[4]

たとえば、「文書の内容の説明もないままに記名押印させられたから無効である」という言い分、「契約書にはこのように書いてあるが、本当は、そうではなくてこれこれこういった趣旨だった」という言い分は、特段の事情

4　土地の売買に係る念書や現金出納帳の記載などに反する事実認定をした原審判決を破棄した事例（最判昭和32・10・31民集11巻10号1779頁）、賃貸借契約書に記載の事実と反する事実認定をした原審判決を経験則違背、審理不尽、理由不備とした事例（最判昭和39・1・23集民71号237頁）、土地の売買契約書に関して代金の領収書の記載事実に反する事実認定をした原審判決を審理不尽、理由不備として破棄した事例（最判昭和40・2・5集民77号305頁）など。ほかにも最判昭和42・5・23集民87号467頁、最判昭和37・2・22民集16巻2号350頁、最判昭和43・3・1集民90号535頁などがある（中村直人『訴訟の心得』7頁）。

Ⅱ　事実を掴む

のない限り認められることはない。[5]

　これらの「争いのない事実」「処分証書などによって認定できる事実」は「動かしがたい事実」と呼ばれるが、訴訟を念頭に相談にあたる場合には、こうした「動かしがたい事実」を拾い出しておかなければならない。そして、「動かしがたい事実」は主要事実のみならず、間接事実についても拾い出しておくことが必要である。

　この点について、「契約の成否が争われている事案……でも、事前の条件交渉等の具体的経過や、売買契約書が作成された日時や場所、そのような日時や場所が設定された理由、その場に参集したメンバーなどについては、……そのような些細な間接事実こそが『動かし難い事実』になる。そして、そのような事実が分かったら、『なぜその日時や場所になったのか』、『誰が提案したのか』、『参集したメンバーは誰が集めたのか』、『なぜ売買契約書に署名だけが行われたのか』、『その際、何か他のことも行われたのか』など、そのときの具体的な状況を確認していくと、事実認定の糸口がほぐれてくることが少なくない。テレビドラマとは異なるものの、『真実は細部に宿る』ものであり、『些細な事実から真実への糸口がほぐれる』ことが少なくないであろう」と具体的に説明されている。[6]

5　動かしがたい事実とストーリー

　動かしがたい事実は単発的でそれぞれ独立した事実であるから、それらを並べるだけでは必ずしも主要事実の事実認定には至らない。そこで、それらの事実と矛盾しないストーリーを考えてみる必要がある。そのストーリーは、相談者から聴き取ったさまざまな事情や相談者の思いに経験則をあては

5　処分証書等に基づく認定は、その文章の記載どおりとするのが原則である。たとえば、契約書の場合、合意したのはまさにその文字どおりの内容について合意したものと解される。「ここには○○と記載したが、××の趣旨だった」等という抗弁は原則として成り立たない。弁護士は結構漠然と文字から離れた趣旨に理解してしまいやすいが、それは原則としてダメである（中村直人『訴訟の心得』10頁）。
6　加藤新太郎編『民事事実認定と立証活動第Ⅱ巻』356頁。

87

めて構築していくことになる。つまり、動かしがたい事実が「点」であるとすれば、ストーリーは点と点をつなぐ「線」であり、動かしがたい事実とストーリーが矛盾なくつながるような、一つの筋の通った話として理解できるかどうかが重要である。

しかし、相談者の描くストーリーと相手方の描くであろうストーリーとは一致しないから事実について相手方と認識の違いが生じるのであり、争いになっているのである。

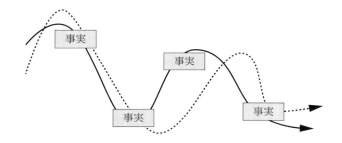

たとえば、年収がそれほど高くなく所有財産も多くない人が貯金の大半である100万円を、借用証書や受領書をもらうことなく3カ月後を弁済期として貸し付けたが、一度も催告をすることなく3年が経過した後に貸金返還請求の相談に来たとしても、それだけでは100万円を貸し付けたということを推認することは難しいであろう。

しかし、相談者と相手方とが幼なじみや親戚などの親密な関係であったという事情から「そのような親密な関係であれば、なけなしの大金を貸すこともあるだろう」「そのような関係であれば借用書などをつくらずにお金を貸すこともあるだろう」という経験則が働くだろう。また、貸し付けた後に相談者が高収入を得られる仕事に就いたという事情から「高収入を得られるようになったので催告をしないこともあるだろう」などという経験則も働くだろう。そして、相手方が病気がちであったという事情から「病気がちの人に催告をすることがはばかられることもあるだろう」という経験則も働くとしたら、事実を並べた場合に比べて一つの筋の通った話として理解できるであ

ろう。

　このように考えてみると、さまざまな事実を主要事実、間接事実、補助事実に区別することはあまり意味があることではなく、それぞれの事実により主要事実の存在をどのように推認することができるか総合的な検討をすることが必要であることがわかる。

　具体的に、書面のない金銭消費貸借契約の存否が争点である場合について、加藤新太郎教授は次のように指摘している。[7]

　「この場合には、①当事者の関係、②貸借の経緯、③借主の懐具合、④借主が金銭を借りる必要性・目的、⑤貸主の資金調達方法などの項目がポイントとなる。

　これを、事実にパラフレイズすれば、①当事者の関係には、当事者が友人同士であるか、親戚であるか、貸主が業者であるかなどがある。貸主が貸金業者であれば、書面なしに金を貸すとは考えられないが、親戚、友人であればあり得る。ただ、どの程度の人間関係（親疎）であったかがポイントになる。そのこととの関係で、②貸借の経緯は、過去にも同様の金銭の貸し借りがあったか、今回限りのものかという点が問題になる。過去に書面なしでの金銭貸借をしたことがあれば、今回も同様のことがあるかもしれないと考えられる。③借主の懐具合は、貸主が消費貸借があったと主張する時期の前後で借主の金遣いに変化があったかという点が問題となる。その時期の前後に借主の金遣いに変化がなければ、消費貸借契約はなかったという方向に考えられるが、生活費の補填のために借りたのであれば、そのようにはいえない。そこで、④借主が金銭を借りる必要性・目的の意味が出てくる。その場合には、貸借時に当事者間にどのようなやりとりがあったかが重要となる。さらに、⑤の項目として、貸主がどのように資金を調達したのか、例えば、自分の預貯金を払い戻して貸したのか、他人から融通して貸したのか、手持ち金を貸したのかという点が問われる。

7　加藤新太郎『民事事実認定論』21頁。

第4章　事例にみる事実認定と判断

通常、この順序で貸借の存在を認めやすい。もっとも、他人から融通して貸したという場合、第三者が信用できなければ、手持ち金を貸したという場合と変わらないといえる。また、貸した金額にもよるであろう」。

一方、一定の間接事実から全く別の経験則が導かれることにも注意を払わなければならない。たとえば、父親と同居している成人の子が父親の友人宅に父親の実印と印鑑証明書を持ちこんで借金をした。ところが、全く返済がなされないために友人が父親を被告として貸金返還請求訴訟を提起したとする。

そこで、まず、「父親と子どもが同居している」ということについてどのような経験則を用いるかが問題となる。友人の立場からは、同居しているのだから金銭借用の代理権を子どもに与えることは十分考えられるであろうし、父親の立場からは同居しているから子どもが父親に無断で実印と印鑑証明書を容易に持ち出すことは可能であるという経験則を用いることが考えられる。このように、同じ間接事実であっても全く逆方向の経験則を適用する場面はありうる。

同様に、「父親と貸主とは友人である」という間接事実も、友人であるからこそ損得をあまり考えずに簡単にお金を貸すこともあるという経験則と、友人であるならば父親に電話の一本もしてどうしてお金が必要なのかを確認するのではないかという経験則も考えられる。

したがって、父親と友人とはどのような友人なのか（たとえば、過去に頻繁にお金を貸し借りしている関係であれば子どもに父親の代理人としての権限があると信ずべき正当な理由がある方向に傾くのではないか）、友人の収入に対する借用金額の多寡（収入に占める割合が大きいほど貸付けに慎重になるのではないか）などの別の間接事実が逆方向に向かう経験則のどちらにプラスに働くのかを検討してみる必要もある。

このようにして、相談者のストーリーのみならず、相手方のストーリーも考えてみる必要がある。

90

6 ストーリーを聴き取る

　和子の相談事例をより深く聴き取ることにより、和子のストーリーはより明確な姿を顕わしてくることとなる。その中で、ストーリーと「動かしがたい事実」がつながっていくこととなる。

　では、和子の相談事例から和子のストーリーを探っていくこととしたい。

　私（山本和子）は、3年ほど前に松本一郎さんと知り合い、お付き合いをしていました。一郎さんは優しい人ですが、パチンコが好きで、お金にだらしないところがあり、時々、「絶対に返すから、貸して」と頼まれ、2万円、3万円という単位でお金を貸していました。

　まず、和子はどのような属性の女性なのだろうか。どのような仕事をし、収入はどのくらいで、いくらぐらいの貯金があり、どのようなところに住んでいるのだろうか。

　たとえば、金融機関に勤めていたり、会社で経理関係の仕事をしていたとしたら、仕事柄、金銭管理に長けていることが考えられる。また、収入や貯金の多寡により、2万円、3万円という金額が和子の生活にどのような影響を及ぼす金額なのかが明らかとなる。ここにおいて、源泉徴収票、給与明細書などが和子の勤務先や給料などを証明する間接事実となる。

　また、仮に和子がアパート暮らしをしており家賃や水道光熱費の負担をしていたのならば、2万円、3万円という金額がさらに和子の生活に大きな負担となることが考えられる。これらについては、賃貸借契約書、家賃や水道光熱費が引き落とされている通帳の写しなどが間接事実となる。

　さらに、3年前に一郎と知り合ったきっかけは何だったのか、仕事の関係で知り合ったのか、居酒屋で一郎から声をかけられたのか、一郎のどういうところが魅力だったのか、和子には持ち合わせていない一郎の遊び人風の性格が魅力だったのか。このように一郎の性格等を明らかにすることにより和

子の主張を認めることが正義にかなうという印象を与えることになるかもしれない。

　加えて、一郎との付き合いはどのようなものだったのか。時々デートをするぐらいの仲だったのか、男女関係はあったのか、同棲をしていた仲だったのか。二人の関係が深ければ深いほど、金銭貸借というよりも生活費あるいは遊興費の援助だったのではないかという心証が強まることとなろう。

　また、一郎は何の仕事をしていたのか。収入はどの程度だったのか、パチンコにはどの程度の頻度で行っていたのか。仮に、一郎の収入が低かったり無収入であった場合には一郎から返済がなされることは期待できず、そもそも返還の合意があったのか疑わしいという方向に傾き、普段の収入は少ないが、年に数回は大きな契約をとることができて多額の収入を得られることがあり、過去に一時の収入で和子からの借入金を返済したことがあるというような事実があれば、その返還の事実を間接事実として、弁済期は明確でなかったとしても返還の合意があったという方向に傾くものと考えられる。

　そして、和子が必ずしも潤沢ではない収入の中でどうして2万円、3万円という金額を支出したのか。相談事例からは、貸したお金がパチンコの資金だったということは必ずしも明らかではない。たとえば、就職活動をするためのスーツ等を購入するための資金であったり独立開業するための資金であったりしたらどのような方向に傾くか。

　これらのほか、2万円、3万円というお金はどのように一郎に渡されたのか。和子の財布から現金で渡されたのか、一郎の依頼により和子が一郎の代わりにどこかに支払ったということか、この点は法律構成にも影響を及ぼす事実である。

　以上のように、相談事例のたった4行についてもさまざまなストーリーが潜んでいることがわかる。

　では次に、30万円を引き渡した部分についてのストーリーを探ってみることとしよう。

喫茶店で一郎さんと次郎さんの３人で会い、私は、そこで30万円を一
　郎さんに貸しました。次郎さんは、本当に助かったと私と一郎さんに礼
　を言い、30万円を持って先に喫茶店から出て行きました。

　まず、なぜ喫茶店で会うことになったのか。和子と一郎との貸し借りであ
れば、付き合っていた仲であるわけだから、わざわざ喫茶店で会う必要はな
かったのではないかという疑問が生じる。重要なのは次郎もいっしょに会っ
ていたという点であるかもしれない。そうすると、喫茶店に次郎も来ること
になっていたということは和子も知っていたのか、ということを確認する必
要もあろう。

　そして、この30万円の交付により実質的に利益を得るのは次郎であり、一
郎は特段の利益を得るわけではないということを考えると、次郎が喫茶店に
来たのは30万円を受け取るために来たという事実認定の方向に傾く可能性も
あろう。

　そして、前にみたように、30万円がどのような形で誰に渡されたのかとい
うことも綿密に聴き取る必要もある。

　このほか、喫茶店で要した費用を誰が支払ったかということも、場合に
よってはストーリーを裏づける間接事実となることもありうる。仮に次郎が
３人分を支払ったとすると、そのような些細なことがどのようなストーリー
に傾くのかというようなことも考えてみる必要があるだろう。

7　ストーリーの活用

　このように、相談者の主張から動かしがたい事実を抽出したうえでそれを
ストーリーでつなげることによって、事案が生き生きと蘇る。

　もっとも、和子の相談事例においては、残念ながら、金銭消費貸借契約が
成立していたという事実認定にはつながりにくいものと考えられる。しか
し、こうした緻密な聴き取りと間接事実の拾い上げは決して無駄なことでは

93

第4章　事例にみる事実認定と判断

ない。たとえば、司法書士が和子の代理人として、金銭消費貸借契約の成立を否認している一郎と和解交渉をする場面を想定してみよう。

その際、「確かに、消費貸借が成立していたかどうかは裁判所の判断を仰がなければ明確にはならない事案かもしれません。しかし、考えてみてください。和子さんは、あなたが就職活動をして真っ当な仕事についてほしいと考えて、15万円というそれほど多くない手取り収入から2万円、3万円というお金を出したんですよ。それが法律的に消費貸借といえるかどうかは別にして、当時はアルバイトでパチンコばかりしていたあなたが、今、こうしてしっかりした仕事に就いているのは和子さんのおかげではないですか？　そうお考えであれば、ある程度のところで和解をするということも考えてもいいんじゃないかと思いますが、いかがでしょうか」と、総合的な視点から話し合うこともできるのではないかと思われる。

94

Ⅰ　事件の流れ、事件の筋

第5章　手続選択

Ⅰ　事件の流れ、事件の筋

　法律実務家の間では、「事件の流れ」「事件の筋」などという表現がなされることがある。そして、相談者の意向と「事件の流れ」や「事件の筋」から、「事件の落ち着きどころ」を探るなどといわれている。

　そして、「事件の落ち着きどころ」を念頭にして手続を選択することになる。たとえば、到底妥協できる問題ではなく強制執行も辞さないという事案であれば、判決手続、場合によっては保全処分の申立てをするということもあるだろうし、当事者間で譲歩することにより紛争を解決するのが妥当である事案であれば、裁判外交渉や調停、裁判上の和解をめざすということが考えられる。

　では、「事件の流れ」「事件の筋」「事件の落ち着きどころ」とは何なのだろうか。

　伊藤滋夫教授は、「一定の関連性を持った動かし難い事実群」とでもいうべきものに照らして考えた事件の大きな方向を「事件の流れ」と呼んでいるようである。そして、伊藤教授は、「事件の流れ」からやや視点を変えて、総合的に考えた場合に事件の結論がどのようになるのが正義公平にかなうかといった観点から「事件の筋」とか「こう考えるのが落ち着き（すわり）がよい」とかいった形で用いられているように思うと述べられている。

1　伊藤滋夫『事実認定の基礎』69頁。

95

第5章　手続選択

　このように、「事件の流れ」といった考え方はどちらかといえば事実その
ものの認定に関係する考え方であるのに対し、「事件の筋」といった考え方
は、事件の結論の妥当性という点に焦点を当てた考え方ということになる[2]。

　また、「事件の筋」については、「要件事実的思考。事案分析的思考に対す
るバランス感覚。実質的考慮に基く紛争全体像点検、事案統合的思考」との
考え方も紹介されている[3]。

　そして、「事件の流れ」から「事件の筋」を考えるだけではなく、「事件の
筋」の観点から検討を加えてみて、形式論理の適用による結論のおかしさを
回避する方法としては、釈明の活用、法解釈上の工夫（たとえば、法人格否
認の法理、損害に関する割合的認定論、利息制限法違反の超過利息支払いの返還
請求）、一般条項の活用などがあると説明されている[4]。

　この一例として、次のようなケースが紹介されている[5]。

　「原告と被告とはかねてから仲の良くない兄弟で、久しぶりに再会した兄
である原告と弟である被告との間で、原告が被告に昔から迷惑ばかりを掛け
られていたという話をしたところ、原告と被告とで喧嘩になり、その際に売
り言葉に買い言葉で被告が原告に対し『被告から原告に迷惑料として200万
円を支払う（贈与する）』といい、その場でその内容を書面にし、さらにそ
の後、被告から原告に対し『やっぱりお金がないので200万円は一括払いで
はなくて分割払いにしてほしい』と手紙で申し出たというようなことがあり
ました。

　しかし、被告がその後も約束した200万円を支払わなかったものですか
ら、原告が被告に対し、この書面に基づいて200万円の支払を求めたという
事件がありました。

　この事件では被告が原告に200万円を支払うとの書面を作成した状況につ

2　伊藤滋夫『事実認定の基礎』71頁。
3　加藤新太郎『民事事実認定論』19頁。
4　加藤新太郎『民事事実認定論』19頁。
5　加藤新太郎『民事事実認定と立証活動第Ⅱ巻』176頁〔村田渉判事発言〕。

いて争いがあったのですが、証拠と弁論の全趣旨によって、被告は、原告との兄弟喧嘩の際に売り言葉に買い言葉の応酬となり、その中で被告が原告に対し、いわゆる啖呵を切るような形で200万円を支払う（贈与する）と約束をし、その旨の書面を作成したものであると認められました。その後の分割払いを要請する手紙も被告が書いたことには争いがないのですが、実際に弟である被告が兄である原告に迷惑を掛けたかどうかもよく分からない、迷惑を掛けたとしても200万円に相当する迷惑かもよく分からない。しかもその迷惑というのは30年ぐらい前の出来事なのですね。そのようなことから、その場の状況等からすると、弟である被告は、本当に200万円を原告に支払う（贈与する）という確定的な意思をもっていたとはいえず、しかも原告はそのこと（被告の真意）を分かっていたようであるということですから、心裡留保の構成も可能でしょうが、そのような構成をとるまでもなく、支払を約束する書面があるとはいえ、その作成状況やそれまでの経過等からして、それが被告の確定的な意思に基づいて作成されたものとは認められないと判断しました」。

　このようなケースは日常の相談の中でも少なくない。たとえば、①自動車同士の衝突事故に遭った際に、気が動転していたことに加え、相手方の強硬な態度に圧倒されて「すべて責任をもって弁償します」と書いて差し入れたが、当該事故を検証してみると相手方の過失が大きく、相談者がすべてを賠償するのはおかしいと思われるケース、②スナックで働いていた女性が退職する際に、「在職中に客足が減ったのはお前が悪いからだ」と100万円の金銭消費貸借契約書にサインさせられたケースなどもこれに該当するだろう。

　このように、「事件の筋」を出発点として考えてみると、動かしがたい事実群から考えられる「事件の流れ」とは正反対の結論になることもある。

　とりもなおさず、動かしがたい事実だけに頼らず相談者のストーリーも十分に聴き取って「事件の筋」をさまざまな方向から検討したうえで「事件の落ち着きどころ」を探ってみることが必要である。

第 5 章　手続選択

Ⅱ　事案の把握と相談者の意向

1　事案の把握

　司法書士の立場としては、紛争の内容、訴訟物、要件事実といった、訴訟活動に直接関係してくることを端的に聞きたくなるのではあるが、一般的に相談者は、相談内容について、事実を整理して正確に話せることは少ない。紛争に至る経緯を冗長に話したり、感情的に相手方を非難したりすることが少なくなく、上記のような訴訟活動に直接必要な事項を把握することが困難な場合がある。

　そのような状況であっても、司法書士の主観により、必要な（と思われる）事項のみを聞き出そうとすると、相談内容の表面的な部分しか把握できず、紛争の全体像や相談者の意向を見誤るという事態に陥りかねない。

　まずは、相談者に事件を自由に語らせ、十分に時間をかけて聴き取ることが重要である。その中で、手続ありき、結論ありきで話を導かず、傾聴し、相談者が自由に話をした中から必要な情報をピックアップする作業が必要となってくる。また、時系列に沿って相談者の話を整理し、事件の全体像を把握することに努めなければならない。

　同時に相談者が所持する資料を確認することも必要である。相談者の話とあわせて資料を確認することにより、事件の全体像を正確に把握することができるとともに、相談者の記憶の整理にもつながる。また、後述する相談者の要望の実現可能性の判断のためにも重要となってくる。

2　相談者の意向

　事件の全体像を把握するのと同時に、当該事件をどのように解決することを望んでいるのかという、相談者の思いも理解しなければならない。相談者が自由に事件を語る中に、金銭的な解決を望むのか、謝罪を望むのか、話合いを望むのか等、相談者の希望が読み取れるはずである。

98

事件の全体像と相談者の希望の両者を把握することにより、相談者の要望に沿ったアドバイスや適切な手続を提示することができるのである。

また、相談者は漠然とした不安から相談に訪れる場合も多く、そもそも相談者自身が、問題を整理できていなかったり、何を求めたいのかすら、わからなくなっていたりすることも多い。そのような場合でも、まずは事案について自ら語り、司法書士と共に事案を整理することにより、相談者自身が事件の全体像と自身の要望を的確に把握できるようになる。これは、最終的には相談者が裁判所に対して何を求めたいのかということとつながっており、特に相談者自身が訴訟手続を遂行しなければならない裁判書類作成関係業務の事案においては、重要なプロセスであると考えられる。

3　手続と実現可能性

上記の2点を把握した段階で、相談者の要望を実現するためにはどのような手続が最適であるか、また、相談者の要望が実現可能なものであるかどうか検討する必要がある。事件の全体像と相談者の希望から、必要になる手続を想定し、訴訟が想定される場合には訴訟物の特定、訴訟の目的の価額等の算定、要件事実の確認の作業を行う。同時に、上記の相談者の手持ち資料の確認を通して、立証の可否・相談者の話の信憑性等を判断していく。さらにその他収集可能な証拠を検討し、相談者に対して解決方法の提案へとつながっていくのである。

Ⅲ　本人訴訟と訴訟遂行能力

一般的に司法書士のもとを訪れる相談者は「貸したお金を返してもらいたい」などの漠然とした要求のみを抱えており、裁判手続にも不慣れであることが多い。本人訴訟により、事件の解決を図るためには、訴訟物の理解、裁判書類の内容の理解、期日における裁判所への出頭および期日での振る舞い、訴訟外の相手方との交渉、尋問における対応など、訴訟の遂行に必要な

第5章 手続選択

事項を相談者本人が理解し、自己の訴訟として遂行できる状態にならなければならない（本書において、「訴訟遂行能力」という）。

当初より相談者が訴訟を遂行するための知識を有していることは稀であり、このギャップを司法書士の説明・助言により埋めていくことも、裁判書類作成関係業務で求められるものであり、また同時に、本人においても、本人訴訟を遂行するという姿勢と意識が必要になる。

簡裁訴訟代理等関係業務であれば、「貸したお金を返してもらいたい」から後はお任せするといった、司法書士にすべて下駄を預けるようなスタンスでも成り立つのであるが、本人訴訟においては、少なくとも、司法書士から提示と説明を受けた手続に対して、相談者本人が自らの意思で選択するという行為が必須となってくる。

また、本人の訴訟遂行能力を検討するにあたっても「事件の筋」を考える必要がある。そもそも本人訴訟で求められる訴訟遂行能力は、すべての事件において同水準のものが求められるわけではなく、各事件によって求められる水準は変わってくる。

たとえば、単純な貸金請求事件では、極端にいえば、いつ、いくらのお金を貸したから返してもらいたいといった程度の理解があれば、裁判の流れ・期日の進行や期日での所作といったことを指導すれば、十分に本人訴訟を進めていくことは可能である。一方、争点の多い労働事件・交通事故等のより複雑な事件では、前者に比べ、より多く、より高度な主張立証が必要になり、高いレベルの訴訟遂行能力が求められることもある。また同種の事件であっても書証の有無、尋問可能性等によって、事件の内容・難易度はさまざまであり、どの程度まで訴訟遂行能力を高めていくかの判断が大切になってくる。

さらには、相手方の特性によっても求められる訴訟遂行能力のレベルは変わってくる。相手方の不出頭が予想される場合と相手方が争ってくることが予想される場合では、当然後者の場合のほうが多様な訴訟対応が必要になることが想定され、本人の理解度も前者と比べ高レベルのものが求められる。

100

さらには、書証の有無・尋問可能性についても考慮することが必要である。

時効取得や古い担保権の抹消登記請求訴訟では、客観的な証拠により立証が可能であり、相手方が争わない事案が多いため、それほど高い訴訟遂行能力を求められるわけではないが、争点の多い事件、相手方が争う事件、立証が難しい事件ではより高い訴訟遂行能力が求められることとなる。

結局のところ、事件によって求められる訴訟遂行能力のレベルはさまざまであり、事件ごとに見極めることが求められる。しかし、多くの案件は司法書士が説明・助言を尽くすことにより本人訴訟を遂行することが可能となる。

それでも本人の訴訟遂行能力が、本人訴訟を行っていくのに十分な状態まで到底到達できないような場合もあり、また、医療過誤事件のように証拠の偏在や、訴訟遂行において高度に専門的な知識を必要とされるために、訴訟類型としてそもそも本人訴訟に馴染まない事件もある。このほか、人間関係のもつれから発展した訴訟では、当事者が感情的になりやすく、訴訟遂行に支障を来すこともあり、これらの場合には、代理人の選任をアドバイスすることも常に念頭に入れておかなければならない。

Ⅳ　手続の提示と説明・理解・選択

事件の全体像と相談者の意向を把握し、関係資料等を確認したところで法的判断を行い、相談者の意向を満足させるための依頼の趣旨に沿った手続を提示することとなる。

その前提として、聴き取った相談内容を整理し、何が問題か、何を請求していくか（いきたいか）を、相談者と共に確認することで、相談者自身が事件の全体像や自己の要求を把握した状態にしておくことが必要である。

簡裁訴訟代理等関係業務であれ裁判書類作成関係業務であれ、まずは相談者本人が自己の抱えている問題を整理し理解することができなければ、その後の具体的な解決に向けてとりうる手続については到底理解できないからで

第5章　手続選択

ある。

　特に裁判書類作成関係業務においては、司法書士は、各手続の流れ、メリット・デメリットや、各手続を選択した場合に想定される見込みを十分に説明し、本人が自らの意思で手続を選択していくことになる。

　このとき、相談者の疑問に対して、司法書士が法的な意見を述べることは、相談者が理解を深め、判断を下すために重要かつ必要なことである。ただ漠然と手続を列挙するのみでは、相談者が最良の手続を選択することは困難であり、司法書士が法的な意見に基づき最良であると判断する手続を選択し、提示することが求められる。

　簡裁訴訟代理等関係業務においても、各手続の流れ、メリット・デメリットや、各手続を選択した場合に想定される見込みを説明し、依頼者の理解のうえで手続を選択するというプロセスは変わらないが、最終的な手続の選択については、司法書士が主導権をもち、本人から選択について同意を得れば業務を遂行することができる。

　いずれの場合においても司法書士は、具体的に手続を提示するにあたって、何より相談者の意向のいかんにかかわらず目的を達成できることを意識しなければならない。そして、事件の種類や内容、相手方の態様、本人の訴訟遂行能力の程度等、さらには手続の特徴を十分に考慮して、手続を十分に検討することが求められる。以下、具体的手続の特徴と手続選択において考慮すべき点を列挙する。

1　交　渉

　簡裁訴訟代理等関係業務において、受任後、直ちに裁判手続を行うこともあるが、多くの事件において、まず試みるのが交渉である。相談時においては相談者の言い分のみを聴くわけであるが、交渉の過程を経ることにより、相手方の言い分・考えを把握することができたり、依頼者の話のみからではわからなかった新たな事実を把握できることも多い。

　また、山本和子事件のように、具体的な証拠が乏しく、勝訴判決を得られ

る見込みが高いとはいえない事案では、交渉によって、事件の落としどころを模索することで、紛争解決につなげることも重要である。事前に当事者同士での話合いが決裂していても、第三者である司法書士が、双方の言い分を整理し、事件の落としどころとその根拠を提示することにより、和解に至ることも多い。

　裁判書類作成関係業務においても、訴訟等の前に、内容証明郵便等で請求することも多く、この段階で、相手方から本人に対して連絡がくることもある。事前に当事者間での話合いが決裂していても、この段階で、司法書士が依頼者に対して、相手方の言い分の正当性、法的手続に移行した場合の紛争解決までの時間・手間等を説明することによって和解に至る可能性もあり、裁判書類作成関係業務の依頼での受任事件に関しても、当事者同士の交渉を円滑に進められるようにサポートすることも必要である。

　ただし、裁判書類作成関係業務の前提としての交渉は、あくまでも本人自身が行うものであって、司法書士が交渉に関与してはならないことはいうまでもない。

2　支払督促

　交渉により事件解決に至らなければ、法的手続に移行するわけであるが、金銭請求であれば、簡易な方法として支払督促が考えられる。支払督促の申立てを行えば、裁判所書記官の形式的な審査のみで支払督促を送付し、執行文を付与することにより債務名義となる。通常の訴訟と異なり、証拠を提出する必要もなく、期日に出頭する必要もない。また、申立書に貼付する収入印紙も通常の訴訟の半額であり、この点に関しても、申立人の負担は少なく簡易な方法であるといえる。

　ただし、デメリットも大きく、その点については注意を要する。支払督促には既判力がないため、確定したとしても、通常訴訟により決定内容が覆る可能性がある。手続面においては、相手方から督促異議が出されれば、通常訴訟に移行するため、その後は訴訟対応をしなければならなくなる。支払督

103

第5章 手続選択

促には、督促異議の提出方法が書かれた説明文書やチェックをすれば提出できるような定型の督促異議申立書が同封されており、高い確率で異議が出されることが考えられるため、常に通常訴訟に移行することを意識していなければならない。支払督促から通常訴訟に移行すると、最初から訴訟を提起するのに比べ、期日までの時間が長くなったり、印紙の追加納付等の負担が増えてしまったりと、結局は最初から訴訟提起したほうが、素早く簡易に進められたという状態になってしまうのである。また、支払督促の管轄は相手方の住所地を管轄する簡易裁判所に限定されているため、申立人と相手方の住所地を管轄する裁判所が異なると、申立人はより遠方の裁判所へ出廷しなければならなくなるのである。

　そのため、利用場面は限られてくるが、相手方の住所地と申立人の住所地を管轄する裁判所が同一であり、相手方が請求内容をおおむね認めていて、迅速に債務名義化できそうな案件や、交渉段階では、相手方が対応せずにいるような場面で、相手方へのプレッシャーを強め、交渉の席に引き込むといったときには選択することを検討すべき手続である。

　一般的に事前の交渉が決裂した案件や、そもそも、相手方から何らの返答もなく全く交渉ができなかった案件であっても、支払督促などの裁判手続に移行した結果、裁判所から書面が届き、この段階になって初めてもしくはあらためて連絡が来るような相手方も多いのである。

　山本和子事件においては、松本一郎と事前に交渉ができなかったとしても、支払督促により松本一郎が交渉の席に着く可能性もあり、最初に支払督促を選択することにより、山本和子の時間的経済的負担を軽減できる可能性がある。

3　調　停

　調停は申立費用が低額であり手続も簡易であるため、訴訟手続と比べ、法律の知識に乏しい本人が当事者となる場合でも利用しやすい制度である。簡易裁判所の窓口には類型別に申立書用紙が備え付けてあり、どのような紛争

104

が生じていて、それについてどのような解決を望むのかということが記載できれば申立てをすることができる。また、調停では弁論主義は適用されず、調停委員が職権で事実の調査・証拠調べを行うことができ、法律知識の格差による不利益を受けづらく、最終的に当事者間の合意が成立しない場合においても、裁判所が民事調停法17条に基づく決定（以下、「17条決定」という）を下すことによって、紛争解決がなされる場合がある。

また、調停委員を介することにより、第三者の意見に触れることができ、当事者同士での話合いよりもスムーズに進む可能性が高い。さらに、別席調停により、相手方と直接話し合わないことも可能であるため、相手方といっさい顔を合わせたくないという状態でも、調停委員を介し、話合いを進められる可能性もある。そのため、司法書士が代理人としてかかわることができない場合においても、当事者間の交渉・和解を促進することができる。調停における決定事項は、当事者双方が納得したものであるため、調停が成立した場合には決定事項の履行率が高く、相談者の最終的な目的を達成しやすい側面がある。

その一方、相手方が調停期日に出席しなければ手続が進まないため、相手方が話合いに応じる余地がなければ利用に馴染まず、数回の期日を経ても合意に至らず、再度訴訟を提起しなければならない可能性もある。また、管轄が原則として相手方の住所地を管轄する簡易裁判所であるため、申立人と相手方の住所地を管轄する裁判所が異なると、申立人はより遠方の裁判所へ出頭しなければならなくなるので注意が必要である。

それでも、相手方に話合いによる解決の意思があれば有用であり、また、訴訟遂行能力の点で本人訴訟が難しい者でも利用しうる手続である。

簡裁訴訟代理等関係業務においても、要件事実が掴みづらい事案、判例のない新しい事案、立証が困難な事案等においては、調停手続を選択するメリットが十分にある。

山本和子事件においては、証拠が乏しく、山本和子の主張するような内容で全面勝訴判決を得られる公算が高いとはいえない事案である。また、一方

では、松本一郎は借入れの事実すべてを否認しているわけではないことがうかがえ、話合いにより解決できる可能性が高い事案でもある。

そこで、調停を選択することにより、松本一郎に対し話合いによる解決を望んでいることを強調することができ、松本一郎にも話合いに応じる意思があれば、訴訟よりも穏やかな解決を図ることができる。当事者間の完全な合意に至らなくても、17条決定により、裁判所から客観的中立的な見解が示されることによって、双方が納得できる結果を得られる可能性もある。

また、山本和子が自ら手続を遂行することを望む場合には、仮に本人訴訟の対応が難しかったとしても、調停であれば対応できる可能性が高い。山本和子事件においては、簡裁訴訟代理等関係業務・裁判書類作成関係業務の双方において、調停も検討すべきである。

4 簡易裁判所における代理訴訟

訴訟手続では、最終的には、判決により裁判所の判断が示され、被告が何らの対応をしない場合には、原告の主張どおりの判断がなされる。そのため、相手方は訴訟手続に対応せざるを得ず、事前の任意交渉段階ではいっさい対応しなかった相手方であっても、この段階になって、交渉の席に着くことも少なくない。また、管轄が相手方の住所地の裁判所に限定されておらず、自己に有利な管轄で訴訟を提起できる可能性が高い。支払督促や調停に比べ、手続が煩雑であり、解決までに時間を要する一面もあるが、民事紛争の解決手段として中心となる制度である。

簡裁訴訟代理等関係業務においても、和解に備えて本人と共に出廷することが望ましい。そのため、裁判が長期にわたれば、本人の負担はその分大きくなるため、事前に本人に出廷の重要性を説明し、納得してもらったうえで、手続を行うことが重要である。

山本和子事件は直接的な証拠となるものがない事案であり、全面勝訴判決を得られる公算が高い事案ではない。そのため、金銭消費貸借契約の存在につながる間接的な事実を積み上げ、心証を築いてく丁寧な訴訟活動を遂行す

ることが求められる事案である。また、現実的な紛争解決のためには、並行して和解による解決も模索していく必要がある。訴額の面でも、このような事案こそ、司法書士が簡裁代理権を活用し、紛争解決に一役買うことが求められる事案である。

5　少額訴訟

簡裁訴訟手続を選択する中で、さらに60万円以下の金銭請求であり、かつ、書証等の証拠が揃っていて立証の難しくない案件であれば、少額訴訟を検討することになる。

前述のとおり、司法書士が行う簡裁訴訟代理等関係業務においては、本人と共に出廷することが望ましく、1回の期日で終わる少額訴訟は本人の負担が少なく、迅速な解決を図れるため、簡裁訴訟代理等関係業務・裁判書類作成関係業務どちらの受任であっても積極的に活用すべき制度である。また、請求の価額が140万円を超えない少額訴訟債権執行であれば、司法書士が執行について代理人となることができるため、最後の債権回収の場面まで、依頼者の労力を最小限にすることができる。

もちろん被告から少額訴訟により審理することに対して異議が出されれば通常訴訟に移行するわけであるが、支払督促から移行する場合とは異なり、新たに何らかの負担が発生するわけではなく、当初から通常訴訟を提起した場合に比べても、依頼者に大きな不利益があるわけではない。そのため、利用できる場面では、積極的に検討すべき手続である。

6　地方裁判所における本人訴訟

訴訟による解決を望む場合であっても、すべての相談者が訴訟行為をいっさい任せてしまいたいという思いをもっているわけではなく、多様なニーズが存在する。自らが訴訟に主体的にかかわることによって、自身の主張を裁判所に直接訴えたいという思いをもっている場合、経済的な理由により弁護士に委任することが難しい場合等、本人訴訟を望む場合もある。

107

第5章　手続選択

　多くの場合、訴訟の経験の少ない相談者においては司法書士がサポートすることにより、本人訴訟を遂行することは十分に可能である。医療過誤等の特定の分野の専門知識が必要な訴訟や、男女間に関するトラブルで感情のもつれが激しい事件など本人訴訟に馴染まない事案も存在するが、多くの案件は、本人の訴訟遂行能力の問題も含め、司法書士の努力により、本人訴訟による解決が可能な事件であり、相談者の要望により積極的に取り組むべきである。

　山本和子事件は簡易裁判所が事物管轄の事件であるが、貸金の額が140万円を超える金額の場合には、本人訴訟を検討することとなる。本件は貸金返還請求の事案であり、相談時の様子から山本和子は自己の請求したい内容を十分に理解しており、訴訟遂行能力についても十分満たしているように見受けられる。相手方が以前の交際相手であり、当事者が感情的になりやすい点や、証拠が乏しく尋問に至る可能性が高いという点には注意が必要であるが、司法書士の支援によって十分に本人訴訟を遂行できる可能性がある事案である。

7　簡易裁判所における本人訴訟

　簡易裁判所が事物管轄の事件であっても、地方裁判所における本人訴訟と同様に、すべてを自分で行う自信はないが、自身の主張を裁判所に直接訴えたいという要望や自分にできる部分は自分でやり、なるべく費用をかけず訴訟を起こしたい等の要望をもつ相談者もいる。

　相談者の意向によっては、簡易裁判所が事物管轄の事件であっても、本人訴訟によることで、自らが積極的に手続にかかわり、自らの思いを直接主張できたという意識をもつことができ、同じ結果であっても、代理人を選任した場合よりも大きな満足を得られる場合もある。

　そのような相談者のニーズも考慮し、代理権のある、簡易裁判所が事物管轄の事件においても、裁判書類作成関係業務により本人訴訟を支援するという選択肢もある。

108

山本和子事件においても、山本和子が問題解決にあたり、どのような意向をもっているかを把握しなければならない。山本和子が、自ら手続を遂行する意向が強い場合には簡易裁判所が事物管轄の事件といえども簡裁訴訟代理等関係業務にとらわれず、本人訴訟も選択肢として提示・検討することが望ましい。

Ⅴ 受 任

受任に際しては、以下の内容を本人に説明する必要がある。

1 委任の内容および範囲

委任を受けた内容および範囲を明確にしておく必要がある。特に簡裁訴訟代理等関係業務での受任であるのか、裁判書類作成関係業務としての受任であるのかを明確にしておかなければならない。

2 報 酬

司法書士と依頼者の間で、受任業務に関し、後日紛争に発展するものは多くの場合、報酬をめぐるものである。そのため、報酬に関しては特に注意を要する。司法書士は、報酬の額またはその算定方法や、その他費用実費に関し、依頼者に対して、明示したうえで、十分に説明しなければならない（詳細は第11章参照）。

3 委任契約書の作成

上記の委任の内容および範囲並びに報酬に関しての説明は、依頼者にとっては口頭ですべてを理解することは難しく、また、民事事件は受任期間が長期間にわたることが少なくない。さらに、司法書士の立場からも、具体的な受任の範囲を明確にしておかなければならない。

加えて、依頼者は、報酬の算定基準等に関して、当初は理解していたとし

第5章 手続選択

ても、月日が流れる中で理解が薄れることも十分に考えられ、いざ報酬受領の場面になって、報酬が高いと感じることも往々にして起こりうることである。

そこで、依頼者との信頼関係を維持し、無用な紛争を未然に防ぐためにも、受任時において委任契約書を作成することが望ましい（**【書式2】【書式3】**参照）。

【書式2】　簡裁訴訟代理等関係業務委任契約書（例）

簡裁訴訟代理等関係業務委任契約書

依頼者○○○○を甲とし，受任司法書士○○○○を乙として，甲と乙とは次のとおり委任契約を締結する。（※1）

なお，乙は甲に司法書士法3条1項6号ないし8号の業務に関し，別紙のとおり説明，甲は同意のうえ，本契約を締結する。（※2）

第1条　甲は乙に対し，次の事件等の処理を委任し，乙はこれを受任する。

　1　事件の表示

　2　相手方

　3　管轄裁判所等の表示

　4　委任の範囲

　　　次に掲げる手続について代理することを含む，包括的事務

　□　和解交渉　　　　　□　調停　　　　　□　訴訟（第1審）

　□　手形訴訟　　　　　□　支払督促　　　□　保全（仮差押え，仮処分）

　□　証拠保全　　　　　□　即決和解（和解交渉の要否　□　要，□　否）

　□　少額訴訟債権執行

　□　内容証明郵便の作成（司法書士名の表示の有無　□　あり，□　無）

　□　その他（　　　　　　　　　　　　　　　　　　）

第2条　乙は司法書士法及び司法書士法施行規則並びに所属司法書士会の会則等に則り，善管注意義務をもって委任事務の処理にあたるものとする。

110

Ⅴ　受　任

第3条　甲は乙に対し，乙の報酬基準（報酬算定方法）に従い，後記の報酬
　　　及び日当・実費等（預り金により処理する場合を除く。）を次のとおり支払
　　　うものとする。
　　(1)　報酬につき，着手金・報酬金の定めがある場合
　　　　　着手金は本契約締結のとき
　　　　　報酬金は委任事務の処理が終了したとき
　　(2)　上記以外（手数料）の場合
　　　　　□　受任時　　　□　委任事務終了時　　　□　その他（　　　　　　　　　　）

第4条　甲が着手金又は委任事務の処理に要する実費等の支払を遅滞したと
　　　きは，乙は事件等に着手せず又はその処理を中止することができる。

第5条　委任契約に基づく事件等の処理が，解任，辞任，又は委任事務の継
　　　続不能により，中途で終了したときは，乙は，甲と協議のうえ，委任事務
　　　処理の程度に応じて，受領済みの司法書士報酬の全部若しくは一部を返還
　　　又は，司法書士報酬の全部若しくは一部を請求するものとする。
　2　　前項において，委任契約の終了につき，乙のみに重大な責任があるとき
　　　は，乙は受領済みの司法書士報酬の全部を返還しなければならない。ただ
　　　し，乙がすでに委任事務の重要な部分の処理を終了しているときは，乙
　　　は，甲と協議のうえ，その全部又は一部を返還しないことができる。
　3　　第1項において，委任契約終了につき，乙に責任がないにもかかわら
　　　ず，甲が乙の同意なく委任事務を終了させたとき，甲が故意又は重大な過
　　　失により委任事務処理を不能にしたとき，その他甲に重大な責任があると
　　　きは，乙は，司法書士報酬の全額を請求することができる。ただし，乙が
　　　委任事務の重要な部分の処理を終了していないときは，その部分について
　　　は請求することができない。

第6条　甲が第3条により乙に支払うべき金員を支払わないときは，乙は，
　　　甲に対する金銭債務（保証金，相手方より受領した金員等）を相殺し又は
　　　事件等に関して保管中の書類その他のものを甲に引き渡さないで留め置く
　　　ことができる。

111

第5章　手続選択

（特約条項）

記

1　着手金（手数料）の額
　　□　着手金の金額を金○円とする。
　　□　着手金の額は甲の請求金額の○％（金○円）とする。
　　□　その他（　　　　　　　　　　　　　　　　　　）

2　報酬金の額
　　□　金○円とする。
　　□　得られた経済的利益の○％の金額に消費税相当分を付加する。

3　実　費
　　訴訟費用（収入印紙代，郵券）　金○円（印紙○円，郵券○円）
　　謄写・通信・交通費・宿泊料等の実費
　　□　その都度請求する。　□　預り金から受領する。

4　日当等
　　出張日当として，□　1日　□　半日　あたり，金○円を，
　　□　その都度請求する。　□　預り金から受領する。

5　預り金（その用途・印紙，郵券等）　金○円

6　支払方法
　　□　甲は乙に対し本日現金にて　□　着手金　□　実費等　□　預託金
　　　を支払う。
　　□　甲は乙に対し平成○年○月○日までに　□　着手金　□　実費等
　　□　預託金　の合計金○円を次のとおり振り込んで支払う。
　　　　　　○○銀行○○支店　普通口座
　　　　　　口座番号　○○○○○○○　　口座名義　○○○○
　　□　その他（　　　　　　　　　　　　　　　　　　）

　　　　　平成○年○月○日
　　　　　　依頼者（甲）　住　所　○○県○○市○○町○丁目○番○号

112

Ｖ　受　任

氏　名　○　○　○　○　㊞

受任司法書士（乙）事務所　住　所　○○県○○市○○町○丁目○番○号
　　　　　　　　　　　　　　　　　　○○ビル○階
　　　　　　　　　　　　　　　　　　○○司法書士事務所
　　　　　　　　　　　　氏　名　○　○　○　○　㊞

（別紙）

別紙説明書（簡裁訴訟代理等関係業務）

　司法書士があなたの訴訟代理人として行うことができる訴訟行為は，簡易裁判所における手続で，訴訟の目的の価額（原告が訴えによって主張する経済的利益）が 40万円以下のものに限られます。

　したがって，訴訟の係属中あるいは第１審の訴訟終了後に以下に述べるような事項に該当するときは，司法書士はあなたの訴訟代理人としての訴訟行為ができません。この場合でも訴訟の目的の価額，事件の種類に関係なく裁判所に提出する書類（訴状・答弁書・準備書面・控訴状など）の作成依頼に応じることはできます。

　ただし，この場合，あなた自身が裁判所に出頭し訴訟行為を行わなければなりません。

　もし，あなたご自身で訴訟行為を行うことが困難な場合は，弁護士を訴訟代理人として委任することもできます。その場合は弁護士報酬が別途必要になります。

1　訴訟代理権の範囲
　　本件受任事件は
　　訴訟の目的の価額は○円です。
　　事件受任後，訴訟の目的の価額について，裁判所との見解の相違等から，訴訟の目的が140万円を超えることになる場合があります。この場合には，司法書士は訴訟代理人にはなれませんので，事件の受任に関し再度協議を行う必要があります。
　　管轄は○○簡易裁判所です。

113

第5章　手続選択

2　訴訟係属中の訴訟代理権

（1）移　送

　　司法書士があなたの訴訟代理人として簡易裁判所に訴えを提起した後，当該事件が地方裁判所に移送されて審理されることとなった場合，司法書士は訴訟代理人として訴訟行為をすることができなくなります。

　※　移送には「遅滞を避けるための移送」「簡易裁判所の裁量による移送」などがあります。

（2）訴えの変更

　　司法書士があなたの訴訟代理人として簡易裁判所に訴えを提起した後，請求の追加をして，請求の価額が合算して140万円を超えることとなった場合，司法書士は訴訟代理人として訴訟行為をすることができなくなります。

　※　訴えの変更とは，たとえば，簡易裁判所に100万円の売掛金請求の訴えを提起した後，同一の取引から生じた50万円の売掛金請求を追加して150万円に請求を拡張する場合のことです。

（3）反　訴

　　司法書士があなた（原告）の訴訟代理人として簡易裁判所に訴えを提起（本訴）した後，相手方があなたを被告として同一裁判所に訴え提起（反訴）し，反訴の請求価額が140万円を超えている場合，司法書士は本訴の訴訟代理人としての訴訟行為はできますが，反訴については，あなたの訴訟代理人として訴訟行為をすることはできません。

　※　反訴とは，本訴の訴訟手続内で，関連する請求につき被告が原告に対して提起する訴えをいいます。たとえば，あなたが簡易裁判所に100万円の不当利得返還請求訴訟の訴え（本訴）を提起した後，相手方があなたに対して同一裁判所に本訴と関連する150万円の貸金返還請求の訴えを提起した場合のことです。

（4）口頭弁論の併合

　　司法書士があなたの訴訟代理人として簡易裁判所に同じ相手方を被告として複数の訴えを提起し，各々別々の事件として簡易裁判所に係属していたところ，これら複数の事件について口頭弁論が併合され，併合された請求の価額が合算して140万円を超えることとなった場合，司法書士は訴訟代理人として訴訟行為をすることができなくなります。

　※　弁論の併合とは，たとえば，簡易裁判所に同じ相手方を被告とし

て，100万円の貸金返還請求事件と140万円の損害賠償請求事件の二つ
の訴えを提起し，各々別々の事件として簡易裁判所に係属していたも
のが，裁判所の命令により一つの事件として審理されることとなった
場合のことです。

3　第1審手続終了後の訴訟代理権
（1）　控　訴
　　あなたが簡易裁判所の判決に不服がある場合，司法書士は代理人とし
て地方裁判所に控訴することはできますが，控訴審において訴訟代理人
として訴訟行為をすることはできません。事件の相手方から控訴された
場合も同様です。
　　この場合，引き続き司法書士に書類作成を依頼してあなた自身が裁判
所に出頭して訴訟行為を行うことも，弁護士に訴訟代理を委任すること
もできます。
（2）　強制執行
　　あなたが執行力のある判決等に基づき強制執行しようとする場合，司
法書士はあなたの代理人として強制執行を行うことはできません。書類
の作成の依頼に応じることはできます。ただし，少額訴訟における判
決，和解等に基づく金銭債権に対する強制執行については，少額訴訟債
権執行手続による場合であって，かつ，請求の価額が140万円以下であれ
ば，司法書士がその手続を代理することができます。

　上記のとおり受任司法書士乙から説明を受け，内容を確認のうえ，同意し
ました。

　　　　　　平成○年○月○日
　　　　　　依　頼　者（甲）　○　○　○　○　㊞

※1　本契約書は簡裁訴訟代理等関係業務にあたり、依頼者との間で取り交わ
　　す委任契約書である。
※2　ここでは訴訟の場合の別紙説明書の例を示す。

第5章　手続選択

【書式3】　裁判書類作成関係業務基本契約書（例）

裁判書類作成関係業務基本契約書

　依頼者○○○○を甲とし，受任司法書士○○○○を乙として，甲と乙とは次のとおり基本契約を締結する。（※1）

　なお，乙は甲に司法書士法3条1項4号の業務に関し，別紙のとおり説明，甲は同意のうえ，本契約を締結する。（※2）

第1条　甲は乙に対し，次の事件に関する裁判書類の作成を依頼し，乙はこれを受任する。甲は必要になった都度，乙に対し，書面又は口頭で具体的書面を指定し，乙はこれを作成するものとする。

　1　事件の表示

　2　相手方

　3　管轄裁判所等の表示

　4　書類作成の範囲

　　(1)　文案を要するもの

　　□　訴状・調停・支払督促等各種申立書

　　□　仮差押え・仮処分・差押え等各種保全・執行申立書

　　□　答弁書　　　□　準備書面　　　□　上申書　　　　□　陳述書

　　□　調査報告書　□　人証申請　　　□　証拠説明書

　　□　調査嘱託・文書提出命令申立書

　　□　請求の趣旨拡張の申立書　　　□　請求の趣旨減縮の申立書

　　□　その他（　　　　　　　　　）

　　(2)　文案を要しないもの

　　□　期日請書　　□　期日変更申請書　　□　取下書

　　□　送付書

　　□　その他（　　　　　　　）

　5　裁判所への提出代行　　□　する　　□　しない

　6　口頭弁論期日への同行　□　する　　□　しない

第2条　乙は司法書士法及び司法書士法施行規則並びに所属司法書士会の会

116

V　受　任

則等に則り，善管注意義務をもって委任事務の処理にあたるものとする。

第3条　甲は乙に対し，乙の報酬基準に従い，後記の報酬を次のとおり支払うものとする。
　　　□　書類作成時　　□　事件終了時　　□　その他（　　　　　　　　　）
　　　　　○○銀行○○支店　普通口座
　　　　　口座番号　○○○○○○○　　　口座名義　○○○○

第4条　甲が上記の支払を遅滞したときは，乙は本件基本契約を解除することができる。

第5条　本件基本契約が解除等により，中途で終了したときは，乙は，甲と協議のうえ，事務処理の程度に応じて，受領済みの司法書士報酬の全部若しくは一部を返還又は，司法書士報酬の全部若しくは一部を請求するものとする。

第6条　甲が第3条により乙に支払うべき金員を支払わないときは，乙は，甲に対する金銭債務（預り金等）を相殺し又は作成書類を甲に引き渡さないで留め置くことができる。

（特約条項）
記
1　報酬金の額（※3）
　　□　文案を要するものにつき　　1枚○円
　　　　文案を要しないものにつき　　1枚○円
　　□　その他（　　　　　　　　　）

　　　　平成○年○月○日
　　　　　依頼者（甲）　住　　所　○○県○○市○○町○丁目○番○号
　　　　　　　　　　　　氏　　名　○　○　○　○　　㊞

　　　　受任司法書士（乙）事務所　住　　所　○○県○○市○○町○丁目○番○号
　　　　　　　　　　　　　　　　　　　　　　○○ビル○階

117

第5章　手続選択

○○司法書士事務所

氏　名　○　○　○　○　㊞

（別紙）

別紙説明書（裁判書類作成関係業務）

　裁判書類作成関係業務では，あなたが裁判所に対して伝えたいことを，司法書士が書類にし，あなた自身が裁判に出頭し訴訟行為を行います。訴訟の目的の価額，事件の種類，手続の種類に関係なく裁判所に提出する書類（訴状・調停申立書・答弁書・準備書類・控訴状など）の作成及び裁判所への提出代行の依頼に応じることができます。

　裁判書類作成関係業務では，あなたが訴訟行為を行うために必要なアドバイスを司法書士が行うことができます。

　あなた自身が訴訟行為をスムーズに行えるように，司法書士が善管注意義務をもってサポートしますが，もし，あなたご自身で訴訟行為を行うことが困難な場合は，弁護士を訴訟代理人として委任することもできます。その場合は弁護士報酬が別途必要になります。

1　裁判書類作成関係業務について
　本件は
　○○事件です。
　管轄は○○裁判所です。
　裁判書類作成関係業務受任後，事件の進行によって，必要となる書類をあなたの指示により作成します。

2　作成書類の確認
　司法書士が作成した書類は，あなたの自身の書類として裁判所に提出するものです。あなたの言いたいことや考えが反映されているか，内容を確認してください。

3　口頭弁論期日への同行
　あなたが希望する場合は，司法書士が口頭弁論期日に同行することができま

す。ただし，司法書士は法廷においてアドバイスをすることはできません。事前に期日での振る舞いをアドバイスします。

4　第一審手続終了後の手続
（1）控　訴
　　　あなたが第一審の判決に不服がある場合，控訴することができます。
　　　この場合，引き続き司法書士に書類作成を依頼してあなた自身が裁判所に出頭して訴訟行為を行うことも，控訴審から弁護士に訴訟代理を委任することもできます。
（2）強制執行
　　　あなたが執行力のある判決等に基づき強制執行しようとする場合，司法書士が引き続き強制執行の申立書を作成することができます。立会い等が必要な場合は，あなた自身が対応する必要があります。

　上記のとおり受任司法書士乙から説明を受け，内容を確認のうえ，同意しました。

　　　　　　平成○年○月○日
　　　　　　依　頼　者（甲）　○　○　○　○　㊞

※1　本契約書は裁判書類作成関係業務にあたり、依頼者との間で取り交わす基本契約書である。本契約書により、受任業務の内容・範囲を定め、個別具体的書面の作成に関しては、都度契約書を交わすことなく、依頼者からの指示によって、業務を進めることを想定しているものである。
※2　ここでは訴訟の場合の別紙説明書の例を示す。
※3　報酬の算定基準は一例であり、定額制・タイムチャージ制など定め方はさまざまである（詳細は本書第11章参照）。

第5章　手続選択

Ⅵ　依頼者と司法書士の役割分担

　司法書士の裁判書類作成関係業務は「本人訴訟支援」と称されることがある。これは、書類作成を依頼した本人自身が裁判所に出頭して訴訟活動を行い、司法書士はそのような本人の活動を書類作成という業務を通じて支援するという関係からそのように称されているものと思われる。

　また、簡裁訴訟代理等関係業務については、司法書士が依頼者の代理人として訴訟活動を行うとしても、それは依頼者本人の権利の実現を代理人として支援しているのであって、そのような意味において、簡裁訴訟代理等関係業務も「本人訴訟支援」ということができよう。

　しかし、それぞれ「本人訴訟支援」により依頼者本人の権利の実現をめざすという目的は同じであっても、両者における「本人訴訟支援」として司法書士が行うべき業務は大きく異なっており、各業務における依頼者本人と司法書士の役割分担を明確に認識しておく必要がある。

　まず、裁判書類作成関係業務は、その名のとおり、依頼者本人の言い分を法的に構成し、法的判断を加えて、依頼者本人の目的が達成できるような書面を作成し、委任者である依頼者本人に引き渡すことである。もちろん、司法書士が依頼者本人を代行して当該書面を裁判所に提出することは多く行われているが、それは、依頼者本人に引き渡した書面を依頼者本人の依頼により裁判所に提出しているのである。

　依頼者本人は、自ら訴訟活動を行うという本人訴訟を選択したのであるから、本人自身が主体的に訴訟を遂行するという意識をもつことが必要であることを前提に、紛争となっている事象についての一定程度の法的知識、訴訟遂行の技術的知識を備えておくことが必要となる。

　通常は、依頼者本人がこれらの知識を身につけていることは稀である。そのため、裁判書類作成関係業務には、依頼者本人が当該事象について法的知識を得ることを支援するために、作成した書類の内容を説明することはもちろんのこと、法廷におけるルールや慣行、訴訟遂行上の注意点（和解の打診

120

があった場合の対応等）などの訴訟の技術的知識を教示することも含まれる。なぜなら、そのように解しなければ、依頼者本人が自ら訴訟活動を行うという本人訴訟は成り立たないからである。

　一方、簡裁訴訟代理等関係業務については司法書士が代理人として訴訟活動を行うという側面では裁判書類作成関係業務とは全く性質の異なる業務ではあるが、依頼者本人の言い分を法的に構成し、法的判断を加えて、依頼者本人の目的が達成できるような書面を作成するという点においては裁判書類作成関係業務と全く同じであるし、委任者である依頼者本人に対し、当該書面の内容を依頼者本人に説明するということも裁判書類作成関係業務と異なる点はない。訴訟代理人であるから訴訟委任状さえもらえば、後は司法書士の判断だけで訴訟活動を行うという姿勢は間違っている。

　もっとも、裁判書類作成関係業務の場合と比べ、依頼者本人が当該事案についての法的知識や訴訟の技術的知識を身につけている必要性は低い。しかし、だからといって依頼者本人に対する説明を蔑ろにしてもよいということにはならない。むしろ、法廷に出廷しない依頼者本人に対し、事案の進行状況を丁寧に説明し、そのうえで次にとるべき対応を依頼者に選択してもらう必要がある。

第6章　和　解

第6章　和　解

I　司法書士による和解

　司法書士の裁判書類作成関係業務とは、本人の視点でみれば、本人が自分で訴訟を遂行しようとしている事案である。換言すれば、比較的争点が明らかであり、法律問題としては、さほど複雑でないことが多い。本人も多くの場合、判決までは望んでおらず、内心では和解で解決することを期待していると思われる（現実には、純粋な本人訴訟では、本人だけでは和解の落としどころがわからないためか、判決の率が高い）。

　一方、簡裁訴訟代理等関係業務は、訴えの際には簡易裁判所で審理することが予定されている事案である。簡易裁判所で審理される紛争は簡易迅速に解決することが念頭におかれ、法律問題も複雑ではないことが想定されている。司法書士が代理人となって法廷に臨む際には、和解に備えて本人と共に出廷することが望ましいとされている。

　つまり、司法書士が受任する裁判業務の性質としては、裁判書類作成関係業務であれ、簡裁訴訟代理等関係業務であれ、和解で解決することが適しているのである。

　これを司法書士の視点でみれば、司法書士は、和解のスペシャリストでなければならない、ということになる。すなわち、和解に特化した法律専門職であるということが裁判業務における司法書士の独自性なのである。

　簡裁代理権が付与されるまでは、司法書士は裁判書類作成関係業務によってのみ裁判業務に携わっていたという経緯があり、「裁判書類の作成＝訴

状・答弁書などの作成」ととらえて、裁判業務とは訴訟等の裁判手続を通じて本人を支援すること、すなわち、裁判前もしくは裁判外での関与はないと考える司法書士もいるかもしれないが、そのような考え方は旧時代のものというほかない。

　簡裁代理権の付与によって、裁判書類作成関係業務のあり方自体も変容しているのだ。裁判書類作成関係業務であっても、司法書士が関与することによって、本人の紛争解決力が高まり、裁判前に紛争が解決することもあるし、訴えの提起後であっても裁判外で紛争が解決することもある（もちろん簡裁代理権の範囲を超える紛争は、裁判書類作成関係業務の範囲を超えて紛争に関与してはならないことは当然である）。紛争解決力とは、すなわち、和解による解決力にほかならない。

　このような視点に基づいて、実際に相談から受任、訴え提起、判決取得後と時系列に沿って、司法書士の和解の進め方について考えてみよう。

Ⅱ　相談時における和解

1　和解の提案

　依頼者との相談時には、当然ながら、司法書士にとっては、依頼者と司法書士という二者しか存在しない。紛争の相手方は、依頼者の説明の中で登場するだけであり、司法書士の現実の交渉相手ではない。

　しかし、依頼者にとっては、すでに紛争の相手方が存在しており、法律問題が顕在化しているからこそ、相談に訪れているのである。そして、司法書士には、法的な解決の見通しを尋ねるだけでなく、相談することによって現実の紛争の解決の一助となることを期待している。

　こういった期待を踏まえるならば、司法書士は依頼者から相談内容を聴き取る中で、事実関係の中から法律問題を抽出し、訴訟や調停などの法的な解決方法にあてはめて解決の見通しを提示するが、それだけにとどまらず提示

第6章　和　解

する内容は法的手続に限定されずに、むしろ和解による解決を積極的に提案
すべきである。当事者で和解できないからこそ、司法書士のもとに相談に訪
れているともいいうるが、当事者の考える和解と司法書士の提案する和解と
は、その根拠まで踏まえれば大幅に異なるものであることが多い。その趣旨
が伝わるように、司法書士が提案する際には、手続に要する時間、コスト、
解決水準など法的手続と比較して説明するとよいだろう。

　たとえば、山本和子事件では、依頼者は、相手方から70万円の支払いをし
てもらうことを求めているが、相手方は、その事実の大半を否認しており、
依頼者には、その否認を覆すだけの立証方法が乏しい事案である。助言とし
ては、もちろん間接事実を積み重ねて70万円の貸金の存在を認めさせるとい
う方法があるとともに、この立証の難しさを説明し、相手方が認める可能性
の高い70万円のうちの40万円の部分に絞って請求したほうがスムーズに交渉
が進むと思われることも指摘しておかねばなるまい。

　この際、70万円ではなく40万円を請求するのは、70万円に固執している
と、訴訟になる可能性が高く、訴訟では書証がないため、証人尋問を行う必
要があり、提訴までに相当期間の準備を要するうえ、訴訟で尋問が行われる
には、通常、数カ月を要し、尋問の結果、70万円の貸金の存在が認められる
可能性もあれば、認められない可能性もあるが、費用は、勝敗にかかわらず
裁判所に納める印紙代、郵券のほか、司法書士報酬がかかることを説明す
る。そして、司法書士が依頼の趣旨に応じて精一杯尽くすことは当然として
も、それでも貸金の存在が認められなければ、こういった費用は、依頼者の
負担となってしまうこともあわせて説明する。これと比べ、相手方が認める
額についてであれば、交渉で和解が成立する見込みも高くなり、解決に要す
る時間も相当短縮されることを説明し、依頼者が合理的に依頼内容を選択で
きるだけの材料を与えることが重要である。

2　具体的な和解交渉方法の提示

　和解の提案をするだけでなく、依頼者が相手方本人と話をすべきなのか、

その家族等の第三者を交えたほうがよいのか、電話・メール・ファクシミリ・郵便など、どのように相手方と連絡をとるのか、和解内容についても、どの程度まで譲歩すべきなのか、または、本人が望んでいるのは金銭なのか、謝罪なのかなど、具体的な和解交渉の方法も示しておくことで現実の和解による解決へとつながる。

たとえば、山本和子事件では、紛争の相手方は、元交際相手であるので、感情的になってしまうおそれがあるときには、当事者同士での交渉を勧めないこともある。また、相手方がルーズな性格であることをわかっているのであれば、代理人が訴訟を視野に入れて内容証明等で粛々と請求することにより、貸金債務の自覚を促すこともある。また、依頼者には、今さら謝罪を求める気持がなく、金銭請求のみが関心となっているようなので、そうすると、おのずと交渉内容も定まってくる。

3　紛争当事者に対するエンパワーメント

司法書士に相談したことによって、依頼者自身、紛争の要点がつまびらかとなり、相手方との間で和解が成立することになったのであれば、それが最も望ましい紛争解決である。これに対応する司法書士業務としては相談のみであり、物足りなく感じる司法書士もいるかもしれないが、紛争当事者をエンパワーメントすることが、まずもって司法書士に課せられた責務であると考えてほしい。

4　和解交渉をするか否かの助言

依頼者は紛争の捌け口を求めていることも多く、司法書士がじっくり話を聴くことで、気持が浄化されることもある。中には、司法書士に相談した後、「気が済んだので、相手方に対する請求を放棄します」という依頼者もいるほどだ。これも司法書士による解決の一ケースといえる。

125

第6章　和　解

> 〔和解交渉を勧めるか否かのイメージ〕
>
> 　紛争の解決により得られる価値＝経済的利益＋感情＋手続費用
> 　　　　　　　　　①　　　　　　　　　　　　　②

　①が②以上であれば、和解交渉を勧めるべきだが、①が②よりも少なければ、和解交渉を断念するよう助言することも司法書士の責務である。

Ⅲ　受任後における和解

1　内容証明郵便等の活用

⑴　内容証明郵便の活用

　依頼者から裁判業務を受任したとしても、直ちに訴えることはせず、裁判書類作成関係業務であれば本人が、簡裁訴訟代理等関係業務であれば代理人となった司法書士もしくは本人が、事前に内容証明郵便を発することが通常である。

㋐　内容証明郵便を送付する目的

　内容証明郵便を送付する目的は、三つある。

　一つ目は、催告解除をする際の催告のように法律効果を生じさせる目的である（①）。法律問題の中核となる主張なので、要件事実に照らし、主張が不足することのないようにしなければならない。この際に、賃料未払いによる建物明渡請求などであれば、判例上、催告解除が認められる未払期間であるかどうかなど、契約上の特約（たとえば、1カ月の未払期間で解除できるとする特約も見受けられる）にとらわれず、適切に判断する必要がある。

　二つ目は、立証の手段とする目的である（②）。たとえば、契約書を交わしていない貸金請求をするといった際に、契約書がないままでは、いくつもの間接事実を積み重ねて立証しなければならないが、事前に内容証明郵便等を出しておき、相手方から貸金の存在を認める前提での返答がくれば、有力

な証拠となる。訴訟の場では相手方の対応も慎重になることがあるので、主要事実に関する証拠が不足している場合には、訴訟の前に可能な限り証拠収集をしておくべきであり、内容証明郵便等によるやりとりは、工夫によっては主要事実を補うに足りる証拠づくりが可能である。

　三つ目は、紛争の相手方との和解促進とする目的である（③）。貸金請求であれば、相手方が支払わない理由によって対応方法が異なる。つまり、何らかの抗弁事由があるのか、それとも単に支払能力に乏しいだけなのか等である。前者であれば、話合いを試みた交渉を重ねることで、相手方の態度が軟化したり、依頼者の請求内容が変わったりすることもあろう。後者であっても、一括請求ではなく、分割を認めたり、請求額を減額したりすることによって現実の解決につながることがある。

　訴えになると訴訟に費やしたコストが上積みされ、合理的な和解水準が高くなってしまうので、そうなる前に和解することは相手方にとっても有益であると伝えるとよい。

　前述のとおり司法書士に寄せられる相談の多くは和解で解決することが適した事案が多いことを常に意識し、裁判手続に入る前に和解することが優れた解決方法であり、優れた司法書士であるということを忘れないようにしたい。

【書式４】　通知書──山本和子事件

通　知　書

○○県○○市○○町○丁目○番○号○○コーポ○号室
松　本　一　郎　殿

○○県○○市○○町○丁目○番○号
通　　知　　人　山　本　和　子

第6章　和　解

　　　　　　　　　　○○県○○市○○町○丁目○番○号○○ビル○階

　　　　　　　　通知人代理人司法書士　司　法　太　郎　㊞（※1）

　　　　　　　　　　　TEL　○○○－○○○－○○○○

　　　　　　　　　　　FAX　○○○－○○○－○○○○

　　　　　　　　　　　メール　＊＊＊＠＊＊＊.com（※2）

平成○年○月○日

　当職は，通知人の代理人として，貴殿に対し，通知します。

　通知人は，貴殿に対し，平成○年○月○日に2万円，同月○日に3万円，
○月○日に2万円，……と複数回にわたり，金銭を貸し付け，その合計額は
40万円に及びます。（※3）

　いずれも，貴殿からの「必ず返すから」との言葉を信じて，通知人の貯金
を取り崩して，貸し付けたものです。これらの貸し付けた日や金額は，すべ
て控えがあります（※4）。

　また，平成○年○月○日には，貴殿が友人の菊川次郎氏に貸し付ける原資
とするために30万円もの大金を通知人は「貴殿に対して」貸し付けていま
す。通知人は，当時も現在も菊川次郎氏とは何の面識もなく，通知人が菊川
次郎氏に金銭を貸し付ける動機は何らありません。この30万円は，貴殿に懇
願されたからこそ，貴殿に貸し付けたのです。現に，貸し付けた場所である
○○市○○町○丁目○番○号にある喫茶店○○○○には，貴殿も菊川次郎氏
とともに同席し，テーブルの上に通知人が置いた30万円を貴殿が受けとりま
した（※5）。その後，貴殿から菊川次郎氏に貸し付けたとしても，通知人が
請求するのは，直接貸し付けた貴殿に対してであるのは当然です。

　したがって，通知人は，貴殿に対し，これら金銭の合計額である70万円の
請求をいたします。本書面到達後10日以内に下記の口座にお支払いくださ
い。お支払いなき場合には，誠に遺憾ながら，法的手続を執ることになりま
す。しかしながら，通知人からは，貴殿との想い出を後味の悪いものにした
くないので，できるだけ穏便に解決してほしいとの要望も受けているところ
です（※6）。返済日や返済方法（分割など）についての相談があれば，通知
人の要望を受けて，当職も柔軟に相談に乗りますので，まずは，ご連絡くだ
さるよう切に願います。連絡すらなき場合には，粛々と法的手続を執るほか
なくなってしまいます（※7）。

III 受任後における和解

記

司法書士司法太郎の預り口座　○○○○○○○

※1　内容証明の出し方は、電子内容証明による方法もあるが、相手方が一般の方の場合は、職印が押された書面による方法で送付すると、重く受け止められ、より効果的な場合がある。電子内容証明による方法は、相手方が業者である場合（消滅時効の意思表示など）には、郵便局へ出向かなくて済む分、便利である。事案により、使い分けるとよい。

※2　相手方からの連絡を受けやすくするため、事務所への連絡方法として、事務所所在地のみならず、電話番号、ファクシミリ番号、メールアドレスなども通知しておくとよい。もちろん、いずれの方法により連絡が来ても対処できるようにしておく。

※3　事実は、できる限り具体的に書く。貸し付けた時間や場所までわかれば、それも書いておくとよい。

※4　通知人には、証拠が揃っていることを強調しておく。たとえ、その証拠が間接事実によるものであったとしても、一定レベルの証拠があることによって相手方の開き直りを防ぐことが期待できる。

※5　仮に、テーブルの上の30万円を直接受け取ったのが、菊川次郎氏であったとしても、相手方となる松本一郎氏が同席していたのであれば、誰に交付したのかは主観の問題ともいえるので、一方当事者の側からの認識をはっきりと述べておく。

※6　たとえ、通知人にその気がなくとも、相手方の気持を動かすために、多少の方便が必要であることを通知人に説明のうえ、理解していただけるようであれば、こういった書きぶりもありうるだろう。

※7　相手方に、このまま放置しておくよりも、連絡だけでもしておこうという気持にさせることが何よりも大切である。

（イ）　内容証明郵便等の送付にあたって

　内容証明郵便等の活用例として、たとえば、相手方が内容証明郵便を受領しない場合、一定期間が経過すると「受取人長期不在」などの付箋とともに返送されてくるところ、前記(ア)①の目的を主眼とするのであれば、内容証明郵便による意思表示は諦めて訴状による意思表示を試みるほうが効率的だろうが（特別送達であれば受領する可能性もあるし、たとえ受領しなくとも公示送達という手段がある）、②③の目的を意識すると、まずは、こちらの意向を伝

えることが重要となるので、内容証明郵便ではなく、普通郵便での配達を試みたほうがよい。書留や配達記録のように郵便局員が直接手渡しする郵便物を受領しようとしない相手方であっても、普通郵便であれば郵便ポストに投函されるだけなので、相手方が内容に目を通す可能性が格段に高まるからである。このように普通郵便は、証拠価値としてではなく、交渉のきっかけとして有用である。

なお、内容証明郵便が「宛所なし」の付箋とともに返送されてきた場合には、住民票の写しの取得や聴取り調査等を訴え前に行うことにより、より正確な訴状を作成することができる。

これら書面では、通常、「書面到達後10日以内に支払ってほしい」など期限を区切るが、このような場合でも到達してから10日経過した途端に交渉を打ち切り、直ちに訴えを提起するのは賢明でない。相手方は期限ギリギリまで迷うことが多々みられるからである。そのため、こちらが提示した期限の1日〜2日後になって、ようやく連絡してくることもある。そもそも期限は、こちらが一方的に区切ったものなのだから、若干の余裕をもって交渉スケジュールを立てるべきであり、依頼者にも、その旨をあらかじめ説明しておく。中には、せっかちな依頼者もいるので、交渉スケジュールに幅をもたせる趣旨をしっかり説明しておくことが信頼関係の構築につながる。

文面の内容にも、相手方が返答をしたくなるような工夫が必要である。その工夫とは、ケース・バイ・ケースであり、一概にいえないが、たとえば、柔らかい表現で綴り、履行できなくても連絡だけはほしいと丁寧にお願いすることが効果的なときもあれば、相手方が認識している額よりも少し多めの請求（損害金の加算など）をするなどして、相手方の反論を誘うことが効果的なときもあろう。履行意欲が乏しいと思われる相手方には、強い文体（「……である」「……せよ」）で意思表示することもある。いずれにせよ、最低限の用件だけを記載したものは、前記㋐①②の目的にかなうとしても、③の目的からすると物足りないものといえるだろう。

Ⅲ　受任後における和解

(2)　訴えの提起前における照会の活用

⑦　提訴予告通知書

　前記(1)⑦②の目的に特化した手続としては、民事訴訟法132条の2による訴えの提起前における照会がある。この手続は、訴えを提起した場合の主張または立証を準備するために必要であることが明らかな事項について、相手方に、訴えの提起を予告する通知を書面ですることにより照会するものである（書面の記載事項は民事訴訟規則52条の2参照）。

【書式5】　提訴予告通知書──山本和子事件

提訴予告通知書

○○県○○市○○町○丁目○番○号○○コーポ○号室
被予告通知者　松　本　一　郎　殿（※1）

　　　　　　　　　　○○県○○市○○町○丁目○番○号
　　　　　　　　　予　告　通　知　者　山　本　和　子（※1）

　　　　　　　　　○○県○○市○○町○丁目○番○号○○ビル○階
　　　　　　　　　予告通知者代理人司法書士　司　法　太　郎　㊞
　　　　　　　　　　　TEL　○○○－○○○－○○○○
　　　　　　　　　　　FAX　○○○－○○○－○○○○
　　　　　　　　　　　メール　＊＊＊＠＊＊＊.com

平成○年○月○日（※2）

　当職は，予告通知者の代理人として，民事訴訟法132条の2第1項の規定に基づき，貴殿に対し，次のとおり○○簡易裁判所に対する提訴を予告する（※3）。

1　請求の要旨（※4）

131

第6章　和　解

　　被予告通知者は，予告通知者に対して，70万円及びこれに対する平成○
年○月○日から支払い済みまで年5分の割合による金員を支払え。

2　紛争の要点（※4）

　　予告通知者は，被予告通知者に対し，平成○年○月○日に2万円，同月
○日に3万円，○月○日に2万円，……と複数回にわたり，金銭を貸し付
け，その合計額は40万円に及ぶ（※5）。

　　いずれも，被予告通知者からの「必ず返すから」との言葉を信じて，予
告通知者の貯金を取り崩して，貸し付けたものである。これらの貸し付け
た日や金額は，すべて控えがある。

　　また，平成○年○月○日には，被予告通知者が友人の菊川次郎氏に貸し
付ける原資とするために30万円もの大金を予告通知者は「被予告通知者に
対して」貸し付けている。予告通知者は，当時も現在も菊川次郎氏とは何
の面識もなく，予告通知者が菊川次郎氏に金銭を貸し付ける動機は何らな
い。この30万円は，被予告通知者に懇願されたからこそ，被予告通知者に
貸し付けたのである。現に，貸し付けた場所である○○市○○町○丁目○
番○号にある喫茶店○○○○には，被予告通知者も菊川次郎氏とともに同
席し，テーブルの上に予告通知者が置いた30万円を被予告通知者が受け
とった。その後，被予告通知者から菊川次郎氏に貸し付けたとしても，予
告通知者が請求するのは，直接貸し付けた被予告通知者に対してであるの
は当然である。

　　しかしながら，予告通知者が，被予告通知者に対し，平成○年○月○日
付通知書で，これら金銭の合計額である70万円につき，同年○月○日付を
期限として請求したにもかかわらず，被予告通知者は，一向に支払いをし
ない。

　　よって，予告通知者は，被予告通知者に対し，金銭消費貸借契約に基づ
く返還請求権に基づき，70万円及び平成○年○月○日から支払い済みまで
年5分の割合による遅延損害金の支払いを求める。

3　提訴予告時期
　　平成○年○月頃（※6）

4　照会事項（※7）

132

Ⅲ　受任後における和解

　　予告通知者は，被予告通知者に対し，本予告通知書において，民事訴訟
法132条の2第1項に基づき，次の事項につき照会するので（※8），平成
○年○月○日までに書面で回答せよ（※9）。

記（※10）
(1)　被予告通知者が，予告通知者から金銭を複数回にわたり借入れをした
　　事実及びこれら借用書の保管の有無
(2)　上記のうち，特に平成○年○月○日に被予告通知者が予告通知者から
　　借り入れた30万円の使途
(3)　被予告通知者において，予告通知者に対して，上記金銭の返済につい
　　て話し合う意向があるか

5　照会の必要性（※11）
　　被予告通知者が予告通知者から金銭を借り入れた際に借金の累計額が40
万円になるという念書を差し入れたが，被予告通知者が予告通知者との交
際を絶った際に，その借用者を被予告通知者が持ち去ってしまったため。
　　　　　　　　　　　　　　　　　　　　　　　　　　　　　　　　以上

※1　民事訴訟規則52条の2第1項1号。
※2　民事訴訟規則52条の2第1項2号。
※3　民事訴訟規則52条の2第1項3号。
※4　民事訴訟規則52条の2第2項。
※5　提訴を予告するものなので、あえて「である」調とした。表現について
　　はケース・バイ・ケースで対応する。
※6　民事訴訟規則52条の2第3項。
※7　照会は、提訴予告通知から4カ月以内にすればよいが、提訴予告通知と
　　同時にすることもできる。
※8　民事訴訟規則52条の4第2項5号。
※9　民事訴訟規則52条の4第2項6号。回答期限は、提訴予告時期より前と
　　なるが、証拠収集の処分の申立てを考慮するならば、4カ月以内とする
　　（民事訴訟法132条の4第2項）。
※10　照会できるのは、訴えを提起した場合の主張または立証を準備するため
　　に必要であることが明らかな事項である。
※11　民事訴訟規則52条の4第2項4号。

133

第6章　和　解

(イ)　提訴前証拠収集の処分

　相手方から4カ月以内に照会の回答がなければ、裁判所に訴えの提起前の
証拠収集の処分を求めることができる（民事訴訟法132条の4）。この訴えの
提起前における照会の書面には、提訴の最後通告という側面も含むから、履
行意欲が乏しい相手方へも心理的に一定の効果があるだろう。

　ここでは、山本和子事件において相手方が借用書をもっているケースの訴
えの提起前の証拠収集の処分の申立書の文例を紹介する。

【書式6】　提訴前証拠収集の処分申立書──山本和子事件

提訴前証拠収集の処分申立書（文書送付嘱託申立書）（※1）

○○地方裁判所　御中（※2）

申立人　山　本　和　子　㊞

当事者の表示（※3）

　　　　○○県○○市○○町○丁目○番○号○○コーポ○号室
　　　被予告通知者　松　本　一　郎

　　　　○○県○○市○○町○丁目○番○号
　　　予　告　通　知　者　山　本　和　子

貼用印紙額　500円（※4）

第1　申立てに係る処分の内容（※5）
　　　申立人は、次のとおり文書送付嘱託を申し立てる。

第2　申立ての根拠となる申立人がした予告通知に係る請求の要旨及び紛争
　　の要点（※6）
　　　別紙（略）のとおり

Ⅲ　受任後における和解

第3　文書の表示
　　　「念書」と題する被予告通知者が予告通知者から借り入れた金銭に係る
　　準金銭消費貸借契約証書

第4　文書の所持者
　　　被予告通知者

第5　予告通知に係る訴えが提起された場合に立証されるべき事実（※7）
　　　予告通知者が被予告通知者に貸し付けたうちの一部の金銭消費貸借

第6　前項の立証されるべき事実と申立てに係る処分により得られる証拠と
　　なるべきものとの関係（※7）
　　　主要事実

第7　申立人が前々項の証拠となるべきものを自ら収集することが困難であ
　　る事由（※8）
　　　予告通知者は，被予告通知者と交際関係にあったが，現在では，その
　　関係を絶っており，直接連絡をとることが困難であるうえ，代理人から
　　当該証拠資料の開示請求をしても，被予告通知者は誠意ある回答をせ
　　ず，何の資料も送付しない。これらの事情により，申立人が自ら収集す
　　ることが困難であることが明らかである。

第8　予告通知の日（※9）
　　　平成○年○月○日

添付書類

予告通知書　　　　　　　1通

以上

※1　この申立てが認められれば、裁判所から、被予告通知者に対し、期間を
　　定めて当該文書の送付が命じられる。また、必要があると認められたとき
　　は、裁判所から、被予告通知者に意見照会がある（民事訴訟規則52条の7）。

135

第6章　和　解

　　※2　地方裁判所の専属管轄となるので（民事訴訟法132条の5）、本人が申し
　　　　立てることになる。司法書士は、それまでの簡裁訴訟代理等関係業務の委
　　　　任とは別に裁判書類作成関係業務の委任を受けなければ業務を行うことは
　　　　できない。
　　※3　民事訴訟規則52条の5第2項1号。
　　※4　民事訴訟費用等に関する法律別表1・17項イ(イ)。
　　※5　民事訴訟規則52条の5第2項2号。
　　※6　民事訴訟規則52条の5第2項3号（**【書式5】**参照）。
　　※7　民事訴訟規則52条の5第2項4号。
　　※8　民事訴訟規則52条の5第2項5号。本人訴訟では、弁護士法23条の2に
　　　　基づく照会（弁護士会照会）を利用することができないため、提訴予告に
　　　　係る照会の必要性は認められやすいだろう。
　　※9　民事訴訟規則52条の5第2項6号。申立ては、原則として予告通知がさ
　　　　れた日から4カ月内であること。これを超えるときは、相手方の同意が必
　　　　要となる。

　　　㈡　内容証明郵便等の送付後の対応

　これらの書面到達後、相手方から連絡が来た場合、交渉が決裂したときに
備えて、交渉経緯を記録・保存しておくことが望ましい。郵便・ファクシミ
リ・メールなど、できるだけ書面でやりとりをしたり、電話や面談の際は、
対話内容を録音したりする。交渉により和解を成立させることが望ましいの
はもちろんであるが、交渉が決裂した状態を常に意識しておくこともまた重
要である。

　とはいうものの、相手方から連絡が来た以上、和解が成立する可能性が高
いことを意識しておくべきである。「相手方からの連絡＝相手方が話し合う
気持がある」ことのサインである。

　司法書士が代理人となっている場合で、相手方が面会を求めてきたとき
は、安易に訪問せず、できる限り事務所への来所を促すとよい。交渉事は、
心理的に有利に進めるために自分のホームグランドで行うことが基本であ
る。司法書士であれば、ホームグランドは自らの事務所であり、相手方の自
宅はもちろん、ファミリーレストラン等の落ち着かない場所での交渉も避け
るべきである。

Ⅲ　受任後における和解

　アポイントなしに相手方が訪問してくることもあるので、内容証明郵便等を発したら、相手方が不意に来所する可能性があることを事務所全体で共有しておく。特に、真っ先に電話応対をしたり、来客の応対をしたりする補助者には相手方の氏名や紛争の要旨を把握させておく。

　相手方とのやりとりにおいては、履行しないことを責めたり、和解の成立を焦らせたりするのではなく、まず相手方が履行しない理由を確認することが先決である。その理由を大別すると、支払能力がないのか、何らかの抗弁事由があるのかに分けられる。支払能力がないだけであれば、分割払いや減額など現実に履行可能な提案をする。抗弁事由がある場合は、その内容が法的なものであることもあるし、感情的なものであることもある。法的なものであれば、条文・判例等の根拠を基に相手方が納得できるよう説明を繰り返すし、感情的なものであれば、じっくり話を聴くだけで解消されることもある。特に代理業務として司法書士が関与している場合には、当事者の感情をリセットする契機としやすい。

　交渉の際には、訴え等になったら、さらに厳しい和解案になってしまうことを当事者に理解してもらうことが何よりも大事である。裁判前の和解が当事者双方にとって最もよい解決であることを肝に銘じ、「裁判を起こされる前に和解してよかった」と相手方も思うように仕向けることが WIN-WIN の解決につながる。

　相手方がどうしても納得しないようであれば、いったん交渉を打ち切り、相手方に他の司法書士事務所等での相談を勧めることも選択肢の一つとなる。相手方にとって、当の司法書士が敵対関係にあることは否定できず、当の司法書士にとっても解釈に幅のある問題は依頼者に有利に考えるのが当然なのだから、不信感が強い相手方には無理に説得を続けず、相手方に自身に有利に考えてくれる立場の専門家への助言を求めさせ、その立場からも同様の和解が望ましいと得心してもらうことが和解成立の決め手となることもある。

第6章 和 解

2 和解の履行の確保──訴え提起前の和解の利用

　裁判前に和解が成立した場合、一括弁済であれば、裁判外で示談書を作成するだけでもよいが、分割弁済のように和解内容の履行が長期間にわたるケースでは、その履行の確保に留意する。

　事案によっては、不履行時に直ちに強制執行手続ができるよう訴え提起前の和解の利用を検討する（民事訴訟法275条）。実際には強制執行手続までは考えていなくとも、履行の意識づけのためという意味合いもある。

　訴え提起前の和解の具体的な手続としては、請求の趣旨および原因並びに争いの実情を申立書に記載したうえで、和解条項案を添付して簡易裁判所に申し立てる。和解条項案のほか、請求に関する疎明資料（貸金請求であれば借用書、建物明渡請求であれば賃貸借契約書等）も提出する。当事者間に合意があり、かつ裁判所がその合意を相当と認めた場合に和解が成立し、合意内容が和解調書に記載されることにより、確定判決と同一の効力を有することになる。訴額にかかわらず、手数料は2000円である（ほかに郵券が必要である）。

　履行確保のために債務名義を作成しておく手段としては公正証書もあるが、こちらは執行認諾文言を付けることができるのが金銭請求に限られるので、建物明渡請求などの場合には公正証書を用いての和解は勧められない。手数料の面でも即決和解よりは負担が大きい。

　ところで、裁判外で示談書を作成する場合、通常、相手方に署名押印を求めるが、スピード感が重要となることもあるので、事案によっては、実印の押印にこだわらずに、認印の押印や署名のみでの和解締結とすることが得策となるケースもある。逆に、実印の押印を求め、示談書の証拠力を高めつつ、相手方の履行意識を高めたほうがよいケースもある。形式にとらわれずに、ケース・バイ・ケースで判断することが大切である。

　裁判外での示談は、裁判所によるチェックが働かないので、曖昧な内容の示談書が作成され、後日の紛争の種となることもある。法人が相手方なの

Ⅲ　受任後における和解

に、誤って法人の代表者個人と和解するなどのないようにする。

　清算条項などの付帯条項も細かく入れ始めたら、その内容について説明をする必要が生じ、相手方によっては同意を得られないケースもあるので、基本的には「期限の利益喪失条項」と「本件に定めるほか債権債務なし条項」といった最低限の条項の記載にとどめておけばよいが、振込みによる支払いの振込手数料の負担について当事者間の認識が異なるときもあるので、そういったときには振込手数料の負担当事者を明記する。

【書式7】　訴え提起前の和解申立書──山本和子事件

訴え提起前の和解申立書

平成○年○月○日

○○簡易裁判所　御中（※1）

　　　　申立代理人司法書士　司　法　太　郎　㊞（送還場所）（※2）

当事者の表示

　　　○○県○○市○○町○丁目○番○号
　　　申立人　山　本　和　子

　　　○○県○○市○○町○丁目○番○号
　　　申立代理人司法書士　司　法　太　郎
　　　　　　　TEL　○○○－○○○－○○○○
　　　　　　　FAX　○○○－○○○－○○○○

　　　○○県○○市○○町○丁目○番○号○○コーポ○号室
　　　相手方　松　本　一　郎

貸金返還請求和解申立事件

139

第6章 和　解

貼用印紙額　2000円（※3）

第1　請求の趣旨（※4）
　　別紙和解条項のとおりの和解を求める。

第2　請求の原因（争いの実情）（※4）
　　申立人は，相手方に対し，平成○年○月○日に2万円，同月○日に3万円，○月○日に2万円（略）と複数回にわたり，金銭を貸し付け，その合計額は40万円に及ぶ。
　　いずれも，相手方からの「必ず返すから」との言葉を信じて，申立人の貯金を取り崩して，貸し付けたものである。これらの貸し付けた日や金額は，すべて控えがある。
　　また，平成○年○月○日には，相手方が友人の申立外菊川次郎氏に貸し付ける原資とするために30万円もの大金を申立人は「相手方に対して」貸し付けた。
　　しかしながら，申立人が，相手方に対し，平成○年○月○日付通知書で，これら金銭の合計額である70万円につき，同年○月○日付を期限として請求したにもかかわらず，相手方は，一向に支払いをしない。
　　その後，提訴予告通知を発したところ，相手方との交渉が進み，別紙和解条項案記載のとおりの和解が成立する見込みが付いたので，本申立てに及んだ。

添付書類

1　（準）金銭消費貸借を証する書面　　　　　1通
2　委任状　　　　　　　　　　　　　　　　1通（※5）

以上

和解条項（案）（※6）

1　相手方は，申立人に対し，平成○年○月○日から平成○年○月○日までに借り受けた金銭として，70万円の支払義務のあることを認める（※7）。

　　　　　　　　　　　　　　　　　　　　　Ⅲ　受任後における和解

2　相手方は，申立人に対し，前項の金員のうち，40万円を次のとおり分割
　して，下記の口座に振り込んで支払う。
　　平成○年○月末日から平成○年○月末日まで，10万円ずつ（4回分割）
　　　　　　　　　　　　　　　　記
　　　司法書士司法太郎の預り口座　　○○○○○○○
3　前項の支払いが完了した場合，申立人は，相手方に対し，残債務30万円
　を免除する（※8）。
4　相手方が第2項の分割金の支払いを1回でも怠った場合，当然に期限の
　利益を失い，相手方は，申立人に対し，第1項の残額及び残元金に対する
　期限の利益を失った日の翌日から支払い済みまで年14.6％の割合による遅延
　損害金を支払う（※8）。
5　当事者双方は，本件に関し，本和解条項に定めるほか，何らの債権債務
　のないことを相互に確認する（※9）。
6　和解費用は，各自の負担とする。

※1　相手方の普通裁判籍の簡易裁判所が専属管轄となる（民事訴訟法275条）。
※2　訴額にかかわらず、簡易裁判所が管轄となるが、司法書士が代理人とな
　　ることができるのは、訴額140万円以内である。なお、和解時には、本人と
　　同行することが望ましい。
※3　民事訴訟費用等に関する法律別表1・9項。
※4　民事訴訟法275条。
※5　委任の内容を明らかにするために、「和解に関する一切の件」というよう
　　な包括的な記載ではなく、「別紙和解条項案に関する訴え提起前の和解申立
　　てに関する一切の件」といった具体的な記載がよい。この際、委任状と別
　　紙和解条項案には契印をする。とりわけ相手方の代理人となった場合に
　　は、無権代理等として請求異議の訴えの対象とならないよう、委任内容の
　　特定に留意する。
※6　裁判所が和解条項を定めることはないため（民事訴訟法275条では同法
　　265条が適用されていない）、申立人が案を示す。裁判所では、当該和解条
　　項案が公序良俗違反等の強行法規違反かどうかが審査される。
※7　和解条項の給付条項の部分は債務名義となるため、強制執行を意識し、
　　記載には十分注意する。
※8　このケースでは、70万円全額の支払義務を認める代わりに、40万円の分
　　割払いが完了すれば、残額30万円は免除される和解内容とした。ただし、
　　分割払いが滞れば、免除はされず、分割払いの懈怠約款も厳しい内容（1

第6章 和 解

　　回の遅滞で期限の利益喪失、高率の遅延損害金）として、40万円部分の履
　　行を確保する工夫がされている。遅延損害金の利率は、消費者契約法9条
　　2項の利率を指標とした。
※9　本件のように当事者間で継続的関係があったようなケースでは、他の債
　　権債務関係が存在する可能性もあるので、和解条項では、「本件に関し」と
　　付しておいたほうがよい。

3　本人が直接、和解に向けた交渉をする際の留意点

　本人が直接、和解に向けた交渉をする際には、まず本人の属性の見極め
（性別、年齢、性格、知識、相手方との関係等）が重要となる。そこで、和解交
渉ができると判断された場合には、司法書士は5号相談を念頭において助言
等をしていくことになる（もっとも経済的利益が140万円以内であっても、本人
が直接、和解に向けた交渉を希望することもあり、こういった場合には、7号相
談を念頭におくことになる。また、本人が直接、和解に向けた交渉をすることが
できないと判断された場合には、調停や訴訟などの裁判手続の利用を助言する）。

　この際、司法書士が直接、紛争の相手方と接しないよう慎重に配慮しなけ
ればならない。「使者」と名乗って、相手方に連絡することなどは、実質的
に代理人として行動していると評価されることもあり、場合によっては非弁
行為となる。

　相手方の中には、自らの交渉を有利に進めるために、些細なことでも大き
な非があるかのように取り上げる者もいる。たとえば、司法書士事務所の名
前の入った封筒で郵便が届いた、司法書士事務所から書面がファクシミリ送
信されたなどの事実を取り上げて、非弁行為の疑いがあるから交渉を進める
ことはできないと言ってくることもあるし、和解が成立してから、後発的
に、それらの事実を取り上げて、当該和解が無効であると翻意してくること
もある。本人のためにも、相手方から無用な追及を受けることのないよう慎
重になりすぎるぐらいがよい。

　もっとも、わざわざ司法書士のもとに相談に訪れた本人にしてみれば、
「後は当事者同士の力で解決しなさい」と言われてしまうと、司法書士から

突き放されたと感じることもあろう。

　こういった思いを抱かせないために、本人がする主張の根拠として、「司法書士から説明を受けた裁判例などからも同様の結論である」との説明の仕方もある。

Ⅳ　訴えの提起後における和解

1　裁判所による和解勧試

　事前交渉を試みたが功を奏せず、訴えを提起することになったとしても、常に和解を意識しておく。裁判所は、訴訟の程度にとらわれずに和解を勧めてくるからである（民事訴訟法89条）。

　司法書士が代理人として受任する場合には、訴訟代理権とは別に、和解についての特別の授権が必要となる（民事訴訟法55条2項2号）。もっとも受任時に和解の委任も受けておくとしても、和解時には本人同席もしくは本人の承諾を確認してから和解を成立させることが望ましい。

　裁判所が和解を勧めてくる段階は、主に、①訴えの提起直後の和解、②当事者から主張立証がなされた後の和解に大別できる。

(1)　訴えの提起直後の和解勧試

　貸金請求事件のように事実関係の認否が容易で、相手方も事実を認めているような場合に、訴えの提起直後の段階で、まず和解が勧められることがある。簡易裁判所であれば、司法委員を交えて、別室で和解手続となるだろう。原告としては、判決を得て強制執行するよりは和解により任意の履行を促したほうが効率的である。被告としては、和解で、いかに自己に有利な分割案もしくは減額案をのんでもらうかがポイントとなる。建物明渡請求事件であれば、明け渡すまでの期間も大きなポイントとなるだろう。

　たとえば、山本和子事件では、相手方の認める40万円の部分についてのみ提訴した場合、答弁書で争いがないことが明らかであれば、裁判所は、第1

第6章　和　解

回目の期日から和解を勧めてくる可能性があるだろう。代理人として出廷する際にも、被告の認否により、あらかじめ和解の可能性が見込まれるケースでは、第1回目の期日から十分な時間を確保しておくとよい。

(2)　当事者から主張立証がなされた後の和解勧試

　一方、損害賠償請求事件のように争点が複雑な場合では、一般に、訴えの提起直後に和解勧試されるケースは少なく、当事者の主張立証がある程度なされ、裁判官が心証を固めてから和解が勧められることが多いと思われる。司法書士が代理人となっている事案であっても、いよいよ和解期日というときには、本人を同行して出廷したい。和解期日でなくとも、本人が出廷することで、紛争解決に向けたプロセスを目の当たりにすることで現実の解決につながることもある。和解する額にしても、裁判所で審理されたうえでの提示額ということであれば、原告被告双方とも受け入れやすいだろう。

　たとえば、山本和子事件では、相手方が否認する部分を含めて70万円全額について提訴した場合、裁判所としては、当事者尋問などを経て、ある程度の心証を固めてからでなければ、和解を勧められないだろう。

　当事者尋問、証人尋問が終わると、和解勧試があることが多いのだから、当事者にも、尋問が終われば判決であるとの説明ではなく、尋問の後は最大の和解機会であると説明しておくとよい。

(3)　予想される判決内容と和解内容との比較

　裁判所での和解勧試は和解を拒否したら、判決が控えていることから、予想される判決の内容と和解の内容とを比較することによって和解成立につながる。単純な貸金請求事件であれば、一括弁済を命ずる判決よりも、分割払いを認めた和解のほうが被告にとっては有利となるし、強制執行までを視野に入れた場合、任意の履行を促進する和解のほうが原告にとっても有利となる。もちろん他の事情も考慮されたうえで、予想される認容額よりも高い額で和解となるケースもある。

　たとえば、山本和子事件で70万円を提訴された場合、当事者尋問を経たうえで裁判所が50万円を支払う和解を勧めてきたとしても、判決で50万円が認

144

められるとは限らない。予想される判決が40万円であるとするのなら、依頼者は裁判所の勧める和解に応じたほうが得策であるし、予想される判決が70万円であるとしても、相手方が自発的に履行する可能性が乏しく、強制執行をする見込みが強いようであれば、やはり裁判所の勧める和解に応じたほうが得策である。

⑷　当事者の思いと相当な和解案

　ところで、和解の際に意識しておくべきことは当事者の最も重視することは何かという点である。相手方の違法性を明らかにしたいという気持が強い当事者であれば、損害賠償額の性質を「○○の不法行為により生じた損害賠償請求権として金○円」と公文書に明記されることが最重要であり、金額の高低は二の次ということがある。一方で、請求される側において金額の高低は二の次で、自らの違法性を認めないという気持が強い当事者であれば、金員の性質を明らかにせず、紛争の早期解決という点を強調したうえで「解決金○円」とすることで理解が得られることがある。金額の問題ではなく、相手方からの謝罪がほしいというケースもある。こういった当事者の思いを理解しておくことで、合意困難と思われていたケースであっても和解が成立することがある。

　また、当事者間では、それまでの感情の軋轢などから合意することが困難であっても、裁判官、調停委員、司法委員などの客観的な立場の第三者が勧める和解案であれば和解に応じることがある。つまり、裁判所から提示された和解案が今までに決裂した内容だからといって合意を諦めるのではなく、客観的にも、この和解案が相当であるという点を強調し、司法書士は再度の説得を試みるとよい。このとき、裁判所が提示した案を蹴るということは、前述のとおり、その和解案よりも不利な内容の判決が言い渡される可能性があることを踏まえて当事者には熟考を求める。当事者が納得するうえで大事なのは、和解案で提示された額に至るプロセスを当事者が把握しているか否かである。本人訴訟の意義は、ここにもあるといえるだろう。

　司法書士としては、判決を得ることが委任の目的ではなく、紛争の解決が

第6章　和　解

委任の本来の目的であること、そして、紛争の解決は、和解が最も優れていることを常に意識しておく。当事者に一番近い立場の法律家が和解を心から勧めるか否かが最終的に和解成立の肝となるからである。

2　和解の方法（訴訟上、訴訟外）

　訴えを提起した後に和解する方法としては、①訴訟上の和解、②訴えの取下げをし、訴訟外で和解する方法のほか、簡易裁判所においては、合意成立とはいえないが、③和解に代わる決定がある。

(1)　訴訟上の和解

　訴訟上の和解は、当事者間で和解する旨の合意が調った後、裁判所で和解調書を作成する。あらかじめ和解条項案を作成しておくが、和解調書は債務名義となるため、当事者の表記、和解内容について疑義のないものとしておかなければならない。当事者のみでは合意が困難であり、裁判所が勧めたからこそ合意に至ったというケースでは、訴訟上の和解とすることが好ましいだろう。履行に不安がある場合にも訴訟上の和解としておく。

(2)　訴訟外の和解

　訴訟外の和解は、訴訟外で和解書などを取り交わし、その後に訴えを取り下げる。履行が完了するまで訴訟を延期することもあるし、履行期が長期間にわたる場合には、履行が完了する前に訴訟を取り下げることもある。訴訟期日によらずに和解を成立させることができるので、迅速な解決が望ましいときには訴訟外での和解とする。この和解の合意をする際には、取下げについての同意も得ておくとよい。直ちに履行が完了するケースでは、和解内容を債務名義としておく必要性も乏しいため、利用価値が高い。

(3)　和解に代わる決定

　和解に代わる決定は、簡易裁判所での金銭の支払いの請求を目的とする訴えにおいて、通常であれば欠席判決となる場合に、被告の資力その他の事情を考慮して相当であると認められるとき、裁判所が3年～5年の分割払いを命ずることができる（民事訴訟法275条の2）。被告が期限の利益を受けるこ

とができることから、履行の可能性が高まる。原告にとっても、この決定は債務名義となるうえ、被告の任意の履行により強制執行を回避できることもあるので、利用価値が高い。

被告が、この和解に代わる決定をしてもらうためには、請求内容に異議がなく、たとえ出廷しないとしても、自らの事情を説明し、分割払いを希望する旨の書面を提出しておくとよい。

V　判決後における和解

判決が言い渡されるということは、当事者間で交渉を試みても効果がなく、訴訟上の和解も成立しなかったということを意味する。今さら和解ができるわけないと考えられがちだが、必ずしも、そうではない。

強制執行という権利実現における最大の手続が控えているからである。

原告だった者にしてみれば、強制執行をするために、差し押さえる物を探し出し、さらに新たな裁判手続をしなければならず、そのうえ、たとえ差し押さえたとしても、空振りに終わることも少なくない。

被告だった者にしてみれば、少なくとも10年間は、いつ何時、自己の財産が突然差し押さえられるかわからないという状態におかれる。

つまり、双方にとって、強制執行は、できれば避けたい手続である。

だからこそ、強制執行前の最終段階である判決後は、和解に向けたラストチャンスとなる。司法書士が関与する以上、最後の最後まで和解による解決をめざしたいところである。とはいうものの、この段階までくると和解に向く側と向かない側とがある。一般には、強制執行の実現可能性によって、交渉のイニシアチブを握る側が変わる。

主な要素は、次のとおりである。

〔原告だった者に有利な要素〕
・被告だった者の勤務先が判明している。

第6章　和　解

・被告だった者の取引金融機関が判明している。

・被告だった者が不動産を所有しており、紛争の額は、予納金を納めて
　もよいほどである。

・被告だった者が個人事業主である場合、取引先が判明している。

〔**被告だった者に有利な要素**〕

・原告が差し押さえる物について把握していない。

・今のところ無職である。

・不動産を所有しているが、紛争の額は、さほど高額ではない。

・連帯保証人もいない。

　このような諸要素を勘案しながら、自らに有利な要素の多い当事者がイニシアチブを握り、和解成立に向けた最後の交渉を試みるとよい。

Ⅵ　小　括

　近時、司法書士の本人訴訟支援のあり方をめぐる紛争が増加している。それらの訴訟では、本人訴訟支援とは、いったい何なのかという司法書士の裁判業務の本質そのものが問われている。

　本人訴訟支援の肝は、和解にある。

　本人では和解できなかったものが、支援者が入ることによってできるようになる。そして、紛争が解決する。

　少額民事紛争も和解での解決が求められることが多く、その意味では、本人同席型の司法書士が代理人となる訴訟も同様である。

　つまり、ここに司法書士の裁判業務の本質があるのだ。

第7章　訴状の作成

I　訴状の作成に関する基本的なルール

　民事裁判の理念は、適正かつ妥当な裁判を迅速に実現することであるといわれる。ここで、「適正かつ妥当な裁判」とは、紛争の実態を正しくとらえて、これにふさわしい法規範や法解釈を適用し、国民が納得できる判断がなされるということである。[1]

　そのためには、訴状を作成する際には、紛争の前提となっている事実関係を正しく理解し、紛争の実態を正確にとらえておくことが必要であることはいうまでもない。

　また、「適正かつ妥当な裁判」を実現するためには、裁判所に対しても正確な事実と主張を早期に提供する必要がある。

　当事者間に争いのある事実は証拠調べと弁論の全趣旨によって認定されることになる。したがって、どのようにして争いのある事実を裁判所に認定してもらい、また、依頼者の主張を理解してもらえるかということが訴訟活動の中心的課題となる。

　訴状の作成は、そうした訴訟活動の見通しを立て、事実に対し法解釈の適切なあてはめをしたうえで行う必要がある。

1　加藤新太郎編『民事事実認定と立証活動第Ｉ巻』 2頁参照。

第7章　訴状の作成

1　訴状の記載方法

　訴えの提起は、訴状を裁判所に提出してしなければならない（民事訴訟法
133条1項）。なお、裁判所に提出する訴状等の書類は、Ａ4縦長の用紙に1
行37文字、1頁26行、左余白30ミリメートル、上余白35ミリメートルで作成
するのが標準である。なお、簡易裁判所においては、簡易な手続により迅速
に紛争を解決するために（同法270条）、口頭による訴えの提起も認めている
が（同法271条）、専門家である司法書士が代理人または書類作成者となって
本人が訴えを提起する場合には訴状を提出して訴えを提起すべきである。

　訴状には、当事者および法定代理人、請求の趣旨および請求の原因（請求
を特定するのに必要な事実をいう）の記載を要する（民事訴訟法133条2項）。

　なお、簡易裁判所においては請求の原因に代えて、紛争の要点を明らかに
すれば足りるとされているが（民事訴訟法272条）、これは、本人が自ら書類
を作成して訴え提起する場合に、その段階で請求の原因を明らかにして請求
を特定しなければならないとすると訴状却下（同法137条2項）をしなければ
ならないことも考えられるため、紛争の対象である権利関係やその権利関係
に関する紛争の実情を記載すれば足りるとしたものである。そのような趣旨
からすると、専門家である司法書士が訴状を作成する場合には、請求を特定
するのに必要な事実を正確に記載すべきである。

　また、訴状には、請求を理由づける事実（主要事実）を具体的に記載し、
かつ、立証を要する事由ごとに、当該事実に関連する事実で重要なものおよ
び証拠を記載しなければならないとされている（民事訴訟規則53条1項）。

　争いのある事件と争いのない事件とを区別する等の事件振分期日ともいえ
る第1回口頭弁論期日において実質的な審理をするためには、当事者が基本
的な主張立証関係を早期に明らかにすることが必要である。そこで、訴状の
絶対的な記載事項である請求の趣旨および請求の原因に加え、訓示的に、請
求を理由づける事実（主要事実）をも具体的に記載し、立証を要すること
なると予想する事由ごとに重要な間接事実および具体的な証拠方法を記載す

150

るよう規定されているのである。

　さらに、訴状に事実についての主張を記載するには、できる限り、請求を理由づける事実（主要事実）についての主張と当該事実に関連する事実（間接事実）についての主張とを区別して記載しなければならない（民事訴訟規則53条2項）。

　なお、主要事実と間接事実の区別は、必ずしも見出しを設けるなどにより両者を区分して記載することが求められているのではなく、主要事実の記載と間接事実の記載が区分されていることが明らかになっていればよいと考えられている。

　訴状には、原告またはその代理人の郵便番号および電話番号（ファクシミリの番号を含む）を記載しなければならない（民事訴訟規則53条4項）。

　郵便番号については、送達の際に必要であるから記載事項とされている。また、電話番号は、電話を利用した事実上の連絡のためだけでなく、電話会議の方法による弁論準備手続や書面による準備手続（民事訴訟法170条3項・176条3項）等を実施するためにも必要であるから記載事項とされている。さらに、ファクシミリによる書面の提出や書類の送付が広く認められていることから（民事訴訟規則3条・47条1項等）、ファクシミリの番号も訴状の記載事項とされている。

　このほか、当事者、法定代理人または訴訟代理人は、送達を受けるべき場所（日本国内に限る）を受訴裁判所に届け出なければならない。この場合においては、送達受取人をも届け出ることができる（民事訴訟法104条）。送達を受けるべき場所の届出および送達受取人の届出は、書面でしなければならず、できる限り、訴状に記載してしなければならない（民事訴訟規則41条）。

2　裁判書類作成関係業務における送達場所・送達受取人

　司法書士が訴訟代理人である場合には、当然に受送達者として送達書類を受領する権限があるから、通常は、代理人である司法書士の事務所を送達場所、当該司法書士を送達受取人とし、電話番号、ファクシミリ番号も司法書

第7章　訴状の作成

士事務所の番号を記載する。

　一方、司法書士が本人訴訟支援として裁判書類を作成する場合には、本人が送達書類を受領する場所を送達場所として届け出なければならない。また、送達受取人を届け出ることもできるが、送達受取人を届け出た場合には当該指定された者が送達書類を受領することとなる。

　この場合、司法書士事務所を送達場所とし、書類作成受任者たる司法書士を送達受取人とすることについて肯定的な考え方、否定的な考え方がある。

　この問題を考えるにあたり、まず、送達受取人の法的性格を確認しておくこととする。

　送達受取人は、本来の受送達者である当事者等から送達を受領する権限だけを与えられた個別的な任意代理人である。したがって、送達書類の名宛人になるわけではなく、また、代理人といっても、それ以外の訴訟行為を行う権限を有するわけではなく、その性質上、資格に制限はない。

　上記のような個別的な任意代理人の地位は、届出人と受取人との間の委任契約に基づくものであるが、裁判所に対しては本人が送達受取人を届け出さえすれば足り、委任契約の存在を明らかにする必要はない。

　送達受取人の資格は、①送達場所・送達受取人の変更の届出、②送達受取人の届出の取消し、③送達受取人の死亡、受領能力の喪失、④届出人の死亡、訴訟能力の喪失によって消滅するとされる。仮に、送達受取人が辞任の届出をしたとしても、当該受取人の送達受領権限は当然には消滅せず、当該受取人に対してなされた送達は有効とされる。

　以上の送達受取人の法的性格からすると、本人と司法書士との間で送達を受領する権限についての委任契約を締結し、本人が司法書士を送達受取人として届け出ること自体は他の法律で制限されるものではないと考えられる。[2]

　一方で、富山訴訟では、①送達受取人を司法書士とし、送達場所を司法書

2　東京地判平成28・7・5判例集未登載も、送達場所および送達受取人の届出につき、「それ自体違法なものであるとか、本件法務事務所が原告の代理人であることをうかがわせる事実であるということはできない」としている。

士事務所とする届出をして相手方からの書類を受け取っていること、②依頼者から印鑑を預かり、作成した書面に司法書士が本人名を記名し押印していること、③司法書士の事務所から裁判所および相手方訴訟代理人に書面をファクシミリ送信していること、④担当裁判官に不本意な和解を成立させられた旨の、司法書士の過去の依頼者の陳述書を複数提出していること、⑤本人は、準備書面の記載内容の求釈明に対し、「書面で回答する」「全部はわからない」旨応答していること、⑥裁判官忌避の申立てをしていることなどの事実認定をしている。そして、①～③は司法書士が訴訟行為を策定した根拠となるものではないが、④⑥はおよそ本人の自由な意思で行ったものとは考えられず、⑤は本人に訴訟行為の主体性が低いと考えられ、これらの事実が相俟って司法書士が訴訟行為を策定したとの評価根拠事実となりうることを示したものと考えられる。[3]

　以上のように、司法書士が送達受取人となること自体は制限されることはないが、他の行為と相俟って裁判書類作成関係業務の範囲を逸脱しているとの指摘を受けるおそれはある。仮にそのような事態となった場合には、依頼者の抱える紛争に加え、依頼者に起因しない論点が加わることになり、依頼者に新たな負担を与えることになるので注意が必要である。

3　附属書類および証拠方法

　「不動産に関する事件」の訴状には登記事項証明書を、「手形又は小切手に関する事件」の訴状には、手形または小切手の写しをそれぞれ添付しなければならない（民事訴訟規則55条1項）。これは、基本的な主張立証関係をできるだけ早い段階で明らかにすることに加え、訴状とともに登記事項証明書などが提出されていないと訴状の記載に誤記が生ずるおそれがあることから、これらの書類を訴状に添付することとされているものである。

　なお、「不動産に関する事件」とは、民事訴訟法5条12号における「不動

3　日司連執務問題検討委員会「裁判書類作成業務を受任するにあたって」月報司法書士506号41頁参照。

産に関する訴え」と同義であり、不動産上の物権に関する事件等、不動産に関する権利を目的とする事件をいう。

　また、「手形又は小切手に関する事件」とは、基本的には民事訴訟法5条2号における「手形又は小切手による金銭の支払の請求を目的とする訴え」と同義である。

　これらの規定により提出する登記事項証明書や手形または小切手の写しは書証ではないので、書証の申出の際に提出すべき文書の写し（民事訴訟規則137条1項）として提出するものではない。しかし、当該書類を書証として提出することは可能であるから、その場合には、民事訴訟規則55条1項の書面の提出としての意味を兼ねることとなる。

　訴状には、立証を要する事由につき、証拠となるべき文書の写しで重要なものを添付しなければならない（民事訴訟規則55条2項）。

Ⅱ　訴状の作成

1　訴状の作成の注意点

⑴　簡潔かつ正確な文章

　訴状の読み手は相手方のみならず、日常的に法律文書に慣れた裁判官や裁判所書記官である。とりわけ、繁忙な裁判官に理解してもらうことを意識して訴状を作成すべきである。そのためには、簡潔であることが必要であり、一文の長さは2行〜3行以内、一読して腑に落ちる文章を心がけるべきである。情緒的または文学的な表現は必要ない。

　また、最低限、誤字脱字、文法上の誤り、法令や判例の引用表記の誤りや不統一といった点はチェックしておく必要がある。誤字脱字などがあったり、文書の不統一やいいかげんな点の多い訴状は、読み手に対し、書類作成者の基礎能力に不信の目を向け、ひいては作成者の法的能力そのものと当該文書の記述内容に不信感をもつことになる。したがって、起案した文書には

154

必ず誤りがあるという目でチェックする必要がある。

(2) 欠席判決に耐えられる訴状を作成する

訴状には要件事実が過不足なく書かれている必要がある。要件事実が的確に記載されていれば、仮に被告が欠席しても訴状を引用して欠席判決を書くことができる。裁判官はそういう基準で訴状を審査しているようである[5]。そのような要請からすると、訴状は、枝葉がなく、請求原因事実が簡潔に記載され、「よって書き」できちんと訴訟物が特定されている必要がある。

もちろん、そのような訴状では紛争の全体像はわからないが、訴状提出の段階で、裁判所がすべての事件の全体像を把握したいと考えているわけではないと思われる。特に欠席判決型の訴訟では全体像をあれこれ説明する必要はないであろう。

全体像は、被告が抗弁、反論を主張し、原告がそれに反論していく過程でおのおののストーリーが展開されて、裁判所に明らかになっていくこととなる。

(3) 主張と証拠

訴状でどのような請求をするのかは、主張と証拠を十分吟味して決定すべきである。訴状でどのような請求をするにしても、主張するばかりで、証拠を出して立証しないのであれば主張は認められない。

また、事件類型により、「あって当たり前と思われる証拠」「いの一番に出すはずの証拠」というものがある。たとえば、高額な金銭の貸付けについての契約書、アパート経営者の賃貸借契約書、交通事故（物損）による損害賠償請求事件における写真、見積書などである。

金銭の貸付けについていえば、当事者にとって金額が低く、当事者の関係が親族や友人などであり、経験則上契約書までは交わさない場合もあろうが、高額な金銭の貸付けの場合には親族関係でもない限り契約書を取り交わすことが多いであろう。

4　田中豊『法律文書作成の基本』5頁。
5　東京弁護士会春秋会編『実践訴訟戦術』96頁参照。

第 7 章　訴状の作成

したがって、このような「あって当たり前と思われる証拠」は「いの一番に出すはずの証拠」である。このような証拠が甲第 1 号証として出てこないというのは、それだけで裁判官の不信を買うことになる。[6]

たとえば、最判昭和45・10・30集民101号313頁は、書証が提出されるまでは、双方とも金銭消費貸借契約書の存在には言及せず、原告本人も本件契約は口頭の契約であると述べていたにもかかわらず、控訴審になって金銭借用証書が初めて提出され被告代理人がその成立を強く争ったにもかかわらず原審裁判所がこの書証を信用して判決をしたことについて、「重要な書証について、その提出の経緯およびその他の証拠との対比からその真否を疑うべき事情が存するのであるから、原審としては、その成立を争う上告人にも反証提出の機会を与え、審理を尽くして右の疑問点を解明したうえで、その成立を判断すべきであつたというべきである」として、原判決を破棄し、さらに審理を尽くさせるため本件を原審に差し戻している。

この判例は、書証については、その真否や内容の合理性だけではなく、それが提出された時期や経過等についても考えなければならないことを教えるものである。[7]

(4)　判例の引用

訴状の段階では多くないと思われるが、準備書面で攻撃防御する際に、判例を引用することがある。しかし、中には、判例を証拠として大量に提出するのみで、その判例をどのような意味で提出しているのかほとんど主張していない準備書面を見かける。判例を証拠として提出しただけでは、いかに適切な判例であっても主張したことにはならないし、このような対応をとることで、訴訟遂行能力に不信感をもたれることになる。

また、賢明でない判例の使用例として、①関連性の強弱、審級の区別等を検討せずに、既存のデータベース検索の結果ヒットした夥しい数の裁判例を、そのまま当該法律文書に貼り付ける、②事実との関係を無視して、自ら

6　中村直人『訴訟の心得』67頁。
7　加藤新太郎編『民事事実認定と立証活動第 I 巻』52頁〔村田渉判事発言〕。

の主張に有利にみえる判示部分のみを紹介する、③当該判決文を熟読せずにその内容を誤解して（極端な場合には、全く逆に理解して）、自らの主張の支えにする、などが紹介されている。[8]

判例を扱うに際しては、〔民集＞集民＞民録（民集）＞高裁判決（民事）＞地裁判決（民事）〕という階層があることを理解しておくべきである。

民集登載の最高裁判例が存在するのに、それ以前の高裁判決や地裁判決を持ち出して議論をするのは、判例変更をすべきであるとの議論をするなど特段の事情の存するときを除き、無意味であるといわれている。[9]

裁判官は、下級審判決にはほとんどそれに倣うという意識がないばかりかケースが違うとみれば全く参考にしないようである。[10]

(5) 学説の引用

「裁判所は法を知る。当事者は事実を語れ」というのが裁判の伝統的な原理であり、法律の解釈適用は裁判所の専権に属する。したがって、訴状や準備書面で学説を展開するのは原則として不要である。

もっとも、新しい法令や新規性のある紛争でそれまでとは異なる解釈適用が求められるといった場合には、立法過程に関与した研究者や実務家の論稿、当該分野につき外国法を含めて広くまたは深く研究している研究者や実務家の論稿等を紹介して、主張を補強することも考えられる。[11]

2 訴状例

(1) 司法書士が代理人として簡易裁判所に提出する訴状例

司法書士が代理人として簡易裁判所に提出する訴状例とその作成上の留意

8　田中豊『法律文書作成の基本』34頁。

9　田中豊『法律文書作成の基本』55頁。

10　中村直人『訴訟の心得』25頁では、「比喩的に言うならば、実務家は、最高裁、高裁、地裁の判決の信頼度を、たとえばそれぞれ100％、90％、80％というような感じで受け止めていると思われる。しかし実際は、100％、30％、10％かも知れない」という話を紹介している。

11　田中豊『法律文書作成の基本』35頁参照。

第7章　訴状の作成

点は次のとおりである。

【書式8】　訴状──簡裁訴訟代理等関係業務

訴　　　状

平成○年○月○日（※1）

原告訴訟代理人司法書士　○　○　○　○　㊞（※2）

○○簡易裁判所　御中（※3）

売掛金請求事件（※4）
訴訟物の価格　金70万1969円（※5）
手数料額　　　　　金8000円（※6）

当事者の表示　　　　　　　別紙のとおり
請求の趣旨及び紛争の要点　　別紙のとおり

証　拠　方　法（※7）

1	甲第1号証	平成○年○月○日付注文書
2	甲第2号証	平成○年○月○日付納品書
3	甲第3号証	平成○年○月○日付注文書
4	甲第4号証	平成○年○月○日付納品書

附　属　書　類（※8）

1	訴状副本	1通
2	甲第1号証乃至甲第4号証（写し）	各1通
3	資格証明書	1通
4	訴訟委任状	1通

以上

Ⅱ　訴状の作成

当事者目録（※9）

〒○○○-○○○○　○○県○○市○○町○丁目○番○号（※10）
　　　　　　　　　　原　告　株　式　会　社　○　○　商　店
　　　　　　　　　　代表者代表取締役　○　○　○　○

〒○○○-○○○○　○○県○○市○○町○丁目○番○号
　　　　　　　　　　○○ビル○階（送達場所）（※11）
　　　　　　上記訴訟代理人司法書士　○　○　○　○
　　　　　　　　　　TEL　○○○-○○○-○○○○
　　　　　　　　　　FAX　○○○-○○○-○○○○

〒○○○-○○○○　○○県○○市○○町○丁目○番○号○○コーポ○号室
　　　　　　　　　　被　　告　　○　○　○　○
　　　　　　　　　　　　　　　　　　　　　　　　　　　　　　以上

請求の趣旨及び原因

第1　請求の趣旨（※12）
　1　被告は，原告に対し金70万1969円及びこれに対する本訴状が被告に送達された日の翌日から支払済みまで年6分の割合による金員を支払え。
　2　訴訟費用は被告の負担とする。
　　との判決並びに1項につき仮執行の宣言を求める。

第2　紛争の要点（※13）
　1　原告は，昭和54年3月2日に設立した楽器の製造販売を主な目的とする株式会社である。
　2　原告は，被告に対して，次のとおり商品を売り渡した。
　　(1)　注文日　平成○年○月○日
　　　　商品名　中古ピアノ（型式 YP-100）　1台
　　　　金　額　金50万円
　　　　納品日　平成○年○月○日

第 7 章　訴状の作成

```
   (2)  注文日　平成○年○月○日
        商品名　中古ドラム（型式 KD-301）　1 台
        金　額　金30万1969円
        納品日　平成○年○月○日
   3   ところが，被告は，平成○年○月○日に金10万円を支払ったのみでそ
      の余の支払いをしない。
   4   よって，原告は，被告に対し，売買契約に基づく売買代金70万1969円
      及び，履行遅滞に基づく損害賠償として，本訴状が被告に送達された日
      の翌日から支払済みまで商事法定利率である年 6 分の割合による金員の
      支払いを求める。(※14)
                                                          以上
```

※1　裁判所に提出すべき書面には年月日の記載を要する（民事訴訟規則 2 条
　　　1 項 4 号）。
※2　裁判所に提出すべき書面には当事者または代理人が記名押印する（民事
　　　訴訟規則 2 条 1 項柱書）。本訴状は司法書士が訴訟代理人となっているから
　　　司法書士が記名押印する。
※3　訴状を提出する裁判所の名称を記載する。
※4　訴訟を提起する者がこの訴訟の事件名をつける。なお、裁判所がその事
　　　件名に拘束されるわけではないので別の名称をつけることもある。
※5　訴訟物の価格は民事訴訟法 8 条 1 項・9 条、民事訴訟費用等に関する法
　　　律 4 条により算出する。
※6　訴訟手数料であり、収入印紙を訴状に訴状に貼って納める（民事訴訟費
　　　用等に関する法律 8 条）。
※7　訴状には、立証を要する事由につき、証拠となるべき文書の写しで重要
　　　なものを添付しなければならない（民事訴訟規則55条 2 項）。
※8　裁判所に提出すべき書面には、附属書類の表示を記載する（民事訴訟規
　　　則 2 条 1 項 3 号）。附属書類のうち、訴状副本と書証の写しは相手方に送付
　　　されるが資格証明書、訴訟委任状は相手方には送付されず、訴訟記録に綴
　　　じられる。
※9　訴状には、当事者および法定代理人を記載しなければならない（民事訴
　　　訟法133条 2 項 1 号）。
※10　訴状には、原告またはその代理人の郵便番号および電話番号（ファクシ
　　　ミリの番号を含む）を記載しなければならない（民事訴訟規則53条 4 項）。
　　　本訴状は司法書士が訴訟代理人となっているから司法書士の電話番号、
　　　ファクシミリの番号を記載する。

II　訴状の作成

※11　当事者、法定代理人または訴訟代理人は、送達を受けるべき場所（日本国内に限る）を受訴裁判所に届け出なければならない。この場合においては、送達受取人をも届け出ることができる（民事訴訟法104条）。これらの届出は書面でしなければならず、できる限り、訴状に記載してしなければならない（民事訴訟規則41条）。

※12　訴状には請求の趣旨を記載しなければならない（民事訴訟法133条2項2号）。請求の趣旨は、原告がいかなる請求をするのかの結論を表示するもので、原告が勝訴した場合の判決の主文に相応するものである。

※13　訴状には請求の原因（請求を特定するのに必要な事実）を記載しなければならない（民事訴訟法133条2項2号）。簡易裁判所においては請求の原因に代えて、紛争の要点を明らかにすれば足りるとされているので（同法272条）、本事例では「紛争の要点」と記載している。

※14　本訴状は民法の一部を改正する法律（平成29年法律第44号）施行前の事案の例である。なお、施行後は商事法定利率が廃止されるため、民事法定利率で請求されることになる。

【書式9】　訴訟委任状

訴訟委任状

平成○年○月○日

〒○○○-○○○○　○○県○○市○○町○丁目○番○号

委任者　○　○　○　○　㊞

　私は，次の司法書士を訴訟代理人と定め，下記の事件に関する各事項を委任します。

司法書士　○　○　○　○

認定番号　第○○○○○○○号

〒○○○-○○○○　○○県○○市○○町○丁目○番○号

○○ビル○階

○○司法書士事務所

TEL　○○○-○○○-○○○○

FAX　○○○-○○○-○○○○

第7章　訴状の作成

記

第1　事件
　1　相手方
　　　被告　○　○　○　○
　2　裁判所
　　　○○簡易裁判所
　3　事件の表示
　　　○○○○請求事件

第2　委任事項
　1　上記訴訟事件の訴訟行為，反訴の提起
　2　訴えの取下げ，和解，調停，請求の放棄若しくは認諾又は訴訟参加若
　　しくは訴訟引受けによる脱退
　3　上訴の提起
　4　少額訴訟債権執行
　5　少額訴訟の終局判決に対する異議の取下げ，その取下げについての同意
　6　復代理人の選任

(2)　**裁判書類作成関係業務として地方裁判所に提出する訴状例**

　司法書士が裁判書類作成関係業務として地方裁判所に提出する訴状例とその作成上の留意点は次のとおりである。

【書式10】　**訴状──裁判書類作成関係業務**

訴　　　状

平成○年○月○日

原　告　株　式　会　社　○　○　商　店（※1）

162

II　訴状の作成

代表者代表取締役　○　○　○　○　㊞

○○地方裁判所　御中

（省略）

書類作成者　司法書士　○　○　○　○（※2）
TEL　○○○ - ○○○ - ○○○○
FAX　○○○ - ○○○ - ○○○○㊞

当事者目録

〒○○○ - ○○○○　○○県○○市○○町○丁目○番○号（送達場所）（※3）
原　　告　株　式　会　社　○　○　商　店
代表者代表取締役　○　○　○　○
TEL　○○○ - ○○○ - ○○○○（※4）
FAX　○○○ - ○○○ - ○○○○

〒○○○ - ○○○○　○○県○○市○○町○丁目○番○号○○コーポ○号室
被　　告　○　○　○　○

以上

請求の趣旨及び原因

第1　請求の趣旨
1　被告は，原告に対し金170万1969円及びこれに対する本訴状が被告に送
達された日の翌日から支払済みまで年6分の割合による金員を支払え。
（※6）
2　訴訟費用は被告の負担とする。
との判決並びに1項につき仮執行の宣言を求める。

第7章　訴状の作成

> 第2　請求の原因
> 　1　原告は，昭和54年3月2日に設立した楽器の製造販売を主な目的とする株式会社である。（以下省略）
>
> 　　　　　　　　　　　　　　　　　　　　　　　　　　　　　　　　　　　以上

※1　裁判所に提出すべき書面には当事者または代理人が記名押印する（民事訴訟規則2条1項柱書）。本訴状は原告本人が提出する書類であるので原告が記名押印する。

※2　裁判所との事務連絡のため、作成した書面の欄外に司法書士の氏名、連絡先を明記しておくとよい。なお、相手方との間では事務連絡をする必要性はないので、書類作成者の表示は正本にすれば足りる。

※3　当事者、法定代理人または訴訟代理人は、送達を受けるべき場所（日本国内に限る）を受訴裁判所に届け出なければならない。この場合においては、送達受取人をも届け出ることができる（民事訴訟法104条）。これらの届出は書面でしなければならず、できる限り、訴状に記載してしなければならない（民事訴訟規則41条）。本訴状は原告本人の住所を送達場所にしている。

※4　訴状には、原告またはその代理人の郵便番号および電話番号（ファクシミリの番号を含む）を記載しなければならない（民事訴訟規則53条4項）。本訴状は原告本人の郵便番号、電話番号、ファクシミリの番号を記載している。

※5　訴状には請求の原因（請求を特定するのに必要な事実）を記載しなければならない（民事訴訟法133条2項2号）。

※6　本訴状は民法の一部を改正する法律（平成29年法律第44号）施行前の事案の例である。なお、施行後は商事法定利率が廃止されるため、民事法定利率で請求されることになる。

⑶　山本和子事件における訴状例

　では、山本和子事件について、司法書士が代理人に就任して訴訟により解決しようとした場合の訴状を検討することとする。

　山本和子の相談事例は、金銭消費貸借が成立していたとの事実認定を引き出すのは難しい事例かと思われる。しかし、間接事実を詳細に積み上げてくことにより裁判官の心証が傾いたり、和解の方向へ進んでいく可能性もある。

164

Ⅱ　訴状の作成

　本訴状例は、とりあえずシンプルに貸金請求をするにとどめ、その後、松本一郎の認否をみたうえで主張立証を展開していく場合の記載例である。

【書式11】　訴状──山本和子事件

訴　　　状

平成○年○月○日（※1）

原告訴訟代理人司法書士　司　法　太　郎　㊞（※2）

○○簡易裁判所　御中（※3）

貸金請求事件（※4）
　　訴訟物の価格　　　金70万0000円（※5）
　　手数料額金　　　　　7000円（※6）

　　当事者の表示　　　　　　別紙（略）のとおり
　　請求の趣旨及び紛争の要点　別紙（略）のとおり

証　拠　方　法（※7）

1　甲第1号証　　催告書（内容証明郵便）
2　甲第2号証　　郵便物等配達証明書

附　属　書　類（※8）

1　訴状副本　　　　　　　　　　1通
2　甲第1号証及び甲第2号証（写し）　各1通
3　訴訟委任状　　　　　　　　　1通

以上

165

第 7 章　訴状の作成

当事者目録（※ 9 ）

〒○○○ - ○○○○　○○県○○市○○町○丁目○番○号（※10）
　　　　　　　　　原　　告　山　本　和　子

〒○○○ - ○○○○　○○県○○市○○町○丁目○番○号
　　　　　　　　　　　　　　　　　○○ビル○階（送達場所）
　　　　　　　　上記訴訟代理人　司法書士　司　法　太　郎（※11）
　　　　　　　　　　　　　　　TEL　○○○ - ○○○ - ○○○○
　　　　　　　　　　　　　　　FAX　○○○ - ○○○ - ○○○○

〒○○○ - ○○○○　○○県○○市○○町○丁目○番○号○○コーポ○号室
　　　　　　　　　被　　告　松　本　一　郎

　　　　　　　　　　　　　　　　　　　　　　　　　　　　　　以上

請求の趣旨及び原因

第 1 　請求の趣旨（※12）
　 1 　被告は，原告に対し金70万円及びこれに対する平成30年10月11日から
　　　支払済みまで年 5 分の割合による金員を支払え。
　 2 　訴訟費用は被告の負担とする。
　　　との判決並びに 1 項につき仮執行の宣言を求める。

第 2 　紛争の要点（※13）
　 1 　原告は，被告に対し，利息・損害金・支払期日の定めなく，次のとお
　　　り合計70万円を貸し渡した。（※14）
　　⑴　日付　平成27年12月 3 日
　　　　金額　金 2 万円
　　⑵　日付　平成27年12月27日
　　　　金額　金 3 万円
　　（⑶〜⒅）省略）
　　⒆　日付　平成30年 6 月 3 日

Ⅱ　訴状の作成

　　　　金額　金3万円
　⒇　日付　平成30年7月15日
　　　　金額　金30万円
　2　原告は，平成30年10月1日，被告に対し，前項の金員を平成30年10月
　　　10日までに弁済するよう請求する旨の内容証明郵便を差し出し（甲第1
　　　号証），同書面は平成30年10月2日，被告に到達した（甲第2号証）。（※
　　　15）
　3　よって，原告は，被告に対し，金銭消費貸借契約に基づく貸金返還請
　　　求権として金70万円及び履行遅滞に基づく損害賠償として，支払期限の
　　　翌日である平成30年10月11日から支払済みまで民事法定利率である年5
　　　分の割合による金員の支払いを求める。（※**16**）（※**17**）

　　　　　　　　　　　　　　　　　　　　　　　　　　　　　　　　　　　　以上

※1　裁判所に提出すべき書面には年月日の記載を要する（民事訴訟規則2条
　　1項4号）。
※2　裁判所に提出すべき書面には当事者または代理人が記名押印する（民事
　　訴訟規則2条1項柱書）。本訴状は司法書士が訴訟代理人となっているから
　　司法書士が記名押印する。
※3　訴状を提出する裁判所の名称を記載する。
※4　訴訟を提起する者がこの訴訟の事件名をつける。なお、裁判所がその事
　　件名に拘束されるわけではないので別の名称をつけることもある。
※5　訴訟物の価格は民事訴訟法8条1項・9条、民事訴訟費用等に関する法
　　律4条により算出する。
※6　訴訟手数料であり、収入印紙を訴状に訴状に貼って納める（民事訴訟費
　　用等に関する法律8条）。
※7　訴状には、立証を要する事由につき、証拠となるべき文書の写しで重要
　　なものを添付しなければならない（民事訴訟規則55条2項）。本件では、貸
　　付時に返還の時期を定めていないので、訴訟提起の前に、内容証明郵便で
　　相当の期間を定めて返還の催告をしたことの証拠を提出することにした。
※8　裁判所に提出すべき書面には、附属書類の表示を記載する（民事訴訟規
　　則2条1項3号）。附属書類のうち、訴状副本と書証の写しは相手方に送付
　　されるが訴訟委任状は相手方には送付されず、訴訟記録に綴じられる。
※9　訴状には、当事者および法定代理人を記載しなければならない（民事訴
　　訟法133条2項1号）。
※10　訴状には、原告またはその代理人の郵便番号および電話番号（ファクシ
　　ミリの番号を含む）を記載しなければならない（民事訴訟規則53条4項）。

167

第7章　訴状の作成

本訴状は司法書士が訴訟代理人となっているから司法書士の電話番号、ファクシミリの番号を記載する。

※11　当事者、法定代理人または訴訟代理人は、送達を受けるべき場所（日本国内に限る）を受訴裁判所に届け出なければならない。この場合においては、送達受取人をも届け出ることができる（民事訴訟法104条）。これらの届出は書面でしなければならず、できる限り、訴状に記載してしなければならない（民事訴訟規則41条）。

※12　訴状には請求の趣旨を記載しなければならない（民事訴訟法133条2項2号）。請求の趣旨は、原告がいかなる請求をするのかの結論を表示するもので、原告が勝訴した場合の判決の主文に相応するものである。

※13　訴状には請求の原因（請求を特定するのに必要な事実）を記載しなければならない（民事訴訟法133条2項2号）。簡易裁判所においては請求の原因に代えて、紛争の要点を明らかにすれば足りるとされているので（民事訴訟法272条）、本事例では「紛争の要点」と記載している。

※14　原告は複数回にわたって金銭を貸し付けているから、それぞれの貸付内容の記載を要するが、訴状例のように記載してもよいし、表形式の貸付目録等を添付してもよい。

※15　関連する証拠をかっこ書で記載する。

※16　訴訟物を特定する。

※17　本訴状は民法の一部を改正する法律（平成29年法律第44号）施行前の事案の例である。なお、施行後は民事法定利率が年5分から年3分となる。

Ⅲ　証拠説明書

1　証拠説明書の意義と記載事項

　文書を提出して書証の申出をするときは、当該申出をする時までに、その写し2通（当該文書を送付すべき相手方の数が2以上であるときは、その数に1を加えた通数）を提出するとともに、文書の記載から明らかな場合を除き、文書の標目、作成者および立証趣旨を明らかにした証拠説明書2通（当該書面を送付すべき相手方の数が2以上であるときは、その数に1を加えた通数）を提出しなければならない（民事訴訟規則137条1項）。

　実務では、証拠説明書は比較的簡単に記載されていることが多いようであ

るが、証拠説明書には、提出文書の理解容易機能、事前検討機能、厳選機能、目次機能、証拠力引出機能、争点および証拠整理機能、集中証拠調べ充実機能、書記官事務軽減機能があるとされ、裁判官はとても重視しており、裁判官に理解してもらうためにも強調したい部分を意識して作成する。[12]

(1) 作成者

「作成者」とは、書証の申出をした当事者が主張する文書の作成名義人のことであり、当該文書に表示されている思想内容を保持し表明している者を意味し、物理的に当該文書を形成した者を意味するものではない。

文書の作成者が誰であるか（文書が誰の思想内容であるか）は、文書の証拠力を評価する点においても、偽造文書であるかどうかの判断においても重要であり、当該文書の作成者が誰であるかを確定することは不可欠である。現実には、他人が筆記したとしても、それが当該思想を保持している本人の意思に基づくものである場合には、その本人が文書の作成者である（署名の代行）。なお、代理人が作成した文書の作成者は代理人であり、代理人が、本人の名義を署名して代理行為をする、いわゆる署名代理の場合も、作成者は代理人である。[13]

(2) 立証趣旨

「立証趣旨」の記載は具体的かつ詳細にすることが望ましい。したがって、必ずしも要件事実レベルに限る必要はなく、むしろ、文書の記載内容か

12 　岡山弁護士会民事委員会編著『Q&A 証拠説明書・陳述書の実務』103頁参照。瀬木比呂志『民事訴訟実務と制度の焦点』241頁は、「証拠説明書（書証説明書）の効用をまだ十分に理解されていない弁護士が存在するようなのでその点について書いておきたい」。「証拠説明書（民訴規137条）は、事実認定に関する重要な準備書面に準じる程度の重要性を有しているのではないかと考える」。「判決書を書く前には、もう一度証拠説明書と照らし合わせながら書証の立証趣旨を確認し、簡潔なメモをとって起案に臨む。おそらく、同じことをしている裁判官は多いであろう」。「書証は、それ自体で語るものとは限らない。書証の中のみずからが強調したい部分に裁判官が常に注目してくれるとは限らない。その書証によって伝えたいこと（立証したいこと）は、準備書面よりも証拠説明書によって、より具体的に伝えられるのである」とする。
13 　裁判所職員総合研修所『民事実務講義案〔4訂補訂版〕』131頁。

第7章　訴状の作成

ら明らかにされる間接事実を記載すべきである。

　たとえば、通帳の写しを証拠として提出する場合に、「賃貸借契約の締結」と記載するよりも、「敷金を支払うために預金を引き出した事実」などと記載するほうがわかりやすい。[14]

　また、たとえば、建築工事の瑕疵を証明する目的で提出する天井の防水パッキングが切断されている状況を撮影した写真につき、「本件建物の天井部分の状況」「本件建物の天井部分の工事に瑕疵がある事実」などと記載するのではなく、「本件建物の天井の防水用パッキングに切断部分が存し、本件建物の工事に瑕疵がある事実」などと明確に記載すべきである。[15]

(3)　原本・写しの別

　紙媒体の場合の原本・写しについては、さほど大きな問題は生じないであろう。

　問題は、電子情報を証拠として提出する場合である。たとえば、電子メールやインターネット上の記事を証拠として提出する場合を想定したい。電子メールやインターネット上の記事をプリントアウトして提出した証拠は、原本・写しのいずれになるのであろうか。

　電子証拠のプリントアウトを原本とする見解もあるが、プリントアウトの提出は原本としてではなく、「原本に代えた写し」の提出として扱うべきであるとする指摘がある。[16]

　なお、メールの証拠提出については、やりとりを断片的に提出される可能性を否定できない旨指摘されている。[17]

14　岡えりな＝柏木扶美「証拠説明書について」判タ1239号67頁。

15　田中豊『法律文書作成の基本』212頁。

16　町村泰貴＝白井幸夫『電子証拠の理論と実務』171頁。東京弁護士会春秋会編『実践訴訟戦術』159頁では「〔新人〕メールを証拠提出する際は、原本として出していますか。写しとして出していますか」、「〔若手〕写しですね」、「〔ベテラン〕写しでしょう。そもそもメールの原本というものがあるのですか。無体物であるデータだからプリントされたものは原本とはいわないのではないでしょうか」という発言がある。

17　加藤新太郎編『民事事実認定と立証活動第Ⅰ巻』75頁〔内田実弁護士発言〕、同〔加藤新太郎判事発言〕、同〔村田渉判事発言〕。

170

Ⅲ　証拠説明書

2　山本和子事件における証拠説明書

　では、山本和子事件の訴状と同時に提出する証拠説明書を検討することと
する。

【書式12】　証拠説明書──山本和子事件

平成○年㈹第○○○○号　貸金請求事件（※1）
原　告　　山本和子
被　告　　松本一郎

証　拠　説　明　書

平成○年○月○日（※2）

○○簡易裁判所　御中（※3）

原告訴訟代理人司法書士　司　法　太　郎　㊞（※4）

（※5）

号証	標目 （原本・写しの別）		作　成 年月日	作成者	立証趣旨	備考
甲1	催告書（内容 証明郵便）	原本	平成30年 10月1日	原告、 郵便認証 司	原告が，被告に対し， 金70万円を，弁済期限 を平成30年10月10日と 定めて支払いを催告し たこと	
甲2	郵便物等配達 証明書	原本	平成30年 10月2日	郵便認証 司	甲第1号証が被告に到 達したこと	

※1　提出書類の事件を特定するために事件番号と当事者を記載する。なお、
　　本事例は訴状と同時に証拠説明書を提出するため、いまだ事件番号がつい
　　ていないから、番号は空欄にしておけばよい。
※2　裁判所に提出すべき書面には年月日の記載を要する（民事訴訟規則2条
　　1項4号）。

171

第 7 章　訴状の作成

※ 3　訴状を提出する裁判所の名称を記載する。
※ 4　裁判所に提出すべき書面には当事者または代理人が記名押印する（民事訴訟規則 2 条 1 項柱書）。本訴状は司法書士が訴訟代理人となっているから司法書士が記名押印する。
※ 5　文書の記載から明らかな場合を除き、文書の標目、作成者および立証趣旨を記載する（民事訴訟規則137条 1 項）。「立証趣旨」は具体的かつ詳細に記載する。

Ⅳ　納品先は依頼者──説明・理解・選択

　訴状等の訴訟関係書類は裁判所に提出するために作成するものであるが、作成した書類は、依頼者が理解できるように説明し、依頼者の選択により当該書類を裁判所に提出することを決断してもらう必要がある。これは、裁判書類作成関係業務として書類を作成した場合はもちろんのこと、簡裁訴訟代理等関係業務として書類を作成した場合も同様である。

　もっとも、紛争解決手段として訴訟を選択した際にも、依頼者との間で法律構成、主張内容、証拠方法、予想される反論や抗弁、解決の見込みやその方法等について十分なディスカッションを行っているはずであるから、ここでは、そのようなディスカッションの結果をどのように書面に反映したのかを説明し、その内容を依頼者が理解するまで説明し、依頼者がその内容に得心することが必要である。つまり、実質的な納品先は依頼者なのである。

　訴状を裁判所に提出した後、訴状に当事者および法定代理人並びに請求の趣旨および原因が記載されていない場合や訴え提起の手数料が納付されていない場合には、裁判長は、相当の期間を定め、その期間内に不備を補正すべきことを命じなければならないが（民事訴訟法137条 1 項）、通常は、まず、裁判長が裁判所書記官に原告に対して必要な補正を促すことを命じ（民事訴訟規則56条）、その促しに対して補正がなされないときに補正命令を発することとなる。そして、補正命令に対し、原告が不備を補正しないときは、裁判長は、命令で、訴状を却下しなければならないこととされている（民事訴

172

IV　納品先は依頼者——説明・理解・選択

訟法137条 2 項)。

　司法書士が訴訟代理人に就任している場合には、補正の連絡は訴訟代理人である司法書士になされるが、司法書士が裁判書類作成関係業務として書類を作成した場合にも、書類上で作成した司法書士の連絡先が判明する場合には司法書士に連絡されることが多い。

　このように司法書士に補正の連絡がなされた場合には、原則として、依頼者と補正の内容について協議し、補正案を説明して依頼者の理解を求め、当該補正を行うことを依頼者に選択してもらうことが必要である。ここでも、説明、理解、選択というプロセスをたどることとなるのである。

第8章　期日ごとの対応

第8章　期日ごとの対応

Ⅰ　答弁書・準備書面の作成

1　訴状を受け取った依頼者（被告）への説明

　被告から相談を受けた司法書士は、通常第1回口頭弁論期日までの時間が
ない中、対応をしなければならないので、送達された訴状の内容の確認と被
告からの事情聴取を行ったうえで「事件の筋」を検討し、受任をするのか否
か、また、受任するのであれば本人訴訟として支援するのか、代理訴訟とし
て支援するのか、さらに、「事件の落ち着きどころ」がどこにあるかなどに
ついて、依頼者とすみやかに確認する必要がある。

2　答弁書作成の留意点

　原告から訴えが提起されると、裁判所において訴状を審査のうえ、被告に
対し、訴状、書証の副本とともに口頭弁論期日呼出状および答弁書催告状が
送達されることとなる。その後、原告・被告は、それぞれ攻撃防御の方法を
準備書面で提出していくこととなる。催告状において指定される答弁書の提
出期限は、おおむね期日の1週間～2週間前までと指定されることが多い。
また、その後提出していくこととなる準備書面は、訴訟の進行状況に応じ適
切な時期に提出しなければならないとされているので留意しておく必要があ
る（民事訴訟法156条）。

174

Ⅰ　答弁書・準備書面の作成

3　答弁書の記載方法

　答弁書には、請求の趣旨に対する答弁のほか、訴状記載の請求原因事実に対する認否および抗弁事実を具体的に記載し、かつ、立証を要する事由ごとに、当該事実に関連する事実で重要なものおよび証拠を記載し、書証の写しを添付しなければならないとされている（民事訴訟規則80条）。

　そして、被告が原告の請求を一部でも争う場合には、請求の趣旨に対する答弁において、原告の請求を棄却するとの判決を求めることになる。一方、原告の請求をすべて認め、和解を求める場合には、求める和解条件をあわせて記載することとなる。

　なお、被告が、答弁書において司法書士事務所を送達場所、司法書士を送達受取人として届け出る場合に司法書士として留意すべき点は、第7章Ⅰ2で述べたとおりである。

4　答弁書例

⑴　司法書士が代理人として提出する答弁書例

　司法書士が代理人として提出する答弁書例とその留意点は次のとおりである。

【書式13】　答弁書──簡裁訴訟代理等関係業務

> 平成○年㈵第○○○○号
> 原告　株式会社○○商店
> 被告　○○○○
>
> 答　　弁　　書
>
> 平成○年○月○日

175

第8章　期日ごとの対応

被告訴訟代理人司法書士　○　○　○　○　㊞（※1）

○○簡易裁判所　御中

〒○○○-○○○○　○○県○○市○○町○丁目○番○号
○○コーポ○号室

被　　　　　　　　告　○　○　○　○

〒○○○-○○○○　○○県○○市○○町○丁目○番○号
○○ビル○階（送達場所）（※2）

被告訴訟代理人　司法書士　○　○　○　○
TEL　○○○-○○○-○○○○（※3）
FAX　○○○-○○○-○○○○

第1　請求の趣旨に対する答弁（※4）
　1　原告の請求を棄却する。
　2　訴訟費用は原告の負担とする。
　との判決を求める。

第2　請求の原因に対する答弁
　1　請求の原因1は認める。（以下省略）

第3　被告の主張
　（弁済）
　1　被告は，原告に対し，平成○年○月○日，金○万○円を弁済した。（以
　　下省略）

以　　上

※1　裁判所に提出すべき書面には当事者または代理人が記名押印する（民事
　　訴訟規則2条1項柱書）。本訴状は訴訟代理人が提出する書類であるので訴
　　訟代理人が記名押印する。
※2　当事者、法定代理人または訴訟代理人は、送達を受けるべき場所（日本
　　国内に限る）を受訴裁判所に届け出なければならない。この場合において

Ⅰ　答弁書・準備書面の作成

は、送達受取人をも届け出ることができる（民事訴訟法104条）。これらの
届出は書面でしなければならず、できる限り、答弁書に記載してしなけれ
ばならない（民事訴訟規則41条）。本訴状は訴訟代理人の事務所を送達場所
にしている。

※3　答弁書には、被告またはその代理人の郵便番号および電話番号（ファク
シミリの番号を含む）を記載しなければならない（民事訴訟規則80条3
項、民事訴訟規則53条4項準用）。本答弁書は訴訟代理人の郵便番号、電話
番号、ファクシミリの番号を記載している。

※4　答弁書には、請求の趣旨に対する答弁を記載するほか、訴状に記載され
た事実に対する認否および抗弁事実を具体的に記載し、かつ、立証を要す
る事由ごとに、当該事実に関連する事実で重要なものおよび証拠を記載し
なければならない（民事訴訟法80条1項）。

(2)　裁判書類作成関係業務として作成する答弁書例

　司法書士が裁判書類作成関係業務として作成する答弁書例とその留意点は
次のとおりである。

【書式14】　答弁書──裁判書類作成関係業務

```
平成○年(ワ)第○○○○号
原告　株式会社○○商店
被告　○○○○


                    答　　弁　　書


                                     平成○年○月○日


                       被　告　○　○　○　○　㊞（※1）


○○地方裁判所　御中


〒○○○－○○○○　○○県○○市○○町○丁目○番○号
                       ○○コーポ○号室（送達場所）（※2）
```

177

第8章　期日ごとの対応

```
         被          告　○　○　○　○
                     TEL　○○○ - ○○○ - ○○○○（※3）
                     FAX　○○○ - ○○○ - ○○○○


         書類作成者　司法書士　○　○　○　○
                     TEL　○○○ - ○○○ - ○○○○（※4）
                     FAX　○○○ - ○○○ - ○○○○


  第1　請求の趣旨に対する答弁（※5）
   1　原告の請求を棄却する。
   2　訴訟費用は原告の負担とする。
    との判決を求める。


  第2　請求の原因に対する答弁
   1　請求の原因1は認める。（以下省略）


  第3　被告の主張
  （弁済）
   1　被告は，原告に対し，平成○年○月○日，金○万○円を弁済した。（以
    下省略）

                                               以　上
```

※1　裁判所に提出すべき書面には当事者または代理人が記名押印する（民事
　　訴訟規則2条1項柱書）。本訴状は被告本人が提出する書類であるので被告
　　が記名押印する。

※2　当事者、法定代理人または訴訟代理人は、送達を受けるべき場所（日本
　　国内に限る）を受訴裁判所に届け出なければならない。この場合において
　　は、送達受取人をも届け出ることができる（民事訴訟法104条）。これらの
　　届出は書面でしなければならず、できる限り、答弁書に記載してしなけれ
　　ばならない（民事訴訟規則41条）。本訴状は被告本人の住所を送達場所にし
　　ている。

※3　答弁書には、被告またはその代理人の郵便番号および電話番号（ファク
　　シミリの番号を含む）を記載しなければならない（民事訴訟規則80条3
　　項、民事訴訟規則53条4項準用）。本答弁書は被告本人の郵便番号、電話番

178

号、ファクシミリの番号を記載している。

※4　裁判所との事務連絡のため、作成した書面の欄外に司法書士の氏名、連絡先を明記しておくとよい。なお、相手方との間では事務連絡をする必要性はないので、書類作成者の表示は正本にすれば足りる。

※5　答弁書には、請求の趣旨に対する答弁を記載するほか、訴状に記載された事実に対する認否および抗弁事実を具体的に記載し、かつ、立証を要する事由ごとに、当該事実に関連する事実で重要なものおよび証拠を記載しなければならない（民事訴訟規則80条1項）。

5　山本和子事件における答弁書例

(1)　松本一郎の言い分

山本和子事件における松本一郎（被告）の言い分は次のとおりであった。

　私（松本一郎）が山本和子と付き合っていたときに、友人との付き合いで飲食する際にお金が足りなかったことがあり、何度か山本和子からお金を借りましたが、これまで一度も請求されたことはありませんし、裁判をするなんて信じられません。私に対する嫌がらせとしか思えません。

　また、今年の3月に喫茶店で菊川次郎といっしょに3人で会ったのは、菊川次郎が、どうしても引越代の30万円が用意できないので困っていると私に相談してきたところ、私は、手元にまとまったお金をもっていなかったので、山本和子に相談したら話を聞いてもいいということだったので、3人で喫茶店で会ったんです。当然、そこで借りたお金は菊川次郎が借りたのであって、私はお金を受け取っていませんし、菊川次郎が直接受け取っていますので、私は全く関係ありません。

---

(2)　松本一郎の言い分に基づく答弁書例

　山本和子事件における松本一郎の言い分に基づく答弁書例は次のとおりである（ここでは、司法書士（法務花子）が松本一郎の代理人として簡易裁判所に

第8章　期日ごとの対応

答弁書を提出することを想定している）。

【書式15】　答弁書──山本和子事件

平成○年㈠第○○○○号貸金請求事件
原告　山本和子
被告　松本一郎

答　　弁　　書

平成○年○月○日

被告訴訟代理人司法書士　法　務　花　子　㊞

○○簡易裁判所　御中

〒○○○－○○○○　　○○県○○市○○町○丁目○番○号
　　　　　　　　　　　　　　　　○○コーポ○号室
　　　　被　　　　　　　　告　松　本　一　郎

〒○○○－○○○○　　○○県○○市○○町○丁目○番○号
　　　　　　　　　　　　　　　　○○ビル○階（送達場所）
　　　　被告訴訟代理人　司法書士　法　務　花　子
　　　　　　　　　　　TEL　○○○－○○○－○○○○
　　　　　　　　　　　FAX　○○○－○○○－○○○○

第1　請求の趣旨に対する答弁
　1　原告の請求を棄却する。
　2　訴訟費用は原告の負担とする。
　　との判決を求める。

第2　紛争の要点に対する答弁

I　答弁書・準備書面の作成

1　紛争の要点1(1)乃至(19)の事実のうち、被告が原告から金員を受け取った事実は認めるが，返済の約束は否認する。

2　紛争の要点1(20)の事実は，否認する。訴外菊川次郎が借り受けたもので，被告が原告から借り受けた事実はない。

3　紛争の要点2の事実は認める。

4　紛争の要点3は争う。(以下省略)

以　上

6　準備書面の記載方法と作成の留意点

　準備書面には、攻撃または防御の方法のほか、相手方の請求および攻撃または防御の方法に対する陳述を記載することとされている（民事訴訟法161条2項）。したがって、抗弁を提出する当事者は、その抗弁事実などの主張を、一方、相手方は、その主張に対する認否および再抗弁事実などの主張をそれぞれ準備書面に記載することとなる。また、裁判長は、準備書面の提出または証拠の申出をすべき期間を定めることができる（同法162条）。そして、当事者が故意または重大な過失により時機に後れて提出した攻撃または防御の方法については、これにより訴訟の完結を遅延させることとなると認めたときは、裁判所は、申立てによりまたは職権で、却下の決定をすることができるとされている（同法157条1項）。

　したがって、司法書士は、適時適切な準備書面を提出できるよう、依頼者との打合せを計画的に行わなければならない。

7　山本和子事件における準備書面例

　山本和子事件における山本和子および松本一郎のそれぞれの準備書面例は次のとおりである。

181

第8章　期日ごとの対応

【書式16】　第1準備書面（原告側）──山本和子事件

平成○年㈠第○○○○号貸金請求事件

原告　山本和子

被告　松本一郎

第1準備書面

平成○年○月○日

○○簡易裁判所　御中

原告訴訟代理人司法書士　司　法　太　郎　㊞

第1　原告の主張

　1　被告への金銭の交付

　⑴　原告は，平成28年6月2日，被告から「会社の先輩から飲み会に誘われて断れない」「今度の給料日に絶対返すから」と言われ，2万円を交付した。

　⑵　原告は，平成28年6月27日，被告から，「会社の付き合いでパチンコに行ったんだけど，負けてしまってお金がないんだ」「前のお金も返していないのに悪いんだけど，ボーナスが出たら返すから」と言われ，金3万円を交付した。（以下省略）

以　上

【書式17】　第1準備書面（被告側）──山本和子事件

平成○年㈠第○○○○号貸金請求事件

原告　山本和子

被告　松本一郎

第1準備書面

182

平成○年○月○日

○○簡易裁判所　御中

被告訴訟代理人　司法書士　法　務　花　子　㊞

第1　被告の主張

　1　被告は，原告と交際していた期間中に，友人との付き合いで飲食費が不足し，何度か原告から援助として金員を受け取ったことはあるが，その際に返還の約束はしていない。

　2　被告は，平成30年3月10日，喫茶店で原告及び訴外菊川次郎と会ったが，その理由は訴外菊川次郎が，原告に対し，引越代として金30万円の借入れを申し込むためである。したがって，原告は，訴外菊川次郎に対し，30万円を貸付金として交付したのであって，被告は，同金員を受け取っていないし，原告から借り受けた事実もない。（以下省略）

以　上

Ⅱ　依頼者への裁判手続と法廷での振る舞いの教示

1　裁判手続についての教示

　司法書士は、裁判手続がどのように進行し、どのようなルールがあるかを事前に依頼者に教示しておく必要がある。特に司法書士が裁判書類作成関係業務を行う場合には、依頼者に対して、以下のような民事訴訟手続の流れとルールをあらかじめ説明しておくことが重要となる。

(1)　期日当日の流れ

　期日当日の流れとして、おおむね次の①〜⑤のような事項を依頼者に説明しておく必要がある。

　①　裁判所に出頭し、指定された法廷に入る際には、初回期日であれば期日呼出状を裁判所書記官または事務官に提示するか期日出頭カードに記入をして提出してから入廷すること

第8章　期日ごとの対応

② 同じ時間に他の事件の期日が指定されていることもあるので、裁判所書記官等から呼ばれるまでは傍聴席で待つこととなり、法廷での席は、傍聴席から向かって左側が原告、右側が被告の席となっていること

③ あらかじめ裁判所に提出した書面を法廷に提出するには、陳述しなければならないので、裁判官から陳述することの確認が求められた際には、あらかじめ裁判所に提出した書面を陳述する旨を述べなければならないこと

④ 提出した証拠に原本がある場合には、証拠の取り調べができるように原本を持参しておくこと

⑤ 期日が続行することとなった場合には、その場で裁判官から期日が指定され、期日呼出状は送られないことが一般的であるので次回期日をメモしておくことが必要であり、また、裁判官から次回期日までに準備書面や証拠の提出を指示された場合には、その内容と提出期限をメモしておくこと

(2)　擬制陳述

原告または被告が最初にすべき口頭弁論の期日に出頭せず、または出頭したが本案の弁論をしないときは、裁判所は、その者が提出した訴状または答弁書その他の準備書面に記載した事項を陳述したものとみなし、出頭した相手方に弁論をさせることができる（民事訴訟法158条）。

また、簡易裁判所においては、原告または被告が口頭弁論の続行の期日に出頭せず、または出頭したが本案の弁論をしない場合についても準備書面等に記載した事項を陳述したものとみなすとの特則がある（民事訴訟法277条）。この規定により、和解による解決が見込まれる訴訟などでは、すべての期日に出頭しなくとも対応できる場合もあるが、証拠調べ期日が開かれる場合には出頭しなければ対応できない場合もあるので、司法書士としては、そのことに留意して依頼者に手続を教示しなければならない。また、司法書士が訴訟代理人となった場合には、事前に期日の調整がされたうえで期日が指定されることが一般的であるため、原則として、すべての期日に出頭する

184

Ⅱ　依頼者への裁判手続と法廷での振る舞いの教示

ことになる。

(3)　擬制自白

　当事者が口頭弁論において相手方の主張した事実を争うことを明らかにしない場合および当事者が口頭弁論の期日に出頭しない場合には、弁論の全趣旨により、その事実を争ったものと認めるべきときを除き、その事実を自白したものとみなされる。ただし、その当事者が公示送達による呼出しを受けたものであるときは、この限りでない（民事訴訟法159条1項・3項）。

　したがって、被告側としては、答弁書を提出し、その答弁書において請求の棄却を求め、争うことを明らかとしておけば、第1回口頭弁論期日に出頭しなくとも答弁書に記載した事項が擬制陳述され、擬制自白が認められることはない。

(4)　裁判長の訴訟指揮

　口頭弁論は、裁判長が指揮することとされ、裁判長は、発言を許し、またはその命令に従わない者の発言を禁ずることができるとされている（民事訴訟法148条）。また、裁判長は、口頭弁論の期日または期日外において、訴訟関係を明瞭にするため、事実上および法律上の事項に関し、当事者に対して問いを発し、または立証を促すことができるとされている（同法149条1項）。

(5)　弁論準備手続

　裁判所は、争点および証拠の整理を行うため必要があると認めるときは、当事者の意見を聴いて、事件を弁論準備手続に付することができるとされている（民事訴訟法168条）。したがって、弁論準備手続に付されることが想定される事件においては、同手続についてもあらかじめ教示しておく必要がある。

　弁論準備手続において、裁判所は、相当と認める者の傍聴を許すことができる。ただし、当事者が申し出た者については、手続を行うのに支障を生ずるおそれがあると認める場合を除き、その傍聴を許さなければならないと規定されている（民事訴訟法169条2項）。したがって、同行した司法書士が弁論準備手続を傍聴するには、依頼者から裁判所に傍聴許可の申出をしてもら

185

第 8 章　期日ごとの対応

い許可を得る必要がある。

　また、裁判所は、当事者が遠隔の地に居住しているときその他相当と認め、当事者の一方がその期日に出頭した場合には、当事者の意見を聴いて、裁判所および当事者双方が音声の送受信により同時に通話をすることができる方法によって、弁論準備手続の期日における手続を行うことができる（民事訴訟法170条 3 項）。

⑹　書面による準備手続

　裁判所は、当事者が遠隔の地に居住しているときその他相当と認めるときは、当事者の意見を聴いて、事件を当事者の出頭なしに準備書面の提出等により争点および証拠の整理をする「書面による準備手続」に付することができる（民事訴訟法175条）。裁判長等は、必要があると認めるときは、電話会議システムによって、争点および証拠の整理に関する事項その他口頭弁論の準備のため必要な事項について、当事者双方と協議をすることができ、協議の結果を裁判所書記官に記録させることができるとされている（同法176条 3 項）。

　そして、裁判長は、相当と認めるときは、書面による準備手続を終了するにあたり、当事者に書面による準備手続における争点および証拠の整理の結果を要約した書面を提出させることができるとされている（民事訴訟法176条 4 項・165条 2 項準用）。

　裁判書類作成関係業務を行う司法書士は、事件が弁論準備手続に付された場合には、これらの手続やルールについて、依頼者へ十分な説明を行っておく必要がある。

2　法廷での振る舞い

　前記 1 の裁判手続に関するルールを教示するとともに、法廷での振る舞いに関するマナーも教示しておく必要がある。

　たとえば、裁判官の入廷・退廷の際や、当事者・証人尋問に先立つ宣誓の際に自席で起立することや、発言をする際は裁判長の許可を受けてから行

い、起立して行うなどのマナーがある。

　このようなマナーを理解したうえで、落ち着いた立ち振る舞いを行うことが、手続の円滑な進行にも資することとなるとともに、裁判官の心証形成にもよい影響を及ぼすことも考えられるので、依頼者に十分に教示しておかなければならない。なお、司法書士も代理人として出廷した際には、これらの法廷でのマナーを十分に理解して立ち振る舞わなければならないことは言うまでもない。

Ⅲ　裁判書類作成関係業務における期日への同行と法廷傍聴

　裁判の対審および判決は、公開法廷で行うこととされている（憲法82条1項）。また、弁論準備手続の期日について、裁判所は、相当と認める者の傍聴を許すことができるとされている。ただし、当事者が申し出た者については、手続を行うのに支障を生ずるおそれがあると認める場合を除き、その傍聴を許さなければならないとされている（民事訴訟法169条2項）。

　そこで、裁判書類作成関係業務を行う司法書士は、期日に依頼者と共に同行し、法廷を傍聴することができるが、実際に法廷傍聴を行うか否かは、依頼者との委任契約上の業務内容とするかどうかによることとなる。

　この点について、司法書士は、裁判書類作成関係業務を行うに際して、すべての期日に必ず同行し法廷を傍聴することが必要な事案であるのか、依頼者が裁判手続についての事前の説明を十分理解しており、期日に同行し法廷を傍聴することまでは必ずしも必要ない事案であるのかを検討する必要がある。そこで、司法書士としては、以下のような点についても十分検討しておく必要がある。

　司法書士が期日に同行し法廷傍聴を行うメリットとして、裁判手続について不慣れな依頼者にとって、専門家である司法書士が同席しているという精神的な支えを得ることができるとともに、司法書士が、依頼者と共に法廷で

第8章　期日ごとの対応

の裁判官や相手方の発言を直接見聞きすることで、次回期日までに準備すべき事項を的確に把握し、より適切な裁判書類を作成できることがあげられる。一方、司法書士が期日に同行し法廷を傍聴した際に、法廷内の依頼者に対して、裁判官や相手方からの質問にどのように答えるべきかなどについて傍聴席から発言をしたり、身振り手振りでサインを送るなどの行為を行ったりすると、司法書士が依頼者に代わって訴訟行為を策定しているなどとして、司法書士の行為が弁護士法違反の行為であり、依頼者の訴訟行為自体が無効であるとの指摘を受けるおそれがある。司法書士が、期日に同行し、法廷を傍聴するとしても、依頼者には事前に裁判手続の流れと裁判の争点などについて十分説明しておかなければならない。

　司法書士は、前述の点を踏まえたうえで、依頼者へ期日への同行と法廷の傍聴が必要であるかを十分確認し、委任契約において業務内容とするか否かを依頼者に選択してもらうこととなる。なお、依頼者が自らの考えに基づいて手続を進めたいという意向がある場合には、そもそも依頼者が司法書士の期日への同行を望まないこともあるので、司法書士が裁判書類作成関係業務を受任する際には、その点についても依頼者の意向を十分に確認しておく必要がある。

Ⅳ　期日間の当事者とのやりとり

1　依頼者とのやりとり

⑴　代理人として出廷した場合の期日の報告

　期日に代理人として出廷した場合には、期日ごとにすみやかに依頼者へ法廷で行われたことを報告する必要があるが、口頭の報告だけではなく、期日報告書を作成し交付または送付することが望ましい。

Ⅳ　期日間の当事者とのやりとり

【書式18】　期日報告書

期日報告書

平成○年○月○日

○○○○　様

○○県○○市○○町○丁目○番○号○○ビル○階

司法書士　○　○　○　○

TEL　○○○ - ○○○ - ○○○○

1　第1回口頭弁論期日
　　平成○年○月○日午前11時～11時15分
　　○○簡易裁判所法廷
　　出席者　当職、原告会社代表取締役

2　期日の概要
　　原告側から訴状，甲1号証～3号証が提出されました。
　　当職から答弁書を提出しました。

3　次回期日までの準備事項
　　次回期日までに原告から反論の準備書面が出される予定で，その準備書
　面を見てから再反論の準備をしますので，次回期日までに準備する事項は
　ありません。

4　次回期日
　　平成○年○月○日午前11時～○○簡易裁判所○号法廷
　　当職が出頭しますので，出頭の必要はありません。

以　上

---

(2)　準備書面作成、証拠の収集のための打合せ

　司法書士は、期日の結果を踏まえ、依頼者と主張すべき事実、それを証明
する証拠の存否について打合せを行ったうえで、準備書面の作成および証拠

189

第8章　期日ごとの対応

の収集を行うこととなる。準備書面の提出の時期について、前回の期日で、裁判所から期限が設けられているのであれば、その期限内に提出できるよう書面の作成や証拠収集のスケジュールについても依頼者と十分に確認しておく必要がある。また、準備書面を作成した後には、依頼者とその内容についての打合せを行い、裁判所に提出する準備書面と証拠を確定させることとなる。

2　相手方とのやりとり

⑴　準備書面等の直送、受取り

　期日間に相手方に準備書面を提出する場合には、相手方に対し直接送付（直送）をしなければならない（民事訴訟規則83条）。そして、直送は、送付すべき書類の写しの交付またはその書類のファクシミリを利用しての送信によってすることとされている（同規則47条1項）。また、直送を受けた相手方は、当該準備書面を受領した旨を記載した受領書を直送をするとともに、当該受領書を裁判所に提出しなければならないと規定されている（同条5項）。なお、依頼者から相手方に準備書面や書証を直送することが困難な場合は、裁判所書記官から郵便またはファクシミリにより行ってもらうこととなる。

　一方、相手方からの直送を受けた場合には、当該準備書面を受領した旨を記載した書面について直送をするとともに、当該受領者を裁判所に提出しなければならないとされている（民事訴訟規則83条3項）。

　司法書士が、裁判書類作成関係業務を行う場合には、以上のとおりの手続について依頼者に十分教示しておく必要がある。

Ⅳ　期日間の当事者とのやりとり

【書式19】　直送送信書（送付書）

平成○年○月○日

□送信書・□送付書

□　　　簡易裁判所　御中〔FAX　　－　　－　　　〕

□原告 □被告　代理人司法書士　　　　　殿〔FAX　　－　　－　　　〕
□原告 □被告　　　　　　殿〔FAX　　－　　－　　　〕

発信者　□原告　□被告　代理人司法書士
〔TEL　　－　　－　　　〕〔FAX　　－　　－　　　〕

　　簡易裁判所 平成　年(ハ)第　　　　号　　請求事件
　（原告　　　　，被告　　　　　）

次回期日　平成　年　月　日　午前・午後　　時　　分

送付文書内容

□答弁書
□平成　年　月　日付け準備書面
□平成　年　月　日付け証拠申出書
□平成　年　月　日付け証拠説明書
□書証 □甲 □乙 第　号証乃至第　号証
□その他（平成　年　月　日付け　　　　　　）

　上記のとおり，本書を含めず合計　枚を（ファクシミリ・郵便）により直送します。
　受領後は直ちに，落丁や送信ミスの有無を確認のうえ，下記「受領書」部分に必要事項を記入して，当代理人及び簡易裁判所の双方宛てに本書面をそ

191

第 8 章　期日ごとの対応

のままファクシミリ又は郵送にて送信 (送付) してください。

受　領　書

□　　簡易裁判所 御中
□原告　□被告　代理人司法書士　　　　　殿
□原告　□被告　　　　　殿

上記事件につき，上記送信文書　枚を平成　年　月　日受領しました。

司法書士　　　　　　　　　㊞

(2)　和解の打診

　裁判所は、訴訟がいかなる程度にあるかを問わず、和解を試み、または受命裁判官もしくは受託裁判官に和解を試みさせることができるとされており（民事訴訟法89条）、司法書士が、簡裁訴訟代理等関係業務を行い訴訟代理人となっている場合には、必要に応じて、あらかじめ依頼者の了解を得たうえで相手方と和解の交渉を行い、和解をするかどうかを検討することになる。その際、和解の方法として、裁判外で和解するのか、期日において訴訟上の和解をするのか、和解に代わる決定（同法275条の2）を裁判所に求めるのかについても検討する必要がある。一方、司法書士は、依頼者に対し、相手方から和解の打診があった場合に、依頼者がどのような手続をとることができるかについて十分教示しておく必要がある。なお、具体的な和解の手続としては、第6章Ⅳ2で述べたとおり、訴訟上の和解、裁判外和解などの手続が考えられる。

Ⅴ　関係者との接し方

　司法書士は、簡裁訴訟代理等関係業務を行う中で、事件に関する事情を聴

くためなど、関係者と接することが考えられるが、このような場合に、司法書士としては、仮に関係者が依頼者と敵対的な関係にある者であったとしても、高圧的な態度をとったりすることなく、専門職として節度をもって関係者に接し、冷静に対応する必要がある。また、司法書士が裁判書類作成関係業務を行っていく中で関係者から事情を聴取したり、証拠となる文書を提出してもらうなどの必要がある場合には、司法書士は、依頼者に対し、どのような裁判書類を作成する必要があり、また、どのような証拠を収集する必要があるために依頼者が関係者と接触しなければならないのかを説明するとともに、関係者と接した際にどのような点に気を付けておかなければならないのかなどを十分説明しておく必要がある。

第9章　立　証

第9章　立　証

Ⅰ　立証の目的と種類

　訴訟において、主張と立証は、車の両輪のような関係であるといわれる。要件となる事実を漏れなく主張したとしても、相手が争う態度を示せば、当該事実を裏づける証拠が必要となる。裁判官が「通常人が疑いを差し挟まない程度」に、当該事実があったと「認めることができる」ための立証活動は、訴訟実務において極めて重要である。そこで、本章では、立証活動について検討したい。

1　立証の目的

　裁判では、具体的な事実の認定があり、その事実を前提に法規をあてはめて結論を出すという過程をたどる。
　そのため、訴訟当事者は、主張を裏づける立証を行わなければ、自己の目的を達成することができないという構造になっている。

2　弁論主義の採用

　日本の民事訴訟では、弁論主義を採用しているため、当事者の責任において、「事実の確定」のために必要な証拠の提出を行う必要がある。

3　立証の種類

　証拠方法の種類は、証人、鑑定人、当事者本人、文書、および、検証物の

5種類が法で定められている。そして、民事訴訟の実務において、証拠調べの中心となっているのは人証と書証である。

したがって、本章では、書証および人証による立証活動を取り上げる。

Ⅱ　書証による立証活動

1　書証の種類

(1)　処分証書

処分証書とは、立証命題である意思表示その他の法律行為が記載されている文書である。公文書・私文書いずれの場合もあり、内容となる法律行為は公法上の行為、私法上の行為双方がある。

処分証書の具体例としては、契約書、解約通知書、遺言書等がある。

(2)　報告文書

報告文書とは、作成者の見分、判断、感想等が記載されている文書である。登記事項証明書、戸籍謄本、商業帳簿、診断書、陳述書等があげられる。

(3)　準文書

民事訴訟法231条では「図面、写真、録音テープ、ビデオテープその他の情報を表すために作成された物件で文書でないもの」について、書証に関する規定を準用している。これを準文書という。

これらの証拠申出や提出義務等については、原則として、文書と同様の方式によることとなる。

(ア)　写真の提出

写真や録音テープ等を証拠とする場合、民事訴訟規則148条により、証拠説明書において、撮影、録音、録画等の対象並びにその日時および場所をも

1　笠井正俊＝越山和広編『新・コンメンタール民事訴訟法〔第2版〕』754頁。

2　小野憲一編『判例からみた書証の証拠力』1頁。

第9章　立証

明らかにしなければならないとされている点に注意が必要である。

写真を証拠提出する場合の証拠説明書は以下のようになる。

号証	標目（原本・写しの別）			作成年月日	作成者	立証趣旨	備考
甲1	写真 撮影者 撮影対象 撮影日 撮影場所	原告 本件建物 平成30年6月27日 本件建物周辺	写し	平成30年6月27日	原告	被告が本件建物にベランダを設置したこと及び同設置行為により本件建物の排水管が破損したこと	

(イ)　録音データの提出

録音データの証拠調べは、文書の閲読に相当するものとして、録音データを法廷等において再生する方法によるが、裁判所または相手方の求めがある場合には、証拠申出を行った当事者は、民事訴訟規則149条1項に基づき、当該録音データの内容を説明した書面を提出しなければならない。

なお、実務上は、裁判所や相手方からの求めがなくとも、反訳書を提出することが一般的であると思われる。

(ウ)　電子情報の提出

電子情報を証拠として提出し、かつ、データの作成時期等に争いがある場合には、当該データのみではなく、データのプロパティ部分をプリントアウトする等の措置が必要となることもある[3]。

たとえば、デジタルカメラで撮影した写真について、プロパティを表示すると、「作成者、撮影日時、プログラム名」等が表示される。当該カメラの

3　「プリントしたものだけじゃなく、プリントされているデジタル情報のままの状態まで一緒に証拠に出すとか、プロパティをプリントアウトするとかして出さないと、本来の情報が正しく出てこない。写真の場合には、画面の他に、何月何日何時何分、何秒も確か記録されると思うんですけれども」（加藤新太郎編『民事事実認定と立証活動第I巻』158頁〔山浦善樹弁護士発言〕）、「電子情報については、データとしてプリントアウトしたものだけではなくて、そのもとになっているものも合わせないと証拠価値は低いのではないかという指摘ですね。それは全くそのとおりではないでしょうか」（同159頁〔加藤新太郎判事発言〕）。

製造元やカメラのモデル等も明らかとなる。

〔図2〕は、ある写真のプロパティを表示したものである。撮影日時は「2010/09/26 12:15」と表示されていることから、2010年9月26日12時15分に撮影されたものであることがわかる。

〔図3〕は、〔図2〕のプロパティ表示画面をスクロールしたものである。カメラの製造元は「Canon」、カメラのモデルは「Canon EOS 5D Mark Ⅱ」と表示されている。そのほかにも、さまざまな情報がプロパティに現れる。

証拠として上記のようなプロパティ部分の提出がなされた相手方としては、プロパティに表示された撮影日時に、当該カメラが存在したか否かの照会をかけることや、写真に映っている風景等と撮影日時に矛盾がないか等を検討することが考えられる。

〔図2〕 電子情報のプロパティ①　　〔図3〕 電子情報のプロパティ②

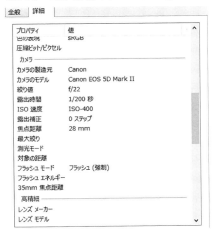

---

4 なお、〔図2〕に表示されたカメラは、2008年11月29日に発売されている。そのため、プロパティに表示された撮影日時である「2010/09/26」時点で、当該カメラは存在していたこととなる。

第9章　立　証

(4)　準文書による立証例

(ア)　近隣からの音

近隣トラブルの一例として、音があげられる。生活する以上、一定の音が発生することはやむを得ないが、受忍限度を超えた音を発生させた場合、それは他人の権利を侵害する行為であるととらえられる。

どの程度の音が、いつ発生しているのかを立証するために、音発生時点での録音や録画を行うことが考えられる。

また、その音を数値化するために、騒音測定器にて何デシベルの音であるかを可視化することもできる。[5]

これにあわせて、音が発生し、録音や録画を開始した時点で、時報をならすことも有益である。何時何分に、どの程度の音が発生しているのかを記録することで、受忍限度を超えているか否かを判断するための証拠とすることができる。

(イ)　居住の有無

建物賃貸借契約を締結しているが、賃料不払い等を理由に契約を解除、建物を明け渡してもらいたいという事案がある。しかし、賃借人がどこにいるのかわからず、訴状の送達が実施できない事態も多く存在する。このような場合、付郵便送達や公示送達によることが考えられる。

賃借人が建物にいないことを立証する方法として、①電気メーターやガスメーターが動いているか否か、②洗濯物が干してある等生活している形跡があるか否か、③自動車がある場合は、自動車が動いた形跡があるか否か等を確認することがあげられる。一定時間ないし一定の日数ごとに調査をし、①～③について、いずれも動いていたり、生活をしていたりといった形跡がなければ、賃借人が建物に居住していないとの推測が働くこととなる。

ここでは、電気メーター等による立証活動を検討したい。〔**図4**〕の電気メーターの値は「2322」となっている。何日間か調査をし、メーターの値が

5　騒音測定器の貸出しを行っている地方公共団体もある。一例として、広島市役所環境局環境保全課では、無料で2週間の貸出しを行っている。

Ⅱ 書証による立証活動

「2322」のままであれば、電気を使用していないことが立証できる。〔図5〕はガスメーターの写真である。ガスメーターの値は「4268」となっている。電気メーターと同様、調査を行った結果、その値が「4268」のままであれば、ガスを使用していないことが立証できる。〔図6〕はガスメーターにタグが付けられ閉栓されている状態を示している。調査報告書には、○年○月○日にタグをつけて閉栓されてから、開栓されていない旨を記載することとなる。

〔図4〕 電気メーター　　〔図5〕 ガスメーター　　〔図6〕 ガスメーター
　　　　　　　　　　　　　　　　　　　　　　　　　　　　　（タグ付き）

　公示送達申立書には、上記電気メーターの写真を証拠として添えたうえで、現地調査報告書を提出することになる（**【書式20】**参照）。

【書式20】 現地調査報告書

平成○年　（ハ）　第○号　貸金請求事件
原　告　　○○○○
被　告　　○○○○

現地調査報告書

　　　　　　　　　　　　　　　　　　　　　　　平成○年○月○日

○○簡易裁判所　御中

第9章　立　証

原告訴訟代理人司法書士　○　○　○　○　㊞

　頭書事件につき、以下のとおり現地調査を実施したので、その結果を報告する。

受送達者　被告
調査実施日　平成○年○月○日○時及び翌○日○時
調査場所　被告の住民票上の住所地である○○市○○区
調査方法　調査場所に赴き、次の調査を行った。

1　調査事項
　(1)　住居の状況
　　　　住居　□　一戸建て　☑　マンション・アパート　□　寮
　　　　表札　□　ある（本人名義・家族名義・他人名義）
　　　　　　　☑　ない
　　　　電話　□　通話可能　☑　不通　□　留守　□　ない　□　不明
　　　　郵便物　☑　ある
　　　　　　　○○信販、△△クレジットといった、いわゆる消費者金融業者からの督促状と思われる郵便物が見受けられた。
　　　　　　　　　　□　ない
　　　　洗濯物　□　干してある　☑　干していない
　　　　電気メーター　☑　ある（□　動いている　☑　動いていない）
　　　　　　　　　　□　ない
　　　　ガスメーター　☑　ある（□　動いている　☑　動いていない）
　　　　　　　なお、平成○年○月○日にタグをつけて閉栓されてから、開栓されていない。
　　　　　　　　　　□　ない
　(2)　チャイムへの応答
　　　　調査実施日両日とも、数回チャイムを鳴らしたが、誰も出てこなかった。
　(3)　外　観
　　　　平成○年○月○日は、日中であるにもかかわらず、雨戸が閉め切ってあった。翌○日は、夕刻であったが、電灯はついていなかった。両日と

も、かなり冷え込んでいたが、いずれも暖房器具等を使用している形跡もなかった。

(4) 近隣者からの聴取事項

　　平成○年○月○日、調査場所の隣家住人である○○氏に対し、被告が調査場所に居住しているか否かを確認したところ、「ここ数か月見ていない」との回答を得た。

　　翌○日には、逆隣りの住人である○○氏に対し、同旨の質問をしたが、○○氏と同様、「顔を合わせていない」旨の回答がなされた。

(5) 勤務先

　　金銭の貸付けを行った当時から、被告の勤務先を把握していない。

2　上申事項

　　以上のとおり、被告の住所、居所、勤務先その他送達するべき場所が知れないことは明らかですので、本件訴状等は公示送達の方法により送達されたくお願いいたします。

以　上

(ウ)　関係者との会話

　紛争の類型によっては、関係者から事情を聴取する必要が出てくる。関係者から事情を聞くことで、事案が鮮明になることや、相手方の主張の根本が理解できることもある。また、依頼者にとって有利となる発言がなされることもある。

　これを証拠とする場合、関係者からの陳述書を徴求する方法や、当該会話を録音し、裁判所に提出することが考えられる。録音データを裁判所に証拠提出する際は、録音データとともに反訳書を添えることが必要である。この際、ある一部分のみを切り取って提出するのではなく、会話全体を提出する必要がある。

　録音した会話は証拠となる。いつ会話をしたのか、会話の中で自然に日付を述べておく必要もあろうし、相手方が曖昧な表現を用いた際は、適宜、その趣旨を正確に表現してもらうよう違う角度から質問をすることも求められ

第9章　立　証

る。会話の中で、お店の名前等が出てきたときには、「それは国道○号線、
△△近くの××というお店ですよね」といったように場所を特定することも
必要になるであろう。

　なお、無断での録音については注意を要する。民事訴訟において、証拠能
力に制限はないとされるが、後述のとおり、証拠能力が否定された裁判例も
見受けられるため、事前に承諾を得ておくことが望ましいであろう。

⑸　山本和子事件における書証

　山本和子の言い分から考えられる書証は、①家計簿アプリ、②メールが考
えられる。

　家計簿アプリについては、金銭を貸したと主張する者が作成した記録であ
り、証拠力としては、陳述書と大差がないものと思われる。家計簿アプリを
証拠として提出する場合、記録をそのまま出力するか、写真撮影をしたうえ
で提出する方法になるであろう。なお、金銭を交付した日の記録のみなら
ず、日常的な支出等に関する部分も証拠として提出することも検討すること
になろう。他の証拠（給与明細や物を購入した際のレシート等）と突合するこ
とで、家計簿アプリへの記録を日常的に行っていたか否かを示す一つの材料
となる。[6]

　次に、メールを書証として提出することが考えられる。メールの中で松本
一郎は、「そんなに借りたかな」という返答をしている。このことは、「返還
の合意」があったのではないかと推測させる事実となる。また、「そんなに
借りたかな」という返答がなされる以上、金銭を全く受け取っていないとは
考えがたいのではなかろうか。しかし、これによっても、金銭消費貸借契約
が成立していると断定することはできない。一般的な会話の中で「借りた」
という表現を用いたとしても、必ずしも法律上の金銭消費貸借契約を締結し
たと評価できるとは限らない。松本一郎の主観が、「もらった」というもの
であった可能性も否めず、「返還の合意」を明確に裏づけるとはいいがたい

6　もっとも、後づけでの記録である可能性も否めないため、決定的な証拠にはならない
　とも考えられる。

ためである。

　さらに、山本和子と松本一郎は交際していたという事情があり、山本和子が主張する金銭の交付は交際期間中であった。一般的に、親しい男女間の金銭の授受について、その人的関係が破綻している、あるいは金額が極めて高額であるといった特段の事情がない限り、返還を求めないものとして交付される場合が多いとの指摘もある。[7]

　山本和子の言い分にはあらわれていないが、書証として提出することを検討する余地があるものとして、山本和子の資力状態を証する給与明細や預貯金残高明細等があげられる。いくら金銭の交付を行ったと主張しても、その時点で山本和子に資力がなかったのであれば、それをもって金銭の授受自体も否定されかねない。[8]そのため、山本和子の資力状態の立証は重要な事項であると思われる。

　なお、メールを写真撮影したうえで証拠提出する場合は、メールの連続性を示すための工夫が求められるであろう（〔**図7**〕参照）。具体的には、提出した画像に現れている文面を、次の画像にも残すような方法が考えられる。

7　加藤新太郎編『民事事実認定と立証活動第Ⅱ巻』287頁〔瀧澤泉判事発言〕。

8　貸主が、借主名義の借用証書、委任状、権利証、印鑑証明書等を所持しているにもかかわらず、貸付金の原資を有していないこと等を理由に金銭の授受を否定したものとして、仙台高秋田支判昭和59・10・31判タ541号159頁がある。

第9章 立　証

〔図7〕　メール画像

2　証拠力

(1)　形式的証拠力

　文書を証拠とするためには、形式的証拠力が認められる必要がある。文書の成立に争いがなければ、文書の形式的証拠力が認められるが、成立に争いがある場合、成立の真正を認定しなければ、形式的証拠力を認めることはできないとされる。

(2)　実質的証拠力

　文書の実質的証拠力は、証拠価値・証明力ともいわれ、真正に成立した文書の記載内容が、要証事実の証明に役立つ効果のことをいう。たとえ、形式的証拠力が認められたとしても、当然にその文書の内容が真実であるということにはならない。

　しかし、処分証書等が存在する場合は、特段の事情がない限り、一応その記載どおりの事実が認められるべきである。特段の事情が問題となる例としては、契約書を作成する一方で、これと異なる合意がされ、異なる内容の覚書や念書等が作成された場合、第三者に見せるためまたは税務対策のために

全部または一部が内容虚偽の文書を作成したと主張される場合[10]、中身をよく読まずに署名押印したと主張される場合等がある[11]。

3　書証の提出方法

　文書の証拠調べを実施するためには、対象となる文書が裁判所に提出される必要がある。裁判所への提出方法は、①挙証者自ら所持する文書を裁判所に提出する方法、②文書提出命令の申立て、③文書送付の嘱託があげられる。文書提出命令および文書送付の嘱託のいずれも、実務上、裁判所に提出された文書を当事者に提示し、当事者は必要な文書を書証として提出するという方法がとられている[12]。

9　後藤勇「民事事実認定のスキル」田尾桃二＝加藤新太郎編『民事事実認定』165頁。

10　吉岡進「民事事実認定のスピリット」田尾桃二＝加藤新太郎編『民事事実認定』106頁。

11　吉岡進「民事事実認定のスピリット」田尾桃二＝加藤新太郎編『民事事実認定』131頁。この点につき、「人は文書にみだりに自分の判を押さないものである。印章を人に託する場合にも、その用途を限定して信頼のおける人に託するのが通常である。日本人にはこのように印章を大切にする習慣がある。この習慣に照らして考えれば、文書に本人の印象が押捺されている以上、押印の際に本文に目を通さなかったという弁解は容易に通らない」という指摘がある（司法研修所編『民事訴訟における事実認定』130頁）。最判昭和38・7・30集民67号141頁は、「汽車の時間に迫られて急いでいたという事情があったとしても、契約書を一読して記載内容全部を了解できなかったとは考えられず、これに署名押印した者が同書面の但書記載部分を十分了解しないでこれに署名押印した旨の判断は経験則に違反する」と判断した。

12　この取扱いに関しては反対説がある。すなわち、法文上、文書提出命令の申立てや送付嘱託の申立てが、書証の申出として位置づけられている以上、これに重ねて文書提出の方法による書証申出を行わせる必要はないとするものである。なお、調査嘱託の申立てがなされた場合には、当事者が調査結果を援用したり、あらためて書証の申出をしたりする必要はなく、調査報告書は当然に証拠として取り扱われているため（最判昭和45・3・26民集24巻3号165頁）、これとの平仄を検討すべきであるとの見解もある。

第9章　立　証

4　立証活動

(1)　何を提出するべきか

　価値の乏しい書証は提出しないほうがよいとされる[13]。膨大な書証の中に重要な書証が埋もれてしまい、その重要性に気づかない危険性が生じるためである。

　訴訟当事者としては、自身が何を証明したいのか、当該書証で何を証明することができるのかを検討したうえで、証拠を選別し、提出していくことが求められる[14]。

　提出を悩む証拠としては、自己に有利な記載があるものの、相手方にとっても有利と思われる記載が存する場合である。裁判官の目線では、真相解明という目的から、有益な証拠としてとらえることができるであろうが、訴訟当事者の立場では、当該証拠が決め手となり、敗訴につながることもあるため、十分な検討が必要になろう[15]。

(2)　いつ提出するか

　民事訴訟法156条では「攻撃又は防御の方法は、訴訟の進行状況に応じ適切な時期に提出しなければならない」と規律されている。また、民事訴訟規則55条2項では「前項に規定するほか、訴状には、立証を要する事由につき、証拠となるべき文書の写し……で重要なものを添付しなければならな

13　司法研修所編『民事訴訟における事実認定』131頁。

14　もっとも、「重要な書証が提出されないこと」に比べれば、「価値の乏しい書証が提出されること」のほうが、まだしも害悪が小さいから、この点に過度に神経質になることはないと思われる（司法研修所編『民事訴訟における事実認定』43頁注63）。

15　東京弁護士会春秋会編『実践訴訟戦術』151頁では「有利にも不利にも解釈できる場合には、リスクを考えて出さない選択をすることはあります。メールなどで、ここまではこちら側に有利だけれど、最後の3行は、不利になる要素が書いてあったりすることがあります。以前、そういった証拠を迷った末に出したら、逆ねじを食らう形で認定に使われたことがあります」といった事例が紹介されている。また、中村直人『訴訟の心得』69頁では「多くの弁護士は、自分の側に少しでも不利な面がある証拠は全く出さない人が多いと思われる」と述べられている。

296

い」と定められている。

しかし、実務上、どのタイミングでいかなる証拠を提出するべきか迷う局面があることは否めない。[16]

この点、裁判官は、極力早めに書証の提出を行ってもらいたいと考えているようである。[17]裁判官が、できる限り早い段階で真相を見極めることによって、迅速かつ充実した審理の促進につながるとの発想であると思われる。

とりわけ、出されて当然である証拠（金銭消費貸借契約における借用書や不動産売買契約における売買契約書等）が提出されない場合、それだけで裁判官の不信を買うことになる。[18]「あって当たり前の証拠」「いの一番に出るはずの証拠」は、早期に提出すべきであろう。

(3) 間接事実の重要性

訴訟となる事案では、主要事実を的確に立証する証拠が存しないことが多い。そのため、間接事実を積み重ねたうえで、主要事実を推認させることは極めて重要である（間接事実の拾い方については、第3章参照）。

(4) 証拠の収集

証拠の収集は、民事訴訟を遂行するうえで重要な活動である。現行の民事訴訟法には、証拠能力を制限する一般的な規定はおかれていないため、証拠調べの客体となり得ない文書は基本的に存在しないと解されている。

しかし、違法に収集された証拠に証拠能力を認めるか否かについては、議論がある。

大分地判昭和46・11・8判時656号82頁では「相手方の同意なしに対話を録音することは、公益を保護するため或いは著しく優越する正当利益を擁護

16　東京弁護士会春秋会編『実践訴訟戦術』154頁以下。

17　岡口基一＝中村真『裁判官！　当職そこが知りたかったのです。』45頁、柴﨑哲夫＝牧田謙太郎『裁判官はこう考える弁護士はこう実践する民事裁判手続』105頁等。なお、「提出されるべきものが提出されない、あるいは遅れて提出されるということになると、それは弁論の全趣旨として重要な事実だということにな」る旨の指摘がある（加藤新太郎編『民事事実認定と立証活動第Ⅰ巻』24頁〔村田渉判事発言〕）。

18　中村直人『訴訟の心得』67頁。

207

第9章　立証

するためなど特段の事情のない限り、相手方の人格権を侵害する不法な行為と言うべきであり、民事事件の一方の当事者の証拠固めというような私的利益のみでは未だ一般的にこれを正当化することはできない」と判示し、録音聴取書を証拠として採用しなかった。

　また、東京高判昭和52・7・15判タ362号240頁では、「民事訴訟法は、いわゆる証拠能力に関しては何ら規定するところがなく、当事者が挙証の用に供する証拠は、一般的に証拠価値はともかく、その証拠能力はこれを肯定すべきものと解すべきことはいうまでもないところであるが、その証拠が、著しく反社会的な手段を用いて、人の精神的肉体的自由を拘束する等の人格権侵害を伴う方法によつて採集されたものであるときは、それ自体違法の評価を受け、その証拠能力を否定されてもやむを得ないものというべきである」と示している。東京地判平成10・5・29判タ1004号260頁も「わが民事訴訟法は、刑事訴訟法と異なり、証拠能力については規定しておらず、すべての証拠は証拠能力を付与されるかのごとくであるが、当該証拠の収集の仕方に社会的にみて相当性を欠くなどの反社会性が高い事情がある場合には、民事訴訟法2条の趣旨に徴し、当該証拠の申出は却下すべきものと解するのが相当である」としているため、証拠の収集活動については留意する必要がある。

5　陳述書

(1)　陳述書の意義

　陳述書は、当事者本人または証人となる第三者の見聞した事実に関する供述が記載された文書をいう。[19]

　陳述書は、書証のうち報告文書に位置づけられる。民事訴訟法には、特段、証拠能力を制限する規定がないため、陳述書も証拠能力を有しており、訴訟実務においても多用されている。

19　加藤新太郎『民事事実認定論』106頁。

Ⅱ　書証による立証活動

(2)　陳述書の証拠評価

　陳述書は、一般論として、証明力が非常に低いとされている。①陳述書は、紛争が起こる前に作成されたものではなく、当該訴訟のために作成されることが多いこと、②当事者または協力者が作成することが一般的であること、③事件の核心になればなるほどバイアスがかかりやすいこと、④陳述書のみでは反対尋問にさらされていないこと等が理由とされる。[20]

　もっとも、陳述書作成者でしか知り得ない事項が盛り込まれている場合には、信用性判断に際してプラスに作用することになるであろう。[21]

(3)　陳述書作成の際の注意点

(ア)　時系列で生の事実を述べる

　「いつ、どこで、誰が、何を、なぜ、どうやって」を意識することが重要である。陳述書作成者でなければ述べることのできない事項が含まれることにより、陳述書の信用性が増すこととなる。

　裁判官からは、「陳述書には具体的事実を中心に盛り込むこと」が要請されている。[22]陳述書は、裁判所が事実認定をするための証拠であるため、具体

20　「我々裁判官の立場からいっても、反対尋問を経ていない、あるいは人証調べを経ていない陳述書は、それが信用できることについて合理的な理由がない限り、あるいは立証事項との関係、相手方の訴訟対応、陳述書の内容と他の証拠関係との整合性等を考慮して信用性があると判断できる特段の事情がない限りは、その信用性はかなり低いものだと考えるのが通常であろうと思われます」（加藤新太郎編『民事事実認定と立証活動第Ⅰ巻』120頁〔村田渉判事発言〕）、「作成者の反対尋問を経ていない陳述書の取扱いもよく問題になるが、つまるところ、弁論の全趣旨と同程度の証明力しかないものと考えればよいであろう」（柴﨑哲夫＝牧田謙太郎『裁判官はこう考える弁護士はこう実践する民事裁判手続』162頁）、「陳述書は、類型的・定型的には証明力は非常に弱いと言えます」（那須弘平ほか「陳述書の運用に関するシンポジウム」判タ1200号55頁〔井上哲夫判事発言〕）、「私は、陳述書は単なる尋問のツールでしかなく、特に当事者の陳述書なんて全く証拠価値はないと思っています」（岡口基一＝中村真『裁判官！　当職そこが知りたかったのです。』48頁〔岡口基一判事発言〕）など参照。

21　加藤新太郎『民事事実認定論』113頁。

22　柴﨑哲夫＝牧田謙太郎『裁判官はこう考える弁護士はこう実践する民事裁判手続』161頁。

209

第9章　立証

的な事実を時系列に沿って記載していくことが望ましい。

(イ)　直接体験した事実か、伝聞か

反対尋問をする立場からは、経験事実であるか伝聞かに関しての分析がなされる。[23] したがって、直接体験した事実なのか、伝聞であるのかに関しては、陳述書作成において明確に区別しておく必要がある。

(ウ)　事実か、意見か

前記(イ)と同様、事実であるか意見であるかについても区別して記載することが必要である。また、意見である場合、当時の意見であるのか現在の意見であるのかについても明確にしておくことが望まれる。

(エ)　相手方の主張に対する反論や感情的な事項は適切な範囲にとどめる

相手方の主張への反論が中心になると、意見ばかりになってしまい、準備書面と変わらない陳述書になってしまう。また、慰謝料請求等の事案では、相手方に対して怒りの感情を抱くことがあるが、過度な個人攻撃である場合、相手方から不法行為責任を追及されることがある。[24]

(オ)　不利益な事実

当事者にとって都合の悪い事実であっても、反対尋問が予想されるものについては記載することを検討する必要がある。

書いていなければ不自然な事項についても同様である。

23　「反対尋問をする立場からみるとこれは基本的なチェックポイントで、経験事実か伝聞かというのは必ず分析して反対尋問すべき事項に入ってきます」（加藤新太郎編『民事事実認定と立証活動第Ⅰ巻』97頁〔内田実弁護士発言〕）。

24　これは陳述書のみならず、準備書面等でも同様である。広島高判平成22・12・21判例集未登載では「民事訴訟における当事者の弁論（主張立証）活動について、相手方当事者の名誉等を損なうものがあったとしても、当然に名誉毀損等として不法行為を構成するものではなく、正当な訴訟活動の範囲内にとどまる限り、原則として違法性がないというべきである。しかしながら、当初から相手方当事者の名誉等を害する意図で、虚偽の事実や当該事件と何ら関連性のない事実を主張する場合や、そのような意図がなくとも相応の根拠もないままに訴訟追行上の必要性を超えて、著しく不適切な表現内容、方法、態様で主張等をして、相手方当事者の名誉等を害する場合には、もはや正当な訴訟活動とはいえず、不法行為を構成すると解するのが相当である」旨判示し、金50万円の損害賠償を認めている。

㈹　断定的な表現

　曖昧さを払拭し断定する陳述書は、その根拠となる別の証拠がなければ高い証拠価値は認められにくいとされる[25]。また、陳述書では断定的に述べていたにもかかわらず、尋問の場で曖昧な供述・証言になった場合には、当該陳述書全体の信用性が失われるであろう。

㈺　陳述書の内容と準備書面の内容を全く同じにしないこと

　準備書面を「です・ます調」にしただけの陳述書が提出された事案がある。その趣旨について、裁判官が訴訟代理人に求釈明したところ「私が事実を全然加工していないという証として評価してほしいと思います」との返答がなされた旨紹介されている。このような陳述書は、証拠開示機能はもちろんなく、証拠価値も乏しいと評するほかないと述べられている[26]。

⑷　陳述書の提出および利用

　陳述書の提出および利用は、その後の口頭弁論において陳述書の作成者に対する尋問を実施する予定がある場合に限って行うことを原則とする必要がある旨の提言がある[27]。もっとも、本提言によっても、尋問を行わないことにつき合理的な理由がある場合はこの限りでないとする。

　陳述書の提出および利用を、尋問実施予定がある場合に限る理由としては、口頭主義の観点からも導かれるが、当事者の権利としての反対尋問権の保障の観点からも要請される。反対尋問にさらされない陳述書によって、安易に心証形成がなされるとすると、訴訟制度に対する国民の広範な支持は得られないとの指摘もなされている[28]。

25　加藤新太郎『民事事実認定論』112頁。
26　「私が経験したのでは、準備書面を「です・ます調」にしただけの陳述書がありました。弁護士が作成していることはよく分かりましたが、生の事実は何もなく、事実認定に利用するためには全く役に立たないものでした」（加藤新太郎編『民事事実認定と立証活動第Ⅰ巻』101頁〔加藤新太郎判事発言〕）、加藤新太郎『民事事実認定論』112頁。
27　第二東京弁護士会民事訴訟改善研究委員会「陳述書に関する提言」判タ1181号32頁。
28　第二東京弁護士会民事訴訟改善研究委員会「陳述書に関する提言」判タ1181号33頁。

第9章 立 証

⑸ 陳述書提出の時期

一般的に、陳述書の提出時期は、争点整理の終了段階であるとされる。[29]

もっとも、実務上は、初期の段階で陳述書が提出されることもある。初期の段階での陳述書は、早期の和解を見込むことができる事案等で活用されることが多いであろう。この場合、尋問実施が想定されない者の陳述書が提出されることにつながるため、批判も残るところであるが、尋問を予定しない[30]者の陳述書は採用されるべきでないとすることは極論となるため、①専門家による陳述書、②客観的な理由により出頭不能である者の陳述書、③陳述書に不利益な内容を含む陳述書については、許容されるべきであるとする文献も見受けられる。[31]

⑹ 陳述書と主張の関係

陳述書は、あくまでも証拠である。陳述書で何を立証したいのか、準備書面等にて的確に主張をしておく必要がある。

⑺ 山本和子事件における陳述書

山本和子事件では、要件事実を直接立証する書証が存在しない。そのため、尋問が不可欠になるものと考えられる。したがって、その前提として陳述書を作成することが一般的であろう。

陳述書では、いつ、いくらを貸したという漠然とした記載のみならず、松本一郎との出会い、交際を始めたきっかけといった背景事情を述べていくことになる。

また、どこで、どのような会話をしながら貸したのか、一度も返済を受けていないにもかかわらず、金40万円になるまで貸付けを続けた理由は何か、

---

29 「陳述書提出の時期としては比較的多いといわれるケース、つまり争点整理の終了段階で陳述書が提出される」(加藤新太郎編『民事事実認定と立証活動第Ⅰ巻』101頁〔村田渉判事発言〕)、「私の経験でも争点整理の最後の場面が多いですね」(同〔内田実弁護士発言〕)。

30 中本和洋「陳述書のガイドライン」判タ937号54頁、北尾哲郎「陳述書の運用準則」判タ937号57頁、坂本倫城「陳述書をめぐる諸問題」判タ954号4頁。

31 第二東京弁護士会民事訴訟改善研究委員会「陳述書に関する提言」判タ1181号33頁。

返還の催促をしていないのはなぜかといった点を述べる必要があろう。貸主による返還催促やこれに対する借主の言動などは、金銭消費貸借契約である旨の認定の要因となるとされており[32]、本件では、そのいずれも存在しないため、その点を合理的に説明しておく必要がある[33]。

　山本和子は、松本一郎から借用書を徴求してはいないが、貸付けの都度、家計簿アプリを使用して記録をとっていたとのことである。そのため、山本和子が当該家計簿アプリを使用し始めた時期や使用方法、家計簿アプリへの記録を行うタイミング、松本一郎への貸付け以外の収支についても記録しているか否かといった点も陳述書に盛り込んでおく必要がある。

【書式21】　陳述書——山本和子事件

平成○年○月○日

山　本　和　子　㊞

1　被告との出会い

　私は、平成27年1月頃、就職活動をしていた時に一郎さんと出会いました。当時、お互い大学3年生でした。

　一郎さんとは、○○株式会社での就職相談会で席が隣になったことをきっかけに、就職活動に関しても意見の交換をするようになりました。お互いの就職希望が不動産業者であったため、話が弾んだと記憶しています。

　一郎さんと就職活動の話をするたび、一郎さんは「みんなが笑顔で生活できる家って素敵だよね」と、真剣な顔で話していました。「真面目で優しい人なんだな」というのが、私の一郎さんに対する第一印象でした。

　平成27年4月頃、私は不動産業者であるA社から内定をいただきました。同年6月頃には、一郎さんが不動産業者であるB社からの内定をいただいたと聞いています。

　私と一郎さんは、お互い就職活動を終え、時間もでき、また、同じ業界に就職することになったことから、よく会うようになりました。

32　加藤新太郎編『民事事実認定と立証活動第II巻』274頁。

33　弁済期から2年余りを経過した時点まで返還請求を受けたことがないという事案につき、金銭の交付を否定したものとして、東京高判昭和50・9・29判時800号56頁がある。

第9章　立　証

2　交際の開始

　食事や映画鑑賞，遊園地等でデートを重ね，平成27年10月6日から交際を開始しました。一郎さんから，私の住んでいるアパートの駐車場で「付き合ってください」と告白されたことを覚えています。

　デートをした日にちや場所は，カレンダーアプリに記録をつけていました。カレンダーアプリへの入力は，一郎さんとデートの約束をした時点で行っていました。

　交際を開始するまでの間，一郎さんからお金を貸してほしいと言われたことはありませんでした。

3　被告への金銭の交付

　交際を開始した当初は，一郎さんからお金を要求されることはありませんでしたが，お互いが就職してから数か月後に「お金を貸してほしい」と言われるようになりました。

　最初にお金を貸してほしいと言われたのは，平成28年6月2日です。一郎さんからは「会社の先輩から飲み会に誘われて断れない」「今度の給料日に絶対返すから」と言われたため，2万円を渡しました。この時，借用書は作成していません。お付き合いをしている関係上，「借用書をつくって」とは言いにくい状況でしたし，必ず返してくれると信じていたからです。なお，一郎さんの給料日は毎月10日だと聞いています。

　2回目の金銭要求は，平成28年6月27日です。この時は，3万円を渡しています。「会社の付き合いでパチンコに行ったんだけど，負けてしまってお金がないんだ」「前のお金も返していないのに悪いんだけど，ボーナスが出たら返すから」と言われ，やむなくお金を渡しました。

　この先のお金の交付とその際のやりとりは以下のとおりです（1回目および2回目の交付を含みます）。

日にち	金　額	原告と被告のやりとり
平成28年6月2日	20,000円	被告から「会社の先輩から飲み会に誘われて断れない」「今後の給料日に絶対返すから」との言葉があった。

平成28年6月27日	30,000円	被告から「会社の付き合いでパチンコに行ったんだけど、負けてしまってお金がないんだ」「前のお金も返していないのに悪いんだけど、ボーナスが出たら返すから」との言葉があった。
平成28年7月29日	30,000円	被告から「地元の友達が遊びに来るんだけど、ちょっとお金を使いすぎちゃって。少しだけお願い」との言葉があった。原告から「ちゃんと返してくれるの？」と確認したところ、被告から「俺を信頼しろよ」との回答があった。
平成28年9月9日	30,000円	被告から「先輩から遊びに誘われたんだけど、給料日の前でお金がないんだ。悪いんだけど、またお願いできないかな」との言葉があった。
平成28年10月1日	20,000円	被告から「同期との打合せを兼ねた飲み会があるんだけど、ちょっとお金がなくて……。いつも申し訳ないんだけど2万円くらい何とかならない？」との言葉があった。
平成28年10月27日	20,000円	被告から「今度飲み会があるんだ。一度は断ったんだけど、先輩から『お前来ないの？ 付き合い悪いよな。こういう付き合いを大切にしないと、この業界きついぜ』って言われたんだ。今回だけでも何とか頼むよ」との言葉があった。
平成28年11月26日	30,000円	被告から「得意先の人に誘われてゴルフに行ったんだ。クラブは会社の同僚に借りたんだけど、ウェアは自分で用意しなくちゃいけなくて、結構お金がかかったんだよね。いつもお願いしてばかりで悪いんだけど、少しお願いできない？」との言葉があった。
平成29年1月8日	30,000円	被告から「忘年会や付き合いでお金を使い過ぎて……。いくらかお願いできないかな」「迷惑ばかりかけてごめん」との言葉があった。原告から「大丈夫なの？」と問いかけたところ、被告は「少しずつでも返していくよ」との回答があった。
平成29年2月28日	20,000円	被告から「体調が悪くて、病院に通わないといけなくなったんだ」との言葉があった。原告より「お医者さんにはもう診てもらったの？ 病気？」と問いかけたところ、被告は「お金がなくて病院に行けなかったんだ。これから診療を受けるよ。いつもごめん。体調が戻ったらアルバイトをしてでも返すから」との回答があった。

平成29年4月28日	20,000円	被告から「新しい就職先が決まらなくてお金がないんだ。いくらかお願いできないか」との言葉があった。原告から「どんな会社を探しているの？　お仕事見つかりそう？」と聞いたところ，被告から「いろいろ回ってるんだけど，なかなか見つからなくて。心配かけてごめん。何とかしようと思ってるんだけど……」との回答があった。
平成29年5月27日	30,000円	被告から「あんまり調子がよくなくて……。就職活動もうまくいかないし，お金もなくて。5万円くらいお願いできない？」という言葉があった。原告は「病院にはちゃんと行っているの？　就職活動って，具体的にどんな会社に行っているの？」と聞いたところ，被告は「ハローワークで条件のよいところに行ってるよ。病院にも行ってるけど，医者から無理はしないようにと伝えられているから，あんまり無理もできないんだ。お前には迷惑をかけたくないんだけど……」との回答があった。
平成29年7月9日	20,000円	被告から「大学時代の同窓会があるんだけど，お金がなくて……。医者も気分転換が重要だっていうから参加したいんだけど……。お願いできないかな」との言葉があった。
平成29年9月29日	30,000円	被告から「就活のためにお金が必要なんだ」という言葉があった。原告から「体調が悪いだろうし，あまり言いたくないんだけど，これまでのお金は大丈夫なの？」と聞いたところ，被告は「就職できたら何とかするよ」との回答をした。
平成29年10月28日	30,000円	被告から「生活費が足りなくなってしまって……。少しでもいいから何とかならない？」との言葉があった。原告は「ご両親から生活費をもらってるんでしょ？　何でそんなにすぐお金がなくなるの？」と問い質したところ，被告は「ストレスがたまってパチンコに行ったんだけど，負けてしまったんだ。勝ってたらお前にもお金を返せたんだけど……」と回答した。
平成29年11月29日	20,000円	被告から「福岡で『第二新卒のための就活セミナー』が開催されるんだ。今までの就活では職が見つからなかったんだけど，セミナーに出ればヒントが見つかると思うから，何とか参加したいんだ」との言葉があった。

平成30年1月8日	20,000円	被告から「年末にお金を使い過ぎて，ピンチなんだ。少しでいいからお願いできない？」との言葉があった。原告が「何に使ったの？」と聞いたところ，被告は「気分転換に友達と飲みに行ったり，パチンコに行ったりしたんだ」と回答した。これに対し原告が「私にも生活があるんだから，これ以上は無理だよ。まだ1円も返してもらってないし……」と述べたところ，被告は「迷惑かけてることはわかってる。今年は絶対就職して，ちょっとずつでも何とかするから，もう少し待ってくれないかな」と回答した。

4　原告の経済状況

　私の初任給は手取り15万円でした。給料日は毎月25日です。

　毎月の支出は，おおむね，家賃6万円，食費4万3000円，水道光熱費7000円，通信費1万円，残りが交際費や被服費，翌月への繰り越しです。

　私が入社してから，一郎さんへ渡したお金が40万円になるまでの収入（平成28年4月から平成30年1月までの21か月）は，毎月のお給料とボーナスです。ボーナスを含めた月平均の手取り収入は17万6249円でした。支出（一郎さんに渡したお金を含みます）は月平均16万4333円です。

　私の手元にはほとんどお金が残っていません。

　私にも生活があります。確かに一郎さんとはお付き合いをしていましたが，お金をあげる余裕は全くありません。それでも，一郎さんにお金を渡していたのは，入社間もない一郎さんが，会社の中で立場を悪くしないためという思いが強かったからです。

5　家計簿アプリへの記録

　私が家計簿アプリを使い始めた理由は，大学に入学し，一人暮らしを始めたためです。初めての一人暮らしだったため，お金の管理をしっかりとできるように家計簿をつけようと思っていたところ，手軽に入力できるアプリを見つけたので，使ってみようと思いました。

　家計簿アプリへ記録するタイミングは，毎日の夕食後です。外食した際は，家に帰ってからすぐに記録をつけるようにしていました。

　レシートがある場合は，レシートを撮影することで，アプリが自動的に記録を取り込みます。レシートがない場合は，手入力で行います。外食の際の支出は，誰とどこへ行ったかについても摘要として記録を残すようにしてい

ました。比較的簡単に記録をすることができ，習慣化していたため，大学入学時から就職後，現在に至るまで，継続してアプリを使用しています。

　しかし，すべての収支を1円単位で正確に記録していたわけではありません。レシートがなく金額を覚えていない支出は大雑把な記録になっています。自動販売機で購入したジュースのような低額の支出については記録を取っていないものもあります。仕事で疲れており，すぐに就寝してしまった日についても，記録がないものがあります。

　ただ，一郎さんにお金を渡したときの記録は必ずつけていました。私にとって大きな金額ですし，返してもらう際は，いつ，いくらを渡したのか，証拠を取っておいたほうがよいと考えていたためです。

6　被告に返還請求をしていない理由
　私は，平成28年6月2日にお金を渡して以降，一郎さんに対してお金の返還を求めていませんでした。お付き合いをしている関係上，なかなかお金のことを言い出すことができなかったというのが率直な理由です。

　また，一郎さんは，平成29年1月頃に，B社を退職しました。一郎さんに退職の理由を尋ねたところ，人間関係から体調を崩し，B社で働き続けることが難しくなったとのことでした。

　一郎さんの顔色は，以前に比べて悪く，私が見ても体調が悪そうでした。仕事を辞め，体調を崩している一郎さんに，お金を返してほしいとは言い出せませんでした。

　さらに，一郎さんからは，「体調が戻ったらアルバイトをしてでも返す」「新しい就職先が見つかったら必ず返すから，もう少し待ってて」という言葉があったため，私からお金を返してほしいと言う必要はないと考えていました。

7　金30万円の貸付けについて
　平成30年3月1日，一郎さんから「30万円貸してほしい」とお願いされました。今までの金額とはかけ離れた金額だったため，とても驚き，一郎さんに対して「どうしてそんな大金が必要なの？」と質問をしました。一郎さんは「高校時代の同級生だった菊川が引っ越しをすることになったから，俺にお金を貸してほしいと言ってきたんだ」ということを言っていました。私は，菊川さんを知りませんし，大きなお金を貸すことにも抵抗がありまし

た。そのため，一郎さんに，菊川さんとの関係性を尋ねました。一郎さんからは「菊川は，俺が高校に入学した当時，先輩から目を付けられていじめられそうになったんだけど，あいつが体を張って俺を守ってくれた恩人なんだ。あいつが困ってるときに，何の力にもなってやれないのは申し訳なくて……」と言われ，そういう事情があるのならしょうがないと考えてしまい，結局お金を貸すことにしました。

平成30年3月4日，一郎さんから，「3月10日に菊川を連れて甲店に行くから，よろしく頼む。迷惑をかけてごめん」という連絡がありました。

手持ち現金で30万円もの大金はありませんので，3月9日に，銀行に行ってお金を下ろしました。通帳にはお金を引き出した記録が残っています。

平成30年3月10日14時に，甲店に出向きました。甲店の入口前で，一郎さんと菊川さんが待っていました。菊川さんに会ったのは，このときだけです。お店に入ってから，菊川さんは一郎さんの隣に座りました。私は一郎さんの正面に座りました。

私は，菊川さんと面識はありませんし，世間話をするような中ではないので，早く要件を済ませようと考えていましたし，菊川さんにお金を貸す理由はありません。一郎さんから頼まれたからこそ，大きなお金を用意しました。

一郎さんに対し，「この中に30万円入っているから」とだけ伝え，封筒を一郎さんに渡しました。一郎さんは，その封筒を菊川さんに渡していました。菊川さんは私に対して，「すみません。本当に助かります」と伝え，その後，一郎さんに対して「ありがとう」と言い，喫茶店から出て行きました。お会計は菊川さんが済ませていたようで，一郎さんや私はお店の代金を支払っておりません。

菊川さんが帰った後，一郎さんには，「私にも生活があるから，これ以上お金を貸すことはできないよ。今までにもたくさん貸してるし」と伝えました。一郎さんは「わかってるよ」と答えていたので，お金を借りたという認識はあったと思います。

第9章　立証

Ⅲ　人証による立証

1　人証とは

　証人と当事者本人を合わせて人証と呼ぶ。証拠方法が人であることから人証と呼ばれている。

　証拠調べとしての証人尋問、当事者尋問の特色としては以下の事項があげられる。[34]

(1)　証拠方法が人であること

　人に対して一定の働きかけ（尋問）をしていくのであるから、その準備や証拠調べの実践については、他の証拠調べとは異なった局面がある。

(2)　適切な内容かつ必要十分な尋問を行うこと

　交互尋問制度の下では、原則として、尋問に対して一問一答式で答えがされることになる。これは、証人または当事者本人の側からみると、尋問されない事項については、供述することができないことを意味している。したがって、人証を活かすためには「尋問内容が適切であり、必要にして十分なもの」でなければならない。[35]

(3)　供述の構造を理解したうえで、尋問を行う必要があること

(ア)　供述とは

　人が観察した内容を、その記憶に基づいて、言葉によって表現することを供述という。文書によることも、口頭によることもあるが、人証においては、口頭のものをいう。

　理想的な供述は「事象を的確に観察して正確に知覚し、評価し、正しく記憶しておき、その事項に関する尋問に対して、記憶を再生して適切な言葉を選んで表現するもの」とされている。[36]

34　加藤新太郎編著『民事尋問技術〔第4版〕』3頁。

35　加藤新太郎編著『民事尋問技術〔第4版〕』5頁。

36　加藤新太郎編著『民事尋問技術〔第4版〕』5頁。

㈡　誤り・偏りの侵入

　被尋問者は、正確に事柄を述べようとしているにもかかわらず、観察・記憶・表現のそれぞれに、誤りないし偏りが入り込むことがある。[37]

　観察については、個人差に依拠することとなる。被尋問者の属性や経験、性格等を把握し、物事を観察する際、どの程度の注意深さをもっているか、その事柄を理解することが可能か、その事柄に興味を有しているかといった観点から、誤りや偏りの侵入を考察する必要がある。

　また、人間は忘失していくものである。時間の経過により、記憶は薄くなり、正確な再现が困難になる。正確に表現しようとした際に、一定の事項を補充することもある。体験したことのない事柄であるにもかかわらず、時間の経過等により、あたかも自己が直接体験した事柄であると錯覚することもある。とりわけ、訴訟の場では、当事者・関係者にとって有利な結果となるような補充がなされる余地がある。したがって、信用性判断にあたっては、証人が当該訴訟において利害関係を有するか否かが重要な視点となる。[38]

　表現に関しては、言葉の選び方や表現した言葉のニュアンス、語彙の多寡、方言、世代や職業等によって意味が異なる場合、被尋問者の性格等が問題となる。被尋問者が、直接体験した事柄を誠実に語ろうと思っても、緊張しがちな性格であるため、言葉に詰まってしまい、一見すると信用性に乏しいと思われる供述をする者もいれば、自己に不利な事実であると認識をしているため、あえて冗長に語る者、逆に言葉を発せなくなる者もいる。これらに加え、事柄に対して意図的な誤り・偏りを侵入させることも想定されるため、人証の証拠評価は困難を伴うこととなる。

37　加藤新太郎編著『民事尋問技術〔第4版〕』6頁。

38　加藤新太郎ほか「（座談会）事実認定と供述心理」判タ897号24頁では、「原告○○の証人として出頭せよ」「被告○○の証人として出頭せよ」「裁判所の証人として出頭せよ」との記載によって証拠評価に違いが出るかといった実験が紹介されている（ヴィドマーらの実験）。原告側の証人として呼び出された証人の証言は原告側有利に、被告側証人として呼び出された証人の証言は被告側有利に、裁判所の証人はその中間に位置するといったデータが示されている。

第 9 章　立　証

2　尋問技術に関する10の原則

　平成 8 年 3 月23日、民事訴訟における尋問技術と題する座談会が開かれ、尋問技術に関する10の原則がまとめられた。[39] 尋問を実施する際、極めて重要な原則であると考えられるため、ここに紹介する。[40]

---

①　尋問成功のカギは立証準備にあり（争点整理で尋問の的を絞れ）

②　尋問予定者には面接すべし

③　主尋問は構成を練ること（陳述書と尋問との関連を意識せよ）

④　発問は短く明確に

⑤　尋問の聴き手である裁判官を意識せよ

⑥　尋問調書に残す訊き方の工夫をせよ

⑦　民事訴訟規則を駆使して適切な異議を出せ

⑧　反対尋問に高望みは禁物（反対尋問は主尋問を固めず、信用性を減殺することで十分）

⑨　集中証拠調べ後には証拠弁論的準備書面を作成せよ[41]

⑩　尋問技術に倫理あり

3　尋問における留意点

　当事者や証人は、一般的に、法廷で供述することは稀であり、自身が記憶していることを的確に述べることは困難であると考えられる。そのため、依頼者や証人となる者との間で、事前に入念な面接を行ったり、裁判傍聴を

39　加藤新太郎ほか「（座談会）民事訴訟における尋問技術」判タ905号31頁。その後、加藤新太郎編著『民事尋問技術〔第 4 版〕』309頁にて再度整理されている。

40　詳細は、加藤新太郎編著『民事尋問技術〔第 4 版〕』310頁以下を参照されたい。

41　証拠や証言の証拠評価等に関する準備書面の意。詳しくは、加藤新太郎編『民事事実認定と立証活動第 II 巻』89頁〔須藤典明法務省大臣官房訟務総括審議官発言〕〔秋山幹男弁護士発言〕〔加藤新太郎判事発言〕等を参照されたい。

222

行ったりすることで、被尋問者に尋問の雰囲気を掴んでもらうことも重要になる。

また、尋問実施者の立場からは、実施された尋問が的確に調書に残されることを意識する必要もある。固有名詞や専門用語が出てくる場合、あらかじめ裁判所に対し、用語の説明書等を交付しておくことが有益であろう。

尋問の場で「サイディング」という用語が突然出てきた場合、裁判官が瞬時に認識できない可能性がある。そのため「サイディング：建物外壁に張る仕上げ板材」といった振合いで用語の説明をしておくことが考えられる。また、文字で見た際には違和感がないかもしれないが、言葉で発せられた際に、今までの主張と供述が直ちに結びつかないことも考えられる。シロアリ被害に関する訴訟では「蟻害（ぎがい）」という用語が使われることがある。「蟻の害」と書くため、主張書面で見た際は、違和感がないであろう。しかし、供述として「ぎがい」との言葉が発せられた際、「蟻害」＝「ぎがい」と結びつかない可能性もある。尋問の場で「ぎがい」とは「シロアリによる建物被害のことですね」といった補足をすることで、大きな問題は生じないとも思われるが、聴き手である裁判官を意識し、少しでも聞きやすい状況をつくっておくことが好ましいと思われる。

山本和子事件で出てくる可能性のある用語としては、「スクショ」「メタデータ」といったものが考えられる。使用していた家計簿アプリの略称等も想定しておく必要があろう。

たとえば、尋問の場で、以下のようなやりとりがなされることが考えられる。

【代　理　人】　メールの写真が証拠提出されていますが、これはどのようにして提出したのですか。

【山本和子】　スクショしたものを先生にメールで送りました。

【代　理　人】　スクショした画像のメタデータを証拠提出していないのはどのような理由からですか。

第9章 立 証

> **【山本和子】** それはよくわかりません。

　「スクショ」や「メタデータ」が何を意味しているのか、裁判官がわからなかった場合、その後の尋問が頭に入ってこない可能性もある。仮に、客観的には証言や証拠の信用性を減殺する効果的な尋問であったとしても、裁判官が聴きやすい状況でなければ、その効果は減少するであろう。そのため、尋問を実施する際には、以下のような説明書を事前に提出しておくことで、裁判官が聴きやすい状況をつくることができると思われる（**【書式22】** 参照）。

【書式22】　用語等説明書

用語等説明書

平成○年○月○日

○○簡易裁判所　御中

原告訴訟代理人司法書士　司　法　太　郎　㊞

尋問実施に際し、以下のとおり、用語等の説明をいたします。

スクショ	スクリーンショットの略称で，スマートフォンに表示された画面を，そのまま画像として記録する機能をいう。
メタデータ	データに関するさまざまな情報が記録されたデータのこと。データの作成者，作成日，更新日，カメラやスマートフォンの機器情報，GPS等の場所に関する情報等が記録されている。

　身振り手振りを用いた供述があった際にも、調書に残す工夫が必要である。「それはどのくらいの大きさでしたか」という質問に対し「これくらいの大きさでした」と回答されることがある。このままでは調書として残すことが困難であるため、具体的な数字等を用いながら「それは１ｍくらいとお聞きしてよいですか」等の質問を重ねることで、調書化することが可能とな

Ⅲ　人証による立証

る。

　書証を提示して質問をする際にも工夫が必要である。被尋問者が見ている証拠が何であるか、どこを見ているのかを明らかにするため「甲○号証○頁左側×印部分は、証人が当時立っていた場所ですか」など、後から調書を読んだ際にもわかりやすい質問をすることが望ましい。

　尋問実施後、調書が作成される場合、誤記がないかを確認することも重要である。一例として、司法書士業界では日常的に使用している「人・物・意思の確認」という供述が「人との意思」と記載されていたことがあるとのことである。さらに大きな誤記としては、「検討する時間が１年ありましたよね」という供述が「検討する時間が１分ありましたよね」と記載されていた事案も存在しているようである。前者については結論に大きな影響を与えないとも思われるが、後者は訴訟の結論が変わってくることも十分に考えられる。誤記を発見した際には、裁判所に対し申出をしておく必要があるであろう。なお、調書に対する異議は、調書が作成された後に、はじめて開かれる口頭弁論期日までには申し立てなければならないとされている。[42]

4　主尋問

(1)　主尋問とは

　証拠の申出をした当事者が、その当事者・証人についてまず行う尋問を主尋問という。

42　東京地判昭和31・３・31下民集７巻３号834頁では「口頭弁論調書に対する異議の申立ては当該期日の法廷において調書の読聞け又は閲覧を求めた際になさるべきことは民事訴訟法第146条に定めるところであるが、実際には裁判所の慣行として調書が法廷で直ちに作成されていないから、右法規のとおり即日法廷で調書に対する異議をなすことは困難であろうけれども、調書が訴訟手続の安定と明確を期するため作成されるものであることから、できるだけ速やかに、少くとも調書作成後の最初の口頭弁論期日までには申立てなければならないと解する」としている。

第9章　立　証

(2)　主尋問のテクニック（総論）

㋐　事前準備

　尋問技術に関する10の原則に則った、入念な事前準備が必要となる。主尋問に関しては、何を質問するか、提出されている書証との関係はどうか、被尋問者はどういった性格かといった検討に、十分な時間をとることができる。

　事前準備を疎かにすると、主尋問の場で、思わぬ証言が出てきたり、反対尋問で容易に崩されたりという事態となる。反対尋問を実施する立場は、主尋問の中に不自然な点がないか、証拠との整合性はどうかといった点に神経を注いでいる。些細な不自然さが証言の信用性を減殺するおそれがあることに留意しなければならない。

㋑　面接時の心構え

　尋問の事前準備の際、しっかりと話をしてもらうことが重要である。話をしてもらう際、客観的な証拠から、法律専門職が「こちらのほうが正しいのではないか」といったことを述べると、被尋問者は、自己の認識が誤っているものとして、それ以上のことを語らなくなることがある。その結果、尋問の場で思わぬ破綻を来すことがある。

43　「やっぱり事前の準備が重要で、準備をすればするほどいい尋問ができるということが言えると思います」「証人に事実を押しつけてしまう、自分が準備書面に書いたことを、誘導尋問式に確認をする程度の事前打合せですと失敗することが多いように思います」（加藤新太郎編『民事事実認定と立証活動第Ⅱ巻』42頁〔秋山幹男弁護士発言〕）、「〔中堅〕時間をかければかけるほど尋問はうまくいくと思っています」、「〔ベテラン〕尋問は事前準備がすべてですよ」（東京弁護士会春秋会編『実践訴訟戦術』177頁）。

44　「準備のための面接をするわけですが、やはり、十分話をしてもらうということは非常に重要なことです」「最初の段階では、証人あるいは証人予定者の人に、十分にその自分の思っているところを話してもらうことが大切です。これを怠って、尋問者側の考えだけで話を聞いてしまいますと、本番のところで突然予期しないことが出てきてしまうという恐れがありますので、なるべく全部出しておいてもらうよう努めます」（加藤新太郎ほか「（座談会）民事訴訟における尋問技術」判タ905号17頁〔大橋正春弁護士発言〕）、不動産登記簿謄本に記載されている日時あるいは順序が証人の記憶と食い違っている事例において、「『不動産登記簿謄本ではこうなっているけれども、これは、どうし

要件事実等の法律的な観点に拘泥せず、多くの事実を聴取しておくことで、思わぬ発見ができることもある。自由に発言できる雰囲気をつくり出し、時間をかけて丁寧に聴取していくことが肝要となる。

(ウ) 面接以外の準備

事件の時系列表を作成し、動かしがたい事実と変化する可能性のある事実を一目で把握できる状況をつくっておくことが有益である。また、当事者や関係人の関係を整理した関係図を作成しておくことも有用であろう。

(エ) 何を立証するのかを明確に

主要事実の立証は不可欠であるが、人証によって直接主要事実を立証することは難しい。そのため、主要事実を推認させる間接事実の立証を行うことも必要となる。証拠の証明力の判断に影響を及ぼす補助事実についても同様である。

ある間接事実や補助事実が主要事実とどのように関係するのか、経験則に当てはめた場合どのような判断過程をたどるのかを意識しながら、尋問を実施する必要がある。[45]もっとも、経験則には常に例外が伴うため、当該事案に

てこうなっているんでしょうね』というような質問を続けています。その証人の記憶が正しければ、登記簿謄本の記載とその証人の記憶との食い違いについて何かの理由があるはずですね、その理由を聞きただしていく、そんな形で進みますね。そのときに、ただ、あなたの記憶はこうだけれども、登記簿謄本の記載はこうだから、そちらの方が正しいんじゃないかということを言うと、思わぬ破綻を来す可能性がありますね。それから、また、真実義務にも違反してくる。むしろ、違うなら何かそれなりの理由があるはずだ、その理由をちゃんと聞いておけば、反対尋問に対する対策にもなると、そんなふうに考えたらいいのでしょう」（同18頁〔本間通嗣弁護士発言〕）、「法廷で尋問をする際は証人は自分の認識を語るわけですから、打合せが不十分ですと、打合せでは出てこなかったことを証言したりすることがあります」（加藤新太郎編『民事事実認定と立証活動第Ⅱ巻』42頁〔秋山幹男弁護士発言〕）。

45 「効果的な尋問をするための心掛けのところで出てくることそのものでして、事前準備をきっちりする、事前準備の中身としては、争点をしっかりつかむ、争点というのは、主要事実だけでなく、間接事実や補助事実についても、どれがどういう関係を持っているかということと、争点となっている主要事実の判断に影響がある事実であっても、争いがない事実は立証の必要がないわけですから、争われている事実がどれなのかということを明確につかむことが大切です」（加藤新太郎ほか「（座談会）民事訴訟にお

第9章 立 証

おいて何が例外になりうるかについても検討しておく必要があろう。

(オ) 推論の構造を意識する

人証によって主要事実を直接立証することが難しい以上、裁判官がどのような推論構造に基づいた判断を行っているかを意識することが重要となる。[46]

(カ) 陳述書やその他の書証との整合性チェック

反対尋問の目的は、証言の信用性の減殺である。その手法としては、動かしがたい事実や陳述書その他の書証との矛盾を発見し、指摘するというものである。そのため、主尋問の段階で、陳述書やその他の書証と証言の整合性を検討しておく必要がある。[47]

(キ) 尋問の予行演習

通常、尋問を体験することはない。そのため、法廷での宣誓を経たうえで実施される尋問は、かなりの緊張をもたらすこととなる。その結果、日常的な会話等では認識や表現に問題がないにもかかわらず、尋問の場では回答に窮することも往々にして生じる。

このような事態を避けるため、尋問が実施される法廷を傍聴したり、何度か予行演習をしたりすることが望ましい。

ただし、入念な事前準備を行ったがために、証人が尋問事項を丸暗記し、尋問の場では自らの頭で考えずに証言することもある。まだ聞いていない一つ先の質問に対する回答をしてしまい、不自然な尋問になった事例が紹介さ

ける尋問技術」判タ905号17頁〔山本剛嗣弁護士発言〕)。

46 推論の構造については、加藤新太郎ほか「〔座談会〕裁判官の判断におけるスジとスワリ」判タ891号13頁、松村良之ほか「裁判官の判断におけるスジとスワリ(1)〜(13)」判タ911号89頁〜1004号97頁、同「裁判官のエキスパーティーズとは何か」人工知能学会誌13巻2号165頁等が詳しい。

47 「〔ベテラン〕事実関係が曖昧になったりしてはいけないので、陳述書の内容はきちんと把握してもらうようにしています。ただし、『陳述書を読んでおいてください』では駄目で、一緒に読み合わせをしてあげないと依頼者は読んではきてくれないことが多いです。その結果、尋問で相手側から、『陳述書に書いてあることと違う』と指摘されて、パニックになってしまう危険性があるので、陳述書は弁護士が一緒に読み合わせをしてあげたほうがいいでしょう」(東京弁護士会春秋会編『実践訴訟戦術』181頁)。

228

れている。[48]

(3) 主尋問のテクニック（各論）

⑦ 書証の成立は明らかに

尋問を実施する際は、通常、陳述書等が提出されている。また、証人として証言する者は、当該事件において一定の関係を有することが多い。そのため、甲号証等で提出されている書証に関与していることもある。

このような、書証の成立については、尋問を実施する際、しっかりとおさえておく必要がある。[49]

たとえば、証人が陳述書を提出している場合、同陳述書が証人の思想を表現しているものであることを、尋問の初期の段階で質問しておくことが望ましい。

⑦ 主要事実の前後の事実を具体的に

主要事実のみならず、その前後にあった事実についての尋問が必要となる。前後の事情を判断しなければ、主要事実の存在を認めてよいか否かの判断がつかないためである。

山本和子事件につき、山本和子が松本一郎との間で金銭消費貸借契約を締結したことの立証として、尋問を実施したとする。この場合、以下のようなやりとりがなされることが考えられる。

> **【原告代理人】** あなたは松本一郎にお金を貸しましたか。
> **【山本和子】** はい。

48　加藤新太郎ほか「（座談会）民事訴訟における尋問技術」判タ905号24頁〔大橋正春弁護士発言〕。

49　「書証の成立に関する尋問を忘れがちである。これも、裁判所から注意を促されて、あわてて書証の成立に関する尋問を行っているという場面に遭遇します」（加藤新太郎ほか「（座談会）民事訴訟における尋問技術」判タ905号10頁〔永石一郎弁護士発言〕）、「書証の成立が争われているときに、その要件をきっちり聞くのを忘れてしまった、要件を抑えそこなったためにあとで、どうやって他の証拠で補おうか苦労するケースです」（同24頁〔本間通義弁護士発言〕）。

第9章　立　証

> 【原告代理人】　松本一郎との間で金銭消費貸借契約が成立したというこ
> 　　　　　　　とですね。
> 【山本和子】　間違いありません。

　しかし、このような尋問では、主要事実の存在を認めるのは難しいであろう。いつ、どこで、いくらの金銭を、どのような言葉をかけながら交付したのか、そのときに松本一郎はどのような言葉を述べたかといった事実を具体的に引き出すことが必要となる。

(ウ)　民事訴訟規則を意識する

　尋問では、事実を聞くことが要求される。意見や主張、判断を求める場ではない。しかし、事実の報告と意見・判断の陳述を明確に区別することは困難である。

　一例として、「あなたは、被告に対してお金を貸したのだから、借用書を作成するべきだったのではないですか」との質問が考えられる。この質問は、意見を求める質問であり、民事訴訟規則違反となる。そのため、異議が出されたり、裁判官から指摘を受けたりすることがある。その場合、そのまま引き下がり、別の事項についての質問に切り替えることが多いと述べられている[50]。

　しかし、聞き方を変えることによって、意見ではなく事実についての説明を求める質問となる。たとえば、「お金を貸したにもかかわらず、あなたが借用書を作成しなかったのはどういった理由からですか」という質問が考えられる。

　このように、民事訴訟規則を意識し、質問の仕方を少し変えるだけで、ほぼ同じ趣旨の質問をすることができる場合も少なくない[51]。

50　柴﨑哲夫＝牧田謙太郎『裁判官はこう考える弁護士はこう実践する民事裁判手続』172頁。
51　柴﨑哲夫＝牧田謙太郎『裁判官はこう考える弁護士はこう実践する民事裁判手続』173頁。

Ⅲ　人証による立証

　　　(エ)　尋問メモの作成

　当事者本人や関係者から聴取した事項から、質問すべき事項を選択し、その順序を整理しておくことで、円滑な尋問実施が期待できる。

　証人等に示す書証の号証番号等もあらかじめメモしておき、本番で慌てないようにしておくことが肝要である。

　　(4)　**山本和子事件における主尋問**

　山本和子事件における主尋問を検討してみよう。

　民事訴訟では、当事者の申出がない限り、原則として、職権による証拠調べは禁止されている。そのため、尋問を実施したいと考える当事者は、証拠の申出を行う必要がある。山本和子事件にて、尋問を申し出る場合、以下のような証拠申出書を提出することにより、裁判所が証拠調べの必要性を検討し、証拠採用するか否かを判断することとなる（民事訴訟法181条1項参照）。証拠申出書には、尋問者の特定、尋問に要する見込みの時間を記載する必要がある（証人尋問につき民事訴訟規則106条。当事者尋問は同規則127条により証人尋問に関する規則の定めが準用されている）。

　証人尋問および当事者尋問の双方を実施したいと考える場合は、できる限り一括してしなければならない（民事訴訟規則100条）。

　なお、証拠申出書および尋問事項書は、原則として、相手方に直送する必要がある（民事訴訟規則99条2項・107条3項）。

【書式23】　証拠申出書──山本和子事件

平成○○年　(ハ)　第○○○○号　貸金請求事件

原告　山　本　和　子

被告　松　木　一　郎

証拠申出書

231

第9章 立 証

平成○年○月○日

○○簡易裁判所民事第○室○係　御中

原告訴訟代理人司法書士　司　法　太　郎　㊞

本人尋問の申出
1　原告本人の表示
　　　山本和子（主尋問30分）
2　証すべき事実
　　　原告と被告の間で金銭消費貸借契約が成立していること
3　尋問事項
　　別紙のとおり

尋問事項

1　原告、被告との関係
2　原告から被告へ金銭の交付があった際のやりとり
3　原告の経済状況
4　家計簿アプリの使用方法及び記録頻度
5　原告と菊川次郎の関係
6　喫茶店での原告と被告のやりとり
7　その他上記の関連する事項一切

以上

---

⑦　複数回の貸付け

　主尋問では、①山本和子が松本一郎に金銭を交付したこと、②返還の合意をしたことを立証する必要がある。

　最初の貸付けから、最後の貸付けに至るまで、そのすべてにつき、山本和子から具体的な供述を引き出す必要がある。

　松本一郎から、どのような言葉で金銭を求められたのか、具体的に供述す

ることが必要となる。また、場所はどこであったか、どの程度の頻度で要求があったか、金銭を受け取った時の松本一郎の態度や言葉はどのようなものであったかを一つひとつ丁寧に取り上げていくこととなる。

また、山本和子は金銭交付について、家計簿アプリに記録していたとのことであるため、家計簿アプリの使い方や、どのタイミングで記録をつけていたのかといった点も聞いておく必要があろう。

それに加え、松本一郎と出会った経緯、山本和子の資力状況、借用書を作成していないことや返還請求をしていない理由等を聞く必要があろう。返還請求をしていない理由の一例としては、①松本一郎の体調が芳しくなく、請求することが難しかった、②松本一郎は就職活動をしていたが、なかなか採用されなかった。しかし、採用され、給料が出たら今までの分を全額返すと言われていた、といったことが考えられるであろう。

具体的な尋問は以下のようなものが考えられる。

【原告代理人】 甲○号証（陳述書）を示します。陳述書は、あなたの経験を整理し、内容を確認したうえで記名・押印したものですね。

【山本和子】 はい。

【原告代理人】 あなたが家計簿アプリを使うようになったのはいつからですか。

【山本和子】 大学入学時からです。

【原告代理人】 大学入学時から現在に至るまで、同じ家計簿アプリを使っているのですか。

【山本和子】 はい。

【原告代理人】 その家計簿アプリには、すべての収支を記録しているのですか。

【山本和子】 いいえ。低額なものやレシートがもらえなかったような支払いはつけていません。

第9章　立　証

【原告代理人】　松本一郎さんに対してお金を渡した際は、すべて記録を
つけていましたか。

【山本和子】　はい。

【原告代理人】　一郎さんに対してお金を渡した際に、記録をつけようと
思った理由はありますか。

【山本和子】　お付き合いをしていた関係上、借用書を書いてとは言え
ませんでした。アプリに記録をしておけば、いつ、いくら
渡したのかが明らかになるので、返してもらいたいと考え
たときに、証拠になると思いました。

【原告代理人】　あなたが初めて一郎さんにお金を渡したのは、いつです
か。

【山本和子】　平成28年6月2日です。

【原告代理人】　いくら渡しましたか。

【山本和子】　2万円です。

【原告代理人】　どこで渡したのですか。

【山本和子】　私の家です。

【原告代理人】　お金を渡すきっかけは何ですか。

【山本和子】　一郎さんから、会社の方から飲み会に誘われて断れない
と言われました。一郎さんの給料日は10日だったようで、
お金が少なくなっていたようです。

【原告代理人】　お金を渡したとき、一郎さんは何と言っていましたか。

【山本和子】　給料日になったら返すと言っていたと思います。

【原告代理人】　一郎さんは「返す」と言ったのですね。

【山本和子】　はい。

【原告代理人】　2回目に、一郎さんにお金を渡したのはいつですか。

【山本和子】　6月27日です。

【原告代理人】　2回目はいくら渡したのですか。

【山本和子】　3万円です。

234

　　　　　　　　　　　　　　　　　　　　Ⅲ　人証による立証

【原告代理人】　どこで渡したのですか。

【山本和子】　このときは、一郎さんの家で渡しました。

【原告代理人】　お金を渡すきっかけを教えてください。

【山本和子】　一郎さんから、会社の付き合いでパチンコに行ったけ
　　　　　　　ど、負けてしまってお金が足りなくなったと言われまし
　　　　　　　た。

【原告代理人】　３万円は大きなお金だと思いますが、このとき、あなた
　　　　　　　は３万円をもっていたのですか。

【山本和子】　私のお給料日が毎月25日前後なので、ちょうどお金を下
　　　　　　　ろしていました。

【原告代理人】　お金を渡したとき、一郎さんは何と言っていましたか。

【山本和子】　前の分も返していないのにごめん。ボーナスが出たら返
　　　　　　　すといったことを言われました。

【原告代理人】　一郎さんは、この時も「返す」と言ったのですね。

【山本和子】　はい。

【原告代理人】　３回目に、一郎さんにお金を渡したのはいつですか。

　　　　　　　　　　　　　　（中略）

【原告代理人】　19回目に、お金を渡したときのことを教えてください。

【山本和子】　年末にお金を使い過ぎて、生活が厳しいということを言
　　　　　　　われました。

【原告代理人】　それはいつですか。

【山本和子】　年が明けてすぐだったので……、平成30年１月８日頃
　　　　　　　だったと思います。

【原告代理人】　いくらお金を渡したのですか。

【山本和子】　２万円です。

【原告代理人】　２万円を受け取ったとき、一郎さんはどんな様子でした
　　　　　　　か。

【山本和子】　下を向きながら申し訳なさそうにしていました。

235

第9章　立　証

【原告代理人】　一郎さんからは何か言われましたか。

【山本和子】　今年は絶対に就職して、少しずつでも何とかしていくというようなことを言っていました。

【原告代理人】　これまでの確認としてお聞きします。一郎さんに19回ほどお金を渡していますが、一郎さんはお金を受け取った際、いずれも、「返す」「少しずつでも」「何とかする」と言っていたのですか。

【山本和子】　はい。

　　㈵　最後の30万円の貸付け

　前記㈼に加え、①なぜ喫茶店で金銭を交付することになったのか、②どのようにして金銭を工面したのか、③誰に対して金銭を交付したのか、④菊川次郎が喫茶店に来ることを知っていたのか等を聞いていくことになるであろう。

　松本一郎に対しての貸付けである場合、あえて喫茶店で金銭の交付を行う必要性に乏しいと思われる。そのため、喫茶店で金銭の交付を行ったことに関する合理的な説明が求められるように思われる。

　これまでの貸付けとは態様が異なる以上、どのようにして金銭を工面したのかも確認する必要がある。通常、手持ち現金として30万円があることは、さほど多くないものと思われるため、金融機関から預金を引き出している可能性がある。山本和子事件では、「最後の30万円は銀行で下ろしてた」とのことであるため、金融機関から取引明細等を発行してもらうことで、山本和子が主張する金30万円交付の時点では、山本和子に資力があったことを認定することができるであろう。

　また、金銭交付の場には、松本一郎に加え菊川次郎も同席していた。松本一郎と菊川次郎はどこに座っていたのか、金銭の交付の前後にどのような会話があったのか、実際に金銭を交付したのは誰に対してか、喫茶店の費用を支払ったのは誰かといった質問を重ねることになると思われる。

Ⅲ　人証による立証

具体的な尋問は以下のようなものが考えられる。

【原告代理人】　あなたが一郎さんに対して、最後にお金を渡したのはいつですか。

【山本和子】　平成30年3月10日です。

【原告代理人】　いくら渡したのですか。

【山本和子】　30万円です。

【原告代理人】　30万円とは、大金ですね。

【山本和子】　はい。

【原告代理人】　これまでとは一桁違いますが、一郎さんとの間でどのようなやりとりがあったのですか。

【山本和子】　一郎さんから、30万円貸してほしいと言われました。今までと比べても大きい金額だったので、どうしてそんな大金が必要なのかを聞きました。一郎さんは、高校時代の同級生が引っ越しの費用を必要としていると言っていました。

【原告代理人】　一郎さんの同級生は何という方ですか。

【山本和子】　菊川さんという方です。

【原告代理人】　あなたは菊川さんを知っていましたか。

【山本和子】　いいえ、知りませんでした。

【原告代理人】　一郎さんと菊川さんの関係を尋ねましたか。

【山本和子】　はい。一郎さんは高校時代にいじめられそうだったらしくて、それを守ってくれたのが菊川さんだそうです。自分を守ってくれた菊川さんが頼ってきているのに、何もしてあげられないのが悔しいといったことを伝えられました。

【原告代理人】　その話を聞いて、一郎さんにお金を渡すことを決めたのですか。

【山本和子】　悩みましたけど、そんな事情があるのならしょうがない

第9章　立　証

と思ってしまいました。

【原告代理人】　30万円は手元にあったのですか。

【山本和子】　大金ですので、手元にはありませんでした。

【原告代理人】　では、どのように用意したのですか。

【山本和子】　銀行には、ぎりぎり30万円くらいの預金があったので、それを引き出しました。

【原告代理人】　甲○号証（通帳）を示します。通帳に記録がある3月9日の出金が、一郎さんに対して渡した30万円ということでよろしいですか。

【山本和子】　はい。

【原告代理人】　一郎さんにお金を渡したのはいつですか。

【山本和子】　3月10日です。

【原告代理人】　この日はどのようにして決まったのですか。

【山本和子】　あらかじめ、一郎さんから、3月10日に菊川さんを連れていくと伝えられていました。

【原告代理人】　場所はどこでしたか。

【山本和子】　○○市○○区にある甲店という喫茶店です。

【原告代理人】　あなたは、その喫茶店を利用したことはありますか。

【山本和子】　いいえ。ありません。

【原告代理人】　喫茶店では、どのような席に座りましたか。

【山本和子】　入口の近くの席に案内されました。一郎さんと菊川さんが並んで座ったので、私は一郎さんの正面に座りました。

【原告代理人】　あなたは30万円を誰に渡したのですか。

【山本和子】　一郎さんです。

【原告代理人】　一郎さんが受け取ったのですね。

【山本和子】　はい。

【原告代理人】　一郎さんは、お金を受け取ったとき、何か言っていましたか。

Ⅲ　人証による立証

【山本和子】　ごめんと言っていました。

【原告代理人】　一郎さんは、受け取ったお金をどうしましたか。

【山本和子】　封筒を空けずに、そのまま菊川さんに渡していました。

【原告代理人】　一郎さんは、あなたから受け取ったお金を、菊川さんに渡したのですね。

【山本和子】　はい。

【原告代理人】　菊川さんから、何か言葉をかけられましたか。

【山本和子】　助かりますといったことを言われました。

【原告代理人】　それに対して、あなたは何か言いましたか。

【山本和子】　いいえ。菊川さんを助けるという思いはなかったので、特に何も言っていません。

【原告代理人】　一郎さんにお金を渡したとき、一郎さんはお金を返すと言っていましたか。

【山本和子】　直接「返す」という言葉は言われていませんが、私から「もうこれ以上は貸せない」「今までにもたくさん貸している」と伝えた際、「わかってるよ」と言っていたので、お金を借りているという自覚はあったはずです。

【原告代理人】　今までのお金のやりとりの際と同じ反応だったということですか。

【山本和子】　はい。

【原告代理人】　ところで、30万円を渡した際、利息の取決めはしましたか。

【山本和子】　いいえ、していません。

【原告代理人】　これも、今までの一郎さんに対するお金のやりとりと同じということですか。

【山本和子】　はい。一郎さんに渡したお金に利息をつけるといった話をしたことはありません。

239

第9章 立 証

5 反対尋問

(1) 反対尋問の目的

反対尋問の目的は主尋問の証人の信用性の減殺である。それを超えて、依頼者に有利な証言を引き出すことは困難である。過度な目的設定は、相手の主張を固める結果になる公算が高いことを念頭に入れておく必要がある。

もっとも、事件の筋によっては、深入りせざるを得ない事案もあろう。臨機応変な対応が求められる。

反対尋問の目的としては、①主尋問の証言の誤りを正すこと、②主尋問における証言が誤りではないが、断定的な表現になっていたり、オーバーな表現になっていたりしたら、それが不正確であることを明らかにすること、③相手方証人に、反対尋問者側証人の主張を立証するために必要な事実または相手方の主張の反証に役立つ事実を供述させること、④他の証拠との関係で、裁判の有利な進行に役立つ布石となる証言を法廷に出させておくことなどの事項があげられている。[52]

反対尋問では、証人の属性や経験等から、観察・記憶・表現に誤りないし偏りが侵入していること、[53]主尋問と反対尋問の証言の中に矛盾が生じていることなどを明らかにすることができれば、反対尋問の目的は達成されたと評価してよいと思われる。

信用性減殺の一例として、証人が、遠くの物を視認したという趣旨の供述を行った場合、証人の身長や視力、周囲に物があったか否か、時刻、天候等に着目することになろう。専門的な内容について冗長に語る証人の場合、学

---

52 加藤新太郎編著『民事尋問技術〔第4版〕』230頁。
53 「主尋問での証言が抽象的かつ断定的である場合は、そこに証人の弱点や嘘が隠されていることが多いということです。その他に、証人が意図的に偽証している場合と、証人がいろいろな情報に汚染されたり思い込みにより真実と違う間違った証言をしたりしているという、2つの場合があり得ることを念頭に置きながらやったほうがいいのではないかということもあります」（加藤新太郎編『民事事実認定と立証活動第Ⅱ巻』73頁〔秋山幹男弁護士発言〕）。

歴や、どのような仕事を行ってきたのかという観点から信用性を減殺していくことになりそうである。突発的な出来事を鮮明に語る証人に対しては、その認識能力が備わっているか否かを確認する必要がある。

(2) 反対尋問の範囲

反対尋問は、主尋問とは異なり、尋問事項に一定の制約がある。民事訴訟規則114条1項2号では、①主尋問に現れた事項、②①に関連する事項、③証人の証言の信用性に関する事項と定められている。

(3) 反対尋問のテクニック（総論）

(ア) 事前準備

主尋問と同様、反対尋問を実施する際も入念な準備が必要となる。しかし、主尋問とは異なり、証人等と事前に打合せを行うことはできない。また、主尋問で何が聞かれるかによって反対尋問の構成も異なってくる。そのため、個別具体的な対応をとらざるを得ない。

一般論としては、①普段の準備、②法廷に臨む前の準備、③主尋問の時間中の準備の三段階に分類できるとされている。[54]

(A) 普段の準備

訴訟手続に精通すること、証拠法則を理解しておくことがあげられる。供述が何の立証に結びつくのか、主要事実を推認させる間接事実や補助事実は何か、経験則に照らすとどのような作用をもたらすか等を日頃から仕入れておく必要がある。あわせて、経験則の例外を習得しておくことも、証言の信用性を減殺するための重要な要素である。民事訴訟規則に沿った、許される尋問、許されない尋問を的確に把握しておくことで、適切な異議を行使することも意識しておく必要があろう。

さらに、人間性や心理状態に関する洞察力を身に付けることも求められる。証人の表情、態度等から、真実を述べているのか否かの判断を行う必要性があるためである。[55]

---

54 加藤新太郎ほか「（座談会）民事訴訟における尋問技術」判タ905号25頁〔永石一郎弁護士発言〕。

第9章　立　証

(B)　法廷に臨む前の準備

　徹底した事前準備があげられる。①徹底的に記録を読むこと、②事件の全体像を頭に入れておくこと、③主要事実および間接事実の把握、④書証の間に何らかの矛盾があるのではないかという強い信念をもつこと等が指摘される[56]。

　反対尋問は、主尋問に現れた事項に対する事項が対象となるため、主尋問者がどのようなことを聞くのかを想定することが考えられる。①勝訴するために主尋問では何を聞くのか、②その問いに対してどのような供述が想定されるか、③想定した尋問が行われなかった場合、反対尋問で問いただすきっかけになるのではないかといった観点から準備をしていくことになるであろう。あわせて、反対尋問の想定問答集を作成しておくことも重要である。証人が「イエス」と答えた場合、「ノー」と答えた場合の双方に対して、二の矢、三の矢を準備しておくことが必要になる[57]。

　また、証人の立場となって事件をみてみることも有益とされる。当該事件の中で、証人にはどのような利害関係があるのか、どのような状況にいたのか等を検討することで、供述に至る心理を想定することができる[58]。

(C)　主尋問の時間中の準備

　主尋問をよく聴くことが重要である。事実に誤り、偏りが侵入している場合には反対尋問で正しておく必要があるし、主尋問で当然聞かれるべき点が聞かれていない、または、聞かれているが曖昧な証言にとどまっている場合には、反対尋問で信用性を崩すきっかけになるであろう。

55　加藤新太郎ほか「(座談会) 民事訴訟における尋問技術」判タ905号24頁。

56　加藤新太郎編著『民事尋問技術〔第4版〕』235頁。

57　「よく見られる反対尋問として、質問が否定されてそこですごすごと引き下がってしまうことがあります」「それではちょっと不十分なので、ノーといわれたときに、どう突っ込むのか、二の矢、三の矢をどう継いでいくかということも考えながら組み立てられればいいと思います」(加藤新太郎編『民事事実認定と立証活動第Ⅱ巻』43頁〔秋山幹男弁護士発言〕)。

58　加藤新太郎編『民事事実認定と立証活動第Ⅰ巻』25頁〔永石一郎弁護士発言〕。

242

Ⅲ　人証による立証

証人がどのような表現で供述しているのかも着目する点となる。断定的な表現を避ける傾向にある、供述のスピードが速くなりがちである、声が小さくなりがちであるといった傾向から、信用性減殺のヒントが浮かび上がることもある。

　　㈑　反対尋問の進め方

反対尋問の目的は、前述のとおり、信用性の減殺である。信用性を減殺させるポイントとして、①証言が動かすことのできない事実と矛盾すること、②証言が信頼に足る書証に反すること、③証言が従前の同一証人の証言と矛盾すること、④証言が従前の主張と矛盾すること、⑤証人の信用性を攻撃して証言自体の真実性を減殺することなどがあげられる[59]。

　これらの事項を見極めるためには、徹底した事前準備が不可欠である。何が動かしがたい事実であるか、信頼に足る書証は何か、時系列との整合性等をあらかじめ把握しておき、主尋問の中でそれと矛盾する供述があったかを判断したうえで、反対尋問を進める必要がある。

　　㈒　反対尋問における注意事項

反対尋問における注意事項として、次の①～⑩があげられている[60]。

---

①　テンポを速くすること

②　質問の仕方は証人のタイプにより違えること

③　答えが「イエス」「ノー」でできる質問にすること

④　証拠の根拠・理由は原則として尋ねないこと

⑤　反対尋問は予定期日である主尋問と同一期日に、予定時間どおり行うこと

⑥　出たとこ勝負をしないこと

⑦　総花的に行わないこと

⑧　異議を出されないようにすること

59　加藤新太郎編著『民事尋問技術〔第４版〕』224頁。

60　加藤新太郎編著『民事尋問技術〔第４版〕』245頁。

243

第 9 章　立　証

⑨　質問をどこで止めるか、則を心得ること

⑩　失敗した場合には早めに切り上げ、次の質問に入ること

㈝　注意事項を意識した尋問

反対尋問をゆっくりと行うことによる弊害として、証人に余裕が生じるとされる。そのため、質問のテンポを速くし、余裕を与えないことが肝要である。

証人に対し、威圧的・高圧的な態度で臨む場面も見受けられるが、一般的には紳士的に行うことが無難であるとされる[61]。

証人に理由を語らせないことも重要である。「なぜ」で始まる質問をした場合、証人からは理由が語られることとなる。反対尋問を実施する際の証人は敵性証人であることが多く、主尋問を固める理由を供述する公算が高いと思われる[62]。そのため、「イエス」「ノー」で回答できる質問を用意することが望ましいとされる。

⑷　反対尋問のテクニック（各論）

㈠　何から聞くか

最初から核心に入るか、警戒心をときほぐすための事項から聞くか等の判断が必要になる[63]。

㈡　反論を投げかけるか、言わせるままにするか

証人の証言に対し、反論を投げかけるか（弾劾型）、言わせるままにして

61　加藤新太郎編著『民事尋問技術〔第4版〕』246頁、東京弁護士会春秋会編『実践訴訟戦術』191頁等。

62　「反対尋問の場合は、理由を早く聞くというのは、どうしても悪い結果になりがちなんだろうと思います」（加藤新太郎ほか「（座談会）民事訴訟における尋問技術」判タ905号28頁〔大橋正春弁護士発言〕）。

63　「そこをつかれると証人自身が一番冷や汗を流すというような、効果の大きいところから聞いていった方が、いいと思います。」「したがって、私は、反対尋問はやはり最初にバシッと効果の大きい事項からやるべきではないかというふうに考えております」（加藤新太郎ほか「（座談会）民事訴訟における尋問技術」判タ905号28頁〔永石一郎弁護士発言〕）。

244

おくか（材料引出型）を決める必要がある。

矛盾する材料を持ち合わせているか否かで、対応が変わることになるであろう。

もっとも、弾劾の見込みがないにもかかわらず、依頼者の主張等と異なる部分について反対尋問を行うことは、尋問時間が長くなるのみならず、主尋問の内容を補強するだけになってしまうため望ましくないとされる[65]。

(ウ) 証人の特性への対応

発問しても答えない証人の場合には、相手方に不利となる発問をし、調書に沈黙した事実を残すように促すことが考えられる。「答えにくければ答えなくてもよいですよ」という発問も証人へのプレッシャーの効果があるとされる。

証人が過度な反応を示す場合は、裁判官も証拠価値の判断材料とすると考えられるため、そのままにしておくことが望ましい[66]。証人の態度について、裁判官の記憶にとどめてもらいたいと感じた際は、その旨調書に記載するよう求める等の対応もある。態度は調書に残すことができないとの反論もあろうが、その場合は、口頭弁論調書に記載してもらうといった手段もある。

(5) 反対尋問を行うか否か

反対尋問を実施するか否かの判断についても、議論がある。敵性証人の場合、通常は反対尋問に対しての警戒が強い。そのため、反対尋問を行っても、結果的に主尋問を固めることは往々にしてある。

そのためか、反対尋問については、得られるものが少ないとして、実施しないほうがよいとの見解も見受けられる。

なお、反対尋問を行うか否かの判断基準としては、次の①～④の事項があげられている[66]。

64　東京地方裁判所プラクティス委員会第二小委員会「効果的で無駄のない尋問とは何か」判タ1340号58頁。

65　加藤新太郎編著『民事尋問技術〔第4版〕』249頁。

66　加藤新太郎編著『民事尋問技術〔第4版〕』241頁。

第9章　立　証

> ①　当方に理がある事件であるか
> ②　主尋問で相手方の主張に資するところがあったかどうか
> ③　効果的に反論する材料（資料）をもっているかどうか
> ④　反対尋問における証人の答えが予測できるか

　また、反対尋問の留意点として、「深追いをしないこと」があげられる。[67]しかし、事案によっては、思い切って踏み込む必要も出てくる。とりわけ、依頼者にとって不利な事件であれば、仮に反対尋問が失敗したとしても、結論としては変わらないこととなる。そのため、ある程度の模索的な反対尋問もやむを得ないとの指摘がある。[68]

(6)　失敗とされる反対尋問

(ア)　主尋問をなぞるだけの反対尋問

　主尋問を再確認するのみであり、反対尋問としての功を奏さないばかりか、主尋問を固める結果となる。

　「このような証言であるが正しいか」と、主尋問に沿って発問したとしても、「正しい」という趣旨の回答が返ってくるのみである。

　もっとも、明らかに虚偽の証言をしており、弾劾する資料を有している場合には、「正しい」と明言したことにより言い訳ができなくなるため、逃げ道をふさぐ有意義な尋問となる。

---

[67]　反対尋問での失敗事例として、いわゆる「耳噛み切り事件」が取り上げられる。被告人が耳を噛み切ったことを理由に起訴された事案の主尋問で、証人がその事件現場に立ち会って見ていないことが明らかになった。これに対し、反対尋問側の弁護士が「きみはその事件を見ていないんだね、では、なにをしていたのか」と聞いたところ、「いや、この被告人が向こうからこっちへ歩いてくるときに、口からペッと耳を吐き出すのを見ました」と供述した事例である。

[68]　加藤新太郎ほか「（座談会）民事訴訟における尋問技術」判タ905号26頁〔永石一郎弁護士発言〕、同27頁〔大橋正春弁護士発言〕。

(イ)　意見・評価を求める尋問

　証人尋問は、あくまでも事実を求めるものである[69]。そのため、意見や評価を求める尋問は適切ではない。

　意見や評価を求める尋問に対して、証人は、より饒舌に語ることもある。敵性証人であれば、相手方に有利な表現を用いた証言をすることが統計上優位であるため[70]、意見や評価を求めたとしても、有利な証言を引き出すことは困難であると思われる[71]。

(ウ)　議論をする結果となる尋問

　証人と議論し、言い負かすことで裁判官に対して印象づけを行うこともあるが、概して評判がよくないとされる[72]。また、議論になった場合、証人に対して弁明をする機会を与えることにもなり、結果的に、主尋問の内容を固めてしまうこともある[73]。

(7)　山本和子事件における反対尋問

　ここでは、山本和子への主尋問に対し、被告訴訟代理人の立場から反対尋問を検討したい。

(ア)　複数回の貸付けに対する反対尋問

　反対尋問では、主尋問で山本和子が述べた返還の合意をしたとの証言と矛盾するような、山本和子の証言の信用性を減殺させる供述を引き出すことが

69　「証人尋問というのは、事実を求めるものでありまして、意見を求めても何ら証拠価値がありません」（加藤新太郎ほか「（座談会）民事訴訟における尋問技術」判タ905号11頁〔永石一郎弁護士発言〕）、「『あなたは契約は成立したと思いますか。』『はい。思います。』というだけでは裁判官に対してはなんら意味がないわけですね。『なぜ、そういうふうに思うのですか。』というふうに、次の質問を続けていくことによって、意味が出てくることがあるんだと思うんですね」（同23頁〔本間通義弁護士発言〕）。

70　加藤新太郎ほか「（座談会）事実認定と供述心理」判タ897号4頁参照。

71　そればかりでなく、意見や評価を求める質問は、事実に関するものではないため、鑑定証人を除いて質問自体が禁止されている（民事訴訟規則115条2項5号）。

72　加藤新太郎編著『民事尋問技術〔第4版〕』259頁。

73　東京地方裁判所プラクティス委員会第二小委員会「効果的で無駄のない尋問とは何か」判タ1340号58頁。

第9章　立　証

主な目的となる。

　借用書を作成していない点や繰り返し貸付けを行っている点、交際中には
請求をせず、交際が終了した後に、メールで初めて請求した点など不自然な
点について尋問を行い、返還の合意をしたとの供述の矛盾点を明らかとする
必要がある。

　具体的な尋問は以下のようなものが考えられる。

【被告代理人】　家計簿アプリには、細かい支出を除いて、日常的な収支
　　　　　　　　を記録しているのですか。

【山本和子】　はい。

【被告代理人】　今まで、家計簿アプリに入力する日付や金額を間違えた
　　　　　　　　ことはありますか。

【山本和子】　あります。

【被告代理人】　入力ミスに気づいたら、修正するのですか。

【山本和子】　修正するものもあれば、しないものもあります。

【被告代理人】　乙〇号証（家計簿アプリの画面）を示します。あなたが
　　　　　　　　使用している家計簿アプリは乙〇号証のものですか。

【山本和子】　はい。

【被告代理人】　私も使ってみたのですが，いつでも修正できるので便利
　　　　　　　　ですね。

【山本和子】　はい。

【被告代理人】　失礼ですが、あなたと一郎さんの間に男女の関係はあり
　　　　　　　　ましたか。

【山本和子】　……ありました。

【被告代理人】　恋人だったのですから、仲が良かったのですね。

【山本和子】　……はい。

【被告代理人】　あなたは、デートや食事の際に、一郎さんにお金を払っ
　　　　　　　　てもらったことはありますか。

Ⅲ　人証による立証

【山本和子】　はい。

【被告代理人】　デートや食事で一郎さんにお金を払ってもらった日にちや金額をすべて記憶していますか。

【山本和子】　すべてを記憶しているわけではありませんが……。

【被告代理人】　お金を払ってもらった際、一郎さんとどのような会話をしたか、記憶していますか。

【山本和子】　ありがとうという意味の言葉をかけているはずです。

【被告代理人】　甲○号証（陳述書）を示します。あなたは、一郎さんにお金を渡したという日にちや場所については、甲○号証のとおり断定的に述べておられますが、お金を払ってもらったときの金額ややりとりについては、すべてを記憶しているわけではないということですね。

【山本和子】　お金を払ってもらった場合、家計には響きませんから……。

【被告代理人】　ところで、一郎さんに払ってもらったお金は、後日一郎さんに返しましたか。

【山本和子】　いいえ。おごってもらったものですので……。

　　㋑　最後の30万円の貸付けに対する反対尋問

　反対尋問では、主尋問で山本和子が述べた松本一郎に金銭を交付し、返還の合意をしたとの証言の信用性を減殺させる供述を引き出すことが主な目的となる。

　松本一郎に対する貸付けであるのであれば、なぜあえて喫茶店で貸し付けたのかなどの不自然な点について、主尋問で合理的な説明がなされていなければ、さらに説明を求め、供述の矛盾点を明らかとなる必要がある。

　具体的な尋問は以下のようなものが考えられる。

第9章　立　証

【被告代理人】　30万円のやりとりがあった際、一郎さんとの交際は続いていましたか。

【山本和子】　はい。

【被告代理人】　30万円はあなたにとって大金ですか。

【山本和子】　大金です。

【被告代理人】　大金を持ち歩くのは、不安ではありませんでしたか。

【山本和子】　不安でした。

【被告代理人】　ところで、この当時、あなたや一郎さんはお互いの家で会うことはありましたか。

【山本和子】　ありました。

【被告代理人】　あなたや一郎さんの家で30万円のやりとりをすることは考えましたか。

【山本和子】　一郎さんから、喫茶店に菊川さんを連れて行くと言われたので……。

【被告代理人】　菊川さんに会う必要があったのですか。

【山本和子】　私には必要ありませんでした。

【被告代理人】　それでも喫茶店に行って、菊川さんに会っていますね。一郎さんにお金を渡したら、菊川さんの手元にお金が渡らないかもしれないと考えたことはありますか。

【山本和子】　ありません。

【被告代理人】　菊川さんにお金が渡されると考えていたということですね。

【山本和子】　はい。

Ⅲ　人証による立証

6　本人訴訟における尋問

(1)　争点が多い場合

　争点が多く、書証が乏しいような事案については、証人尋問が必要不可欠になってくると思われる。このような場合、依頼者に確認をしながら、弁護士を代理人に選任することを勧めるという選択肢を提供する必要がある。[74]

(2)　争点がさほど多くない場合

　書証が一定程度あり、それによって事実の大半が確定できるような事案であれば、本人訴訟における尋問もさほど困難なものとはならない。

　本人訴訟において、証人尋問が要求されず、当事者尋問のみが実施される場合、裁判官から尋問がなされることになる。裁判所に対しては、あらかじめ尋問事項書を提出しておくことで、どのような尋問が行われるかも想定することが可能である。そのため、依頼者と司法書士の間で丁寧な準備を行うことで、適切な立証活動を行うことができるものと思われる。

(3)　公示送達の場合

　公示送達により訴訟が係属した場合、民事訴訟法159条3項によって、同1項の準用がなくなる。したがって、自己の主張する事実を立証する必要が出てくる。

　主張する事実を立証するための書証がない場合、尋問によらざるを得なくなるが、この場合も当事者尋問が行われる公算が高いであろう。したがって、依頼者と司法書士の間で入念に打合せを行うことにより、円滑な尋問が期待できる。

(4)　書面尋問の活用

　証人尋問について、当事者間に異議がない場合には、尋問に代わる書面の提出が認められている（民事訴訟法205条）。また、簡易裁判所では、相当と認められる場合、証人もしくは当事者尋問、鑑定人の意見陳述に代わる書面

74　松永六郎『書式本人訴訟支援の実務〔全訂5版〕』342頁では、「司法書士が無理な訴訟追行を本人に強いて、藪医者と呼ばれてはならない」と指摘される。

251

第9章　立　証

の提出が認められている（同法278条）。

　これらの、いわゆる書面尋問を活用することも、事案によっては検討することができる。

　民事訴訟法205条に基づく書面尋問に対しては、反対尋問権を保護する趣旨として民事訴訟規則124条により、裁判所は、尋問の申出をした当事者の相手方に対し、当該書面において回答を希望する事項を記載した書面を提出させることができるとするが、民事訴訟法278条に基づく書面尋問に対しては、同旨の規定がなく、当事者の異議がないことも要件となっていない（反対尋問を経ていない陳述書の証拠価値については前記Ⅲ5(2)参照）。これに対し、「本条〔民事訴訟法278条〕が適用される本来的なケースでは、有力な反対の供述がされる可能性が予想できないことを前提としたからであると解されるが、当事者の意向を聴取せずに本条を適用することは避けなければならない」との指摘がある[75]。

　なお、書面尋問は、法廷での直接の供述ではなく書面でされた供述を人証として扱うものであり、陳述書のような書証ではない[76]。

7　簡易裁判所における尋問での注意点

　簡易裁判所で尋問を実施した場合、裁判官が許可をすることによって、当事者・証人の陳述が調書の記載から省略される（民事訴訟規則170条1項）。調書の記載から省略された事件が控訴審に係属した場合、控訴審には尋問に関する訴訟記録が存在しないこととなる。したがって、尋問の内容を控訴審の訴訟記録とするためには、尋問を録音したテープの反訳書等を提出する必要がある（同条2項）。

　具体的には、複製申請書を提出し、CD-R等にデータを格納してもらい、当該データを反訳するという作業が必要となる。この反訳書を控訴審に証拠として提出することで、簡易裁判所における尋問を訴訟記録とすること

75　笠井正俊＝越山和弘『新・コンメンタール民事訴訟法［第2版］』987頁。
76　笠井正俊＝越山和弘『新・コンメンタール民事訴訟法［第2版］』988頁参照。

Ⅲ　人証による立証

が可能となる。この作業を経ていない場合、裁判所は、尋問の内容を判断することはできない。[77]

77　東京高判平成24・7・25判時2165号84頁は、「原審が、第1審の証人の尋問結果を書面化せずにその信用性を判断したことは証拠裁判主義に違反すると主張するところ、本件記録によれば、第1審の証人の陳述の調書記載は、民訴規則170条1項の規定に基づき裁判官の許可を得て省略されたものであることは明らかであり、原審において、同規則68条2項後段の規定を適用してこれを書面化することはできない（証人の陳述につき録音テープ等の記録があったとしても、当事者の裁判上の利用に供するためのものであり、録音テープ等が訴訟記録となるものではない。）。したがって、原判決の説示……には、訴訟記録にはない証人の証言や上告人本人の供述……が挙げられたことになり、手続上違法というほかはない」と判示している。

253

第10章　判決後の対応

第10章　判決後の対応

Ⅰ　判決の言渡し

　判決は言渡しによって成立し、その効力を生ずる（民事訴訟法250条）。判決の言渡しは必ず公開の法廷で行われるが（憲法82条1項）、被告が答弁書も提出せず出廷もしないなど実質的に争っていないと認められる場合は、例外的に判決書の原本に基づかずに判決を言い渡すことができる。この場合は判決書に代えて書記官が口頭弁論調書に主文および請求と理由の要旨を記載することになるので、調書判決と呼ばれている（民事訴訟法254条）。

　判決の言渡しは当事者が在廷しない場合でもすることができるとされているので（民事訴訟法251条2項）、判決期日に当事者や訴訟代理人が出廷しないことが多い。そのような場合でも、判決が言い渡された後に本人もしくは訴訟代理人から書記官に問い合わせれば、主文の内容を教えてもらうことができる。

Ⅱ　既判力

　判決の効力である既判力は、事実審の口頭弁論終結時点の事実について生じる（民事執行法35条2項参照）。また、既判力は判決主文で示された判断についてのみ生じ、理由中の判断には生じない（民事訴訟法114条1項）。ただし、相殺の抗弁については例外的に既判力が及ぶ（同条2項）。

254

Ⅲ　仮執行宣言

　財産上の請求に関する判決について、裁判所は必要があると認めたときは、仮執行をすることができることを宣言することができる（民事訴訟法259条1項）。仮執行宣言とは、未確定の終局判決に、それが確定した場合と同様にその内容を実現できる執行力を付与されることをいう。この仮執行宣言付判決に対しては、控訴の提起後に、訴訟記録の存する裁判所に対して強制執行の停止を求めることができる。したがって、第1審の判決が敗訴判決（一部敗訴を含む）で、仮執行宣言が付されており、依頼者がさらに上級審で争う意思を示している場合は、執行停止の申立てを検討する必要がある。ただし、この執行停止の裁判は、原判決の取消しもしくは変更の原因となるべき事情がないとはいえないこと、または執行により著しい損害を生ずるおそれがあることが必要であり、申立てを行う当事者においてこれを主張して疎明しなければならない。また、裁判所から許容額に近いくらい高額の担保を立てることを命じられる場合もあるので、この点についても依頼者と十分相談する必要がある。

　裁判所が停止決定を行った場合でも、すでに開始している執行手続が当然に停止するわけではないので（民事執行法39条1項）、当事者は速やかに停止決定正本を執行機関に提出して執行停止を申し出なければならない。

　主文が依頼者にとって満足できる内容であり、勝訴判決と評価できる場合であったとしても、判決正本（あるいは調書判決正本）の内容を細かく確認する必要がある。なぜなら、判決の中に計算違いや誤記、その他これらに類する誤りがある可能性があるからである。このような場合、裁判所は、申立てまたは職権で更正決定をすることができる（民事訴訟法257条1項）。更正決定の手続を経て、強制執行を行う場合は、決定書の送達と決定の確定を待たなければならないので数週間の時間を要することになる。司法書士としては、この点を依頼者に説明したうえで速やかに手続を行う必要がある。

　第1審で仮執行宣言付きの勝訴判決を得た場合でも、判決の確定前にこの

第10章　判決後の対応

仮執行宣言に基づいた強制執行を行うべきかどうかの検討は慎重に行うべきである。確かに勝訴判決を得た側としては、できる限り速やかに判決内容を実現したいところである。しかし、仮執行宣言に基づいて差押えを行って一定金額を回収したにもかかわらず、控訴審で逆転敗訴してしまったり、第1審よりも低い金額の請求しか認められなかったりすることは十分ありうる。そのような場合には、差押えによって回収した金員を相手方に返還しなければならなくなる。万が一、依頼者が差押えで回収したお金をすでに費消してしまっていたり、依頼者と連絡をとることができなくなっていたりして、相手方に返金をすることができなくなってしまうような事態になれば、依頼者はもちろんのこと、関与していた司法書士も相手方の責任追及の対象にされてしまうことが起こりうる。司法書士としては、安易に仮執行宣言に基づいた強制執行を勧めることなく、控訴審でどのような判断が下されるかを予測しながら、依頼者と慎重に進め方を協議するべきである。

Ⅳ　控　訴

1　控訴の手続

　控訴は第1審判決に対する不服申立てである。第1審が簡易裁判所の場合は地方裁判所に対して控訴することになり、第1審が地方裁判所の場合は高等裁判所に対して控訴することになる。ただし、控訴の提起自体は第1審裁判所に提出しなければならない（民事訴訟法286条1項）。控訴状を受理した第1審裁判所は、控訴状の形式的事項のみを審査し、問題がないようであれば事件記録とともに控訴裁判所に送ることになる。

　控訴は、控訴人が判決書の送達を受けた日から2週間以内に行わなければならない（民事訴訟法285条）。期間の末日が土日祝日の場合や年末年始（12月29日～1月3日）の場合は、その翌日をもって期間が満了することになる（民事訴訟法95条3項）。

256

Ⅳ 控訴

　控訴人は、控訴提起後50日以内に控訴理由を記載した控訴理由書を控訴裁判所に提出しなければならない。控訴理由は控訴状に記載することも可能であるが、控訴期間が短いため、通常は控訴理由書を追って提出する旨を記載した控訴状を先に提出し、その後に控訴理由書を提出するのが一般的である。認定司法書士は、自ら代理人として関与している簡裁事件の判決等について、代理業務として控訴状を作成し、提出することは可能であるが（司法書士法3条1項6号）、控訴理由書を控訴状と分けて提出する場合は代理人となれないので注意を要する。

　ちなみに、「司法書士が業として代理することができるのは、あくまで上訴の提起についてであり、上訴審における手続の代理は含まれない」とされており、「控訴状には攻撃防御方法を記載することもでき、攻撃防御方法を記載した控訴状は準備書面を兼ねるとされている（民訴規175条）が、攻撃防御方法を提出することは、実質的には控訴審における手続において当事者を代理することであり、『上訴の提起』とは異なる性質の行為であるから、控訴の提起について代理する司法書士は、控訴状に攻撃防御方法を記載することができない」ということになるので、司法書士が代理人として控訴状を作成する場合は、その控訴状の中に控訴理由を記載することはできない。[1]また、「控訴状に不備がある場合にその補正を命ずるのは控訴審の裁判長であり（民訴法288条）、したがって控訴状の補正は控訴審の手続に属する者である」ということで、控訴状の補正を司法書士が代理人として行うことはできないとされている。[2]この場合の補正は、本人自身が行うか、裁判書類作成関係業務として対応することとなる。

1　小林昭彦＝河合芳光『注釈司法書士法〔第3版〕』59頁。
2　小林昭彦＝河合芳光『注釈司法書士法〔第3版〕』59頁。

257

第10章　判決後の対応

【書式24】　控訴状──第1審が簡易裁判所であり地方裁判所に対して控訴する場合（山本和子事件）

控　訴　状

平成○年○月○日

○○地方裁判所　民事部　御中

控訴人訴訟代理人　司法書士　法　務　花　子　㊞

　　〒○○○－○○○○　○○県○○市○○町○丁目○番○号○○コーポ○
　　号室
　　　　　　　　　　控訴人　松　本　一　郎

　　〒○○○－○○○○　○○県○○市○○町○丁目○番○号
　　控訴人訴訟代理人　司法書士　法　務　花　子
　　　　　　　　　　　　　　TEL　○○○－○○○－○○○○
　　　　　　　　　　　　　　FAX　○○○－○○○－○○○○

　　〒○○○－○○○○　○○県○○市○○町○丁目○番○号○○コーポ○
　　号室
　　　　　　　　　　被控訴人　山　本　和　子

貸金請求控訴事件
　　訴訟物の価額　　金40万0000円
　　貼用印紙額　　　　金6000円

　　上記当事者間の，本訴○○簡易裁判所平成○年(ハ)第○号貸金請求事件について，平成○年○月○日言い渡された下記判決は，一部不服であるから控訴する。

第1　原判決の表示

258

IV 控訴

1　被告は　原告に対し，金40万円及びこれに対する平成○年○月○日か
ら支払済みまで年5分の割合による金員を支払え。

2　訴訟費用は，これを7分し，その4を被告の負担とし，その余を原告
の負担とする。

3　この判決は，第1項に限り，仮に執行することができる。

第2　控訴の趣旨

1　原判決のうち，控訴人敗訴部分を取り消す。

2　被控訴人の請求を棄却する。

3　訴訟費用は，第1，2審とも被控訴人の負担とする。

第3　控訴の理由

原判決には事実誤認や判断の誤りがあるものであり，詳細について，
追って準備書面を提出する。

以上

※　一部認容判決に対する控訴状である。司法書士が代理人として控訴理由の
記載をすることはできないので，「控訴の理由」は控訴状の中に記載しない。
なお，訴え提起時に提出している委任状の委任事項に控訴手続が記載されて
いる場合は，あらためて委任状を提出する必要はないが，記載されていない
場合は，控訴手続のための委任状を提出しなければならない。

【書式25】　控訴状──第1審が地方裁判所であり高等裁判所に対して控訴する場合

控　訴　状

平成○年○月○日

○○高等裁判所　御中

控訴人（被告）　○　○　○　○　㊞

〒○○○－○○○○　○○県○○市○○町○丁目○番○号○○コーポ○

259

第10章　判決後の対応

　　　　号室
　　　　　　　　　　控 訴 人 （被告）　○　○　○　○

　〒○○○－○○○○　○○県○○市○○町○丁目○番○号
　　　　　　　　　被控訴人（原告）　株式会社○○商店
　　　　　　　　　代表者代表取締役　○　○　○　○

貸金請求控訴事件
　　訴訟物の価額　　金170万1969円
　　貼用印紙額　　　金 2 万1000円

　　上記当事者間の○○地方裁判所平成○年(ワ)第○号売買代金請求事件につい
て，平成○年○月○日言い渡された下記判決は，不服であるから控訴する。

第 1 　原判決の表示
　　1 　被告は，原告に対し，金170万1969円及びこれに対する平成○年○月○
　　　日から支払済みまで年 6 分の割合による金員を支払え。
　　2 　訴訟費用は被告の負担とする。
　　3 　この判決は，仮に執行することができる。

第 2 　控訴の趣旨
　　1 　原判決を取り消す。
　　2 　被控訴人の請求を棄却する。
　　3 　訴訟費用は，第 1 ， 2 審とも被控訴人の負担とする。

第 3 　控訴の理由
　　　　追って理由書を提出する。
　　　　　　　　　　　　　　　　　　　　　　　　　　　　　　　　以上

　※　地方裁判所を第 1 審とする訴訟について、高等裁判所に控訴する場合の控
　　訴状である。司法書士は訴訟代理人ではなく書類作成で関与している事案で
　　あるので、控訴状の中の「控訴の理由」に控訴理由を記載することも可能で
　　ある。

Ⅳ　控　訴

2　控訴の実務上の留意点

⑴　上訴についての説明

　司法書士が裁判書類作成関係業務として本人訴訟に関与している場合、送達場所を司法書士事務所としていない限り、判決は依頼者本人のもとに特別送達で送られることになる。控訴期間は判決正本の受領後 2 週間以内であるため、受領後すぐに連絡をするよう依頼者と事前に打ち合わせておく必要がある。そして、依頼者から判決を受け取った旨の連絡があった場合は速やかに面談の期日を設けて、控訴の要否について協議をしなければならない。

　司法書士が依頼者と上訴の要否について検討する場合には、まず判決主文の説明をし、依頼者にどのような効果がもたらされる結果となったかを説明する。

　判決理由については、勝訴の場合、一部勝訴の場合、敗訴の場合に分けて、当該理由（判決主文に至った経緯）を、依頼者に対して説明することとなる。

　そして、上訴するか否かを依頼者に判断してもらうことになる。とりわけ、一部勝訴の場合は、裁判所に認められなかった部分が司法書士の感覚として認容される可能性が低いと思われる場合でも、依頼者本人にとっては重要な部分であると認識している場合もあるので、勝訴とならなかった部分（つまり敗訴となった部分）について、詳しく説明をして依頼者の判断を仰ぐ必要がある。

⑵　控訴審の受任の仕方

　第 1 審と控訴審は一連のものであるが、事件としては別である。第 1 審の訴訟代理人となっていた弁護士が控訴審も引き続き訴訟代理人となる場合でも、委任状をあらためて提出しなければならない。また、訴訟当事者が法人の場合には、代表者事項証明書をあらためて提出する必要がある。したがって、司法書士が書類作成者として控訴審に関与する場合でも、第 1 審とは別の事件であることを依頼者に説明したうえで、あらためて依頼者から事件の

261

第10章　判決後の対応

依頼を受けなければならない。

　第１審が簡易裁判所で、司法書士が代理人となっていた場合は、司法書士法３条１項６号の業務として受任していたものが同項４号の業務になるわけであるから、あらためて委任契約を行わなければならないことは当然であるが、第１審に書類作成者として関与していた場合でも、あらためて委任契約を締結して契約書を作成する必要がある。また、報酬についても依頼者との間であらためて取決めをしておく必要がある。

(3)　控訴状と控訴理由書

　控訴状や控訴理由書についても、訴状や答弁書、準備書面の作成と同様、依頼者に対して詳しく説明をして理解を求める必要がある。控訴審は最終の事実審であるから、控訴理由書には、今回の控訴によって第１審判決と結論が変わる余地があるということを詳しく表現する必要がある。

　控訴審は、第１審から継続しているので、提出している主張書面とともに書証も記録として控訴裁判所に移される。そのため、第１審で提出済みの書証をあらためて提出する必要はないが、新たに判決に影響を及ぼす可能性があると思われる書証があれば、控訴理由書とともに提出することになる。その場合の号証番号は、第１審で提出した最後の書証の次の番号から連続して付していくことになる。もちろん、控訴審の審理の中で新たな書証を提出することも可能ではあるが、後に触れるように控訴審は少ない期日で結審することが多いので、手持ちの証拠は早い時期に提出しておく必要がある。

　なお、第１審が簡易裁判所で、当事者尋問や証人尋問を行っている場合は、尋問の内容をテープで録音するだけで調書の作成を省略していることがほとんどである。録音テープは訴訟記録ではないので、自動的に地方裁判所に送られるものではない。控訴する側が控訴審で尋問の内容を証拠として用いたい場合は、このテープを複製して反訳して控訴裁判所である地方裁判所に提出する必要があり、そのための費用も負担しなければならない。

(4)　弁護士選任についての助言

　一般的に控訴審は１回〜２回程度の期日だけで結審することが多いように

思われる。とりわけ、第1審で勝訴をしている場合で、相手方の控訴理由に目新しい論点が含まれていると感じられない場合などは、依頼者に対してそのように説明をして、控訴審を本人訴訟で闘うことの不安を和らげることも必要であろう。しかし、訴訟の進行に応じて、弁護士による代理訴訟のほうが適していると判断した場合には、適宜弁護士選任についての情報提供をすることが、依頼者の権利保護に資する。このことは、第1審が簡易裁判所で、司法書士が訴訟代理人として活動していた場合はもちろん、司法書士が裁判書類作成関係業務を通じ本人訴訟支援を行っていた場合も同様である。

第11章　報　酬

第11章　報　酬

Ⅰ　弁護士の報酬制度

　一般的に、弁護士の報酬制度は、着手金と成功報酬に分かれている。着手金は弁護士が事件の処理を引き受ける際に発生する報酬で業務処理の対価の一部となるものである。したがって、裁判で敗訴した場合や、依頼者が納得できない結果に終わった場合でも、基本的に返金はされない。

　これに対して、成功報酬は事件の処理が終了した場合にその結果に応じて定まる報酬である。裁判の判決や和解の内容が依頼者に利益（全部の場合だけでなく一部の場合も含む）をもたらせるものであった場合に、その利益の一部を報酬として算定することになる。したがって、依頼者が全く利益を得られなかった場合には、成功報酬は発生しない。

　このような着手金と成功報酬による報酬制度以外に、タイムチャージ制による報酬制度もある。タイムチャージ制とは、弁護士が委任を受けた事件の処理のために要した時間に対して、その弁護士の1時間あたりの料金を乗じて弁護士費用を算定する方法である。もっとも、この報酬制度は、一般的な訴訟などの場合よりも、継続的な相談や契約書のチェックなどの場合に用いられることが多い。

Ⅱ　司法書士の報酬制度の流れ

　平成14年に司法書士法が改正されて、司法書士に簡裁代理権が付与される

までは、簡易裁判所での事件も含めて、司法書士の裁判関係の業務はすべて書類作成によるものであった。報酬額の算定については、平成10年までは報酬規定が存在し、その後平成15年までは報酬基準が定められていたが、いずれも原則的に司法書士が作成した書面の枚数によって算定される「枚数主義」という算定方法であった。したがって、少なくとも報酬規定が存在していた当時は、依頼者の経済的利益を基準とするのではなく、司法書士の労力に比例させた算定方法が採用されていた。

　ちなみに、この司法書士の報酬規定は、司法書士の報酬に関する規程に基づいて日本司法書士会連合会で決議され、法務大臣の認可を受けることによって制定されたものであり、報酬基準は各司法書士会の会則で定められたものであった。

　報酬基準が廃止されることになった背景には、国が積極的に打ち出していた規制緩和の流れがあった。報酬の基準の決定に国がかかわりながら不当な競争を防止するという官主導の政策から、当事者の合意に基づいて自由に報酬額を設定できるようにして、適正な報酬額を民主導で決めていこうという考え方に大きく方向が変わり、完全な自由競争が持ち込まれるようになった（報酬自由の原則）。もっとも、報酬の額を当事者が自由に決められるとはいっても、その額の算定根拠は明確でなければならず、司法書士法施行規則22条によって依頼者に対する報酬の基準を明示する義務が定められており、さらに、各司法書士会の会則において報酬額や算定方法を事務所の見やすい場所に掲示する義務が定められている。

　このように、報酬基準が平成15年に廃止されたのとほぼ時を同じくして、司法書士が簡易裁判所の事物管轄の範囲内で、代理人として訴訟や裁判外和解を行うことができるようになり、依頼者の経済的利益に基づいた報酬額の算定や、成功報酬という考え方が司法書士の中でも一般的になり始めた。これに伴って、司法書士が以前から行っていた、裁判書類作成関係業務についても、訴訟の結果依頼者が受けることになる経済的利益を基準として算定することができるのか否か、本人訴訟を行って勝訴した場合に、成功報酬を受

第11章　報　酬

け取ることができるのか否かといったことが、潜在的な問題として生じることとなった。

なお、「枚数主義」による報酬の算定額が、本人が得られた経済的利益を基に算定する成功報酬の額よりも常に低くなるとは限らないことに注意が必要である。事件の内容によっては司法書士が作成する書類の枚数が多数にわたり、結果的に報酬の算定額が高くなることは十分考えられる。

Ⅲ　日本司法書士会連合会の報酬指針

1　債務整理事件の処理に関する指針

日本司法書士会連合会では、「債務整理事件の処理に関する指針」（平成21年12月16日理事会決定、平成22年5月27日改正）において、「債務整理事件の依頼を受けるにあたっては、事件処理に係る報酬額又はその算定方法及び費用を明らかにした書面を提示したうえで、報酬に関して十分に説明しなければならない」（第10の1項）、「債務整理事件を受任又は受託したときは、受任又は受託する内容を明らかにした契約書を作成し、その内容を十分説明した上で、前項の報酬額又はその算定方法及び費用を明らかにした書面とともに依頼者に交付しなければならない」（第10の2項）と定め、依頼者に対する報酬額や算定方法の説明義務を指針として示している。

債務整理事件の処理に関する指針

平成21年12月16日理事会決定
平成22年5月27日改正

（目的）
第1　この指針は、司法書士の行う債務整理事件処理が債務者の生活再建に
　　重要な役割を果たしていることから、債務整理事件における司法書士の不

Ⅲ　日本司法書士会連合会の報酬指針

適切な事件処理を防止し、もって深刻な社会問題となっている多重債務問題の解決に資することを目的として、債務整理事件の処理にあたり配慮すべき事項を定めるものである。

（定義）

第2　この指針における用語の意味は、次のとおりである。

⑴　債務整理事件　金銭の貸付けを業とする者、立替払いを業とする者、信用供与を業とする者又はこれらに類する者に対して債務を負担する者から受任又は受託する任意整理事件、特定調停事件、過払金返還請求事件、破産申立事件、民事再生事件及びこれに類する事件

⑵　依頼者　債務整理事件について司法書士に委任若しくは委託しようとする者又はしている者

（基本姿勢）

第3　債務整理事件の処理にあたっては、依頼者の生活再建を目指すことを常に念頭に置き、必要に応じて行政サービス等を受ける機会を確保するなど、依頼者の生活再建のための方策を講じるものとする。

（広告）

第4　債務整理事件に関して、品位又は信用を損なうおそれのある広告宣伝又は有利な結果を保証するような内容の広告宣伝を行ってはならない。

（面談）

第5　債務整理事件の依頼を受けるにあたっては、依頼者又はその法定代理人と直接面談して行うものとする。ただし、次に掲げる場合等合理的理由の存する場合で面談以外の方法によって依頼者本人であることの確認及びその意向が確認できるときは、この限りでない。

⑴　従前から面識がある場合

⑵　依頼者が現に依頼を受け又は受けようとしている者の保証人（連帯保証人を含む。）である場合で、債権者の厳しい取り立てを速やかに中止させる必要があるとき

⑶　依頼者が離島などの司法過疎地に居住する場合で、債権者の厳しい取り立てを速やかに中止させる必要があるとき

267

第11章　報　酬

2　面談においては、負債の状況、資産及び収入の状況並びに生活の状況等の現状を具体的に聴き取り、依頼者の置かれた状況を十分に把握したうえで、債務整理事件処理及び生活再建の見通しを説明するものとする。

（依頼者の尊重）
第6　債務整理事件の依頼を受けるにあたり、又はこれを処理するにあたっては、依頼者の意向を十分に聴き取り、依頼者の自己決定を尊重しなければならない。
2　依頼者が適切に手続を選択できるよう各手続の内容をできるだけわかりやすく説明し、依頼者の意向に添う処理が困難と思われる場合には、依頼者の理解が得られるよう書面を示すなどして丁寧に説明するものとする。

（業務範囲の説明）
第7　債務整理事件の依頼を受けるにあたっては、簡裁訴訟代理等関係業務及び裁判書類作成関係業務についての業務範囲を明確にする等、依頼を受ける業務の内容及び範囲を説明するものとする。

（本人訴訟支援のあり方）
第8　依頼者から裁判書類作成関係業務の依頼を受ける場合には、簡裁訴訟代理等関係業務との相違点を依頼者に十分説明し、依頼者が適切に訴訟行為を遂行できるように助力しなければならない。

（不利益の説明）
第9　債務整理事件の依頼を受けるにあたっては、依頼者に対し、次に掲げるものの他、不利益が発生する可能性がある事項を説明するものとする。
⑴　信用情報機関に事故登録される可能性があること
⑵　破産の場合には資格制限があること
⑶　不動産の所有権を失う可能性があること
⑷　自動車等の所有権が留保されている物件の占有を失う可能性があること

（報酬及び委任契約）
第10　債務整理事件の依頼を受けるにあたっては、事件処理に係る報酬額又

はその算定方法及び費用を明らかにした書面を提示したうえで、報酬に関して十分に説明しなければならない。

2　債務整理事件を受任又は受託したときは、受任又は受託する内容を明らかにした契約書を作成し、その内容を十分に説明した上で、前項の報酬額又はその算定方法及び費用を明らかにした書面とともに依頼者に交付しなければならない。

3　依頼者が民事法律扶助制度における資力要件に該当する場合には、民事法律扶助制度を教示して、依頼者がこれを利用するか否かについて選択の機会を与えたうえで、その意向を十分に考慮するものとする。

（偏った事件処理の禁止）

第11　債務整理事件を処理するにあたっては、合理的な理由がないにもかかわらず、依頼者の他の債務の有無を聴取しないで、又は依頼者に他の債務があることを知りながら、過払金返還請求事件のみを処理するなどしてはならない。

2　正当な理由なく裁判書類作成関係業務の依頼を拒否してはならない。

（進捗状況の報告）

第12　債務整理事件の処理にあたっては、依頼者に対し、定期的に、又は必要に応じて処理状況を報告しなければならない。

2　過払金の返還を受けるなど、依頼者のために金品を受領した場合は、速やかに依頼者に報告しなければならない。

3　債務整理事件の処理が終了したときは、その経過及び結果を遅滞なく依頼者に報告しなければならない。

（費用・報酬の精算）

第13　債務整理事件が終了したときは、遅滞なく、費用の精算をし、依頼者から預かった書類及び依頼者のために取得又は受領した書類等を返還するものとする。

（事件終了後の支援）

第14　債務を分割して弁済することとなった場合その他依頼者の生活再建の支援が必要となった場合には、適宜面談するなどして、適切な助言ができ

第11章　報　酬

るよう努めるものとする。

2　債務整理事件における報酬に関する指針

さらに、日本司法書士会連合会では、「債務整理事件における報酬に関する指針」（平成23年5月26日理事会決定。以下、「報酬指針」という）において、具体的な報酬算定の指針を示している。報酬指針では、適正かつ妥当な報酬として、「債務整理事件において司法書士が請求し、又は受領する報酬は、当該事件が解決したことにより依頼者が受ける経済的利益の他、依頼者の資産、収入及び生活の状況等を考慮した適正かつ妥当なものでなければならない」（3条）として総論を示したうえで、以下のとおり、債務整理の事案ごとに報酬の上限を定めている。

まず、任意整理における定額報酬については、債権者一人あたり5万円を上限としている（報酬指針5条）。減額報酬については、約定債務の額から減額または免除を受けた債務の金額を経済的利益と考え、その経済的利益の10パーセントを報酬の上限としている（同指針6条）。また、過払金返還請求の報酬としては、司法書士が代理人として関与した場合を前提に、過払金返還請求によって回収した金額を経済的利益として、①訴訟によらずに回収した場合の報酬の上限を経済的利益の20パーセント、②訴訟により回収した場合の報酬の上限を経済的利益の25パーセントと定めている。

債務整理事件における報酬に関する指針

平成23年5月26日理事会決定
平成28年4月27日理事会改正

（目的）

第1条　この指針は、債務整理事件を処理する司法書士（司法書士法人を含む。以下同じ。）の一部が不適正かつ不当な額の司法書士報酬を請求し、又

は受領しているとの批判があることから、臨時の措置として、主として過払金返還請求事件における司法書士報酬の額を適正化することによって、依頼者の利益の保護を図るとともに、司法書士に対する国民の信頼を確保することを目的とする。

（定義）
第2条 この指針において、次の各号に掲げる用語の意義は、当該各号に定めるところによる。

一 依頼者 債務整理事件を司法書士に依頼し、又は依頼しようとする者をいう。

二 債権者 債務者に対して債権を有するとみられる者をいう。

三 債務者 金融業者に対して債務を負担する個人又は法人をいう。

四 過払金返還請求事件 債権者との取引について、利息制限法所定の利率による利息計算（以下、「引き直し計算」という。）をした結果、弁済すべき金額を超えて支払った金額（以下、「過払金」という。）が生じることとなった債務者が、当該債権者に対してその返還請求を行う事件をいう。

五 任意整理事件 債権者が債務者に有するとみられる債権について、弁済の額、方法等について裁判外で債権者と交渉して処理する事件をいい、引き直し計算の結果、債務者が、債権者に対して債務を負担しないこととなる場合及び過払金が生じた場合を含む。

六 定額報酬 受任した事件の結果のいかんにかかわらず、債権者に対する通知及び取引履歴の開示請求、引き直し計算、債務額確定のための交渉、返済に関する交渉、裁判外での和解並びにこれらに付随する事務の対価として一定額を定める報酬をいう。

七 減額報酬 債権者が主張する債務を減額させ、又は免れさせた場合に、その減額され、又は免れた債務の金額を経済的利益として、その経済的利益に応じて算定される報酬をいう。

八 過払金返還報酬 過払金を回収した場合に算定される報酬をいう。

（適正かつ妥当な報酬）
第3条 債務整理事件において司法書士が請求し、又は受領する報酬は、当該事件が解決したことにより依頼者が受ける経済的利益の他、依頼者の資

第11章　報　酬

産、収入及び生活の状況等を考慮した適正かつ妥当なものでなければならない。

（報酬の請求等）
第4条　司法書士は、任意整理事件及び過払金返還請求事件において、次条以下の規定に反して報酬を請求し、又は受領してはならない。
2　次条以下に定める報酬の額には、消費税額を含まない。

（定額報酬の上限）
第5条　任意整理事件を受任したときは、定額報酬として債権者一人当たり5万円を超える額を請求し、又は受領してはならない。

（減額報酬の上限）
第6条　減額報酬を請求し、又は受領するときは、減額され、又は免れた債務の金額を経済的利益として、その経済的利益に10パーセントの割合を乗じた金額を超える金額を減額報酬として請求し、又は受領してはならない。
2　引き直し計算により算出された金額を債権者が認めた場合（その金額を債権者が積極的に争わない場合を含む。）は、その算出された金額から減額され、又は免れた債務の金額を経済的利益として前項を適用する。

（過払金返還報酬の上限）
第7条　代理人として過払金を回収したときは、その回収した金額を経済的利益として、その経済的利益に次の割合を乗じた金額を超える額を過払金返還報酬として請求し、又は受領してはならない。
⑴　訴訟によらずに回収した場合　20パーセント
⑵　訴訟により回収した場合　25パーセント

（支払い代行手数料の上限）
第8条　債務整理事件において、その債務を債権者に分割して支払うことを代行するときは、代行する支払いごとに実費に相当する額を含めて千円を超える額を請求し、又は受領してはならない。

（その他の報酬の規制）

272

第9条 司法書士は、任意整理事件及び過払金返還請求事件において、第5条から前条に定める報酬以外の報酬を請求し、又は受領してはならない。

附　則

1　この指針は、平成23年5月26日から10年を超えない範囲内において理事会で定める日に、その効力を失う。

Ⅳ　司法書士の報酬の論点

　司法書士が代理人として簡裁訴訟代理等関係業務を行う場合は、その業務内容は弁護士による代理業務と内容において変わるところがないから、依頼者との間で、弁護士と同じように着手金と成功報酬の取決めをすることは何ら問題なく、一般的にそのような報酬の取決めに基づいて、司法書士は簡裁訴訟代理等関係業務を行ってきた。一方、司法書士が裁判書類作成関係業務を行う際に、依頼者との間で成功報酬の取決めを行うことの適否については、正面を切って論じられることがあまりなかった。しかし、平成20年頃の過払金返還請求事件の増加の中で、司法書士の書類作成による本人訴訟を行ったことによって本人が過払金の返還を受けた場合に、本人が得た経済的利益を基準として成功報酬を算定すると、書類作成の労力の割に高額な報酬と感じられるような事例が多くみられるようになったことから、にわかに裁判書類作成関係業務と成功報酬の問題が議論になり始めた。そして、和歌山訴訟の控訴審の審理が始まると、この問題が争点として争われるようになり、司法書士の間でも表立った議論が行われるようになった。

　結局、和歌山訴訟控訴審判決（大阪高判平成26・5・29民集70巻5号1380頁）は、以下のとおり判示して、司法書士が裁判書類作成関係業務で成功報酬を請求することを否定した。

　「成功報酬は、法律専門職としての高度の法律的知識を活用し、代理人として専門的・裁量的判断を行うことに対応する報酬というべきものである。

第11章 報　酬

これに対し、司法書士の裁判書類作成関係業務は、委任者の主張を聴取した上、これを法律的に整序して、訴状その他裁判所に提出する書類を作成するというものであり、同業務に対する報酬は、かかる書類作成という事務処理における実働の対価であって、作成した書類を使用して過払金を回収したからといって、成功報酬としてその過払金の一部を受領すべき関係にはないというべきである。したがって、裁判書類作成関係業務の報酬として回収した過払金の2割とする旨の合意は、業務に対応しない報酬を不当に請求するものとして暴利行為（民法90条）に当たり、又は、裁判書類作成関係業務に名を借りて代理業務を行うことを想定した合意として弁護士法72条の趣旨を潜脱するものといえるから、いずれにしても無効であると解するのが相当である。

　したがって、上記無効な合意に基づき過払金の2割を報酬として受領することは、不法行為に当たるものというべきである」。

V　裁判書類作成関係業務の成功報酬

　和歌山訴訟控訴審判決では、裁判書類作成業務は司法書士が書類を作成して本人に交付するか、もしくは裁判所に提出することによって司法書士の業務は終了し、それ以降、裁判の中で勝訴判決をとったり和解がまとまったりして、依頼者が一定の金額を回収することができたとしても、それはあくまで依頼者本人の力によるものであるから、司法書士が成功報酬を求めることは許されないとされている。本件では、司法書士と依頼者との間で、回収した過払金の2割を成功報酬とする契約を締結していたのであるが、この控訴審判決は、回収額の2割という割合を問題としているのではなく、仮に固定した金額であったとしても成功報酬を受け取ること自体が認められないと判断しているものと考えられる。

　では、司法書士が裁判書類作成関係業務を受託するにあたって、依頼者との間で成功報酬の取決めを行うことは、弁護士法72条の趣旨を潜脱となるの

274

であろうか。

　一口に裁判といってもその内容はさまざまであり、司法書士の書類作成による本人訴訟の支援の手法も事件の類型によって内容が異なる。たとえば、時効を主張して不動産の所有権を取得する場合や、かなり昔に設定された抵当権の登記の抹消を請求する場合などは、実体的に権利関係が明らかではあるものの、認容判決を得るための立証に手間がかかり、技量が必要である場合が少なくない。このような案件において、緻密な立証のおかげで勝訴判決を取得し、所期の目的が達成された場合に、司法書士が依頼者との合意に基づいて労力加算としての報酬を請求することは特に問題ないであろう。一方、訴訟に至るまで実体的な権利関係が明らかではなく、当事者の主張立証によってその結論が変わるような案件においては、裁判書類作成関係業務を行った司法書士が依頼者に対して成功報酬を請求できるか否かについて議論がある。

　裁判書類作成関係業務における成功報酬を否定する立場は、和歌山訴訟控訴審判決も示しているように、司法書士による裁判書類作成関係業務は書類を完成させて本人に交付するか裁判所に提出することによって終了するものであるということを指摘する。あまりに高額な成功報酬の取決めをしていた場合は、書類作成の範囲を超えて、実質的に代理人に近い形で訴訟に関与していると疑われる可能性も生じかねない。

　一方、裁判書類作成関係業務における成功報酬を認める立場からは、報酬が自由化されているという点を根拠としてあげる。司法書士会が会員に報酬の基準を示すことは公正取引委員会が認めていないため、会員に対して報酬の定め方を指導することは難しい。また、他士業においても依頼を受けた内容の成否により報酬が変わることが許容されていること（宅地建物取引業者の報酬に関する昭和45・10・23建設省告示第1552号（平成26・2・28国土交通省告示第172号により改正）など）も成功報酬の可否を論じる際の参考になると思われる。これに加え、わが国の裁判では、裁判書類の内容が充実していることによって訴訟が円滑・迅速に進み、裁判書類の出来・不出来によって勝

第11章　報　酬

敗が決することもあるほどなのであるから、裁判の難易度、作成に費やした労力・時間、作成した書類の量などに応じて報酬の額が変わるのは当然であり、そのような報酬体系の一類型として、依頼者が作成された書類を用いて得た経済的利益等に応じて報酬を決めるとする合意（成功報酬）も許容されるべきものであるということなども、裁判書類作成関係業務に成功報酬という概念を持ち込むことを肯定する根拠と考えられる。

　このように、裁判書類作成関係業務における成功報酬の可否の議論については、双方の立場からさまざまな主張がなされるところである。現在のところ、この論点に関する判断がなされた裁判例は、公表されているものの中では和歌山訴訟控訴審判決が最新のものであり、最高裁判所の判断が示されたことはない。今後、過払金返還請求事件以外の一般民事事件を含めて、同様の判断がなされるのかどうかなど、まだまだ議論すべき論点は少なくないものと思われる。また、事件の類型や内容によって報酬の決め方は一律ではないので、多角的な視点からの検討も必要である。

　ただ、成功報酬を肯定する場合でも、裁判書類作成関係業務はあくまで書類の作成であり、本人に代わって紛争解決に向けた活動をすることはできないのであるから、成功報酬の基準を代理人として事件に関与する場合と同等、もしくはそれ以上とすると、実質的に代理人として事件に関与したと考えられかねない。仮に依頼者がそのような基準による報酬の算定を認容していたとしても、実質代理として弁護士法違反に問われるおそれがあるので、注意をすべきである。

　もっとも、司法書士の伝統的な報酬形態である枚数主義によって報酬を算定する場合でも、事件の内容によっては、作成する書類の枚数が多くなるため、経済的利益を基にした成功報酬を算定するよりも結果的に報酬の額が高くなることは珍しいことではないので、書類作成の労力が反映されるように、個々の司法書士がしっかりとした報酬の算定基準を決めておくことが大事である。

276

◎事項索引◎

〔数字〕

5号相談　37, 39, 44, 45

7号相談　38, 40, 44, 45

〔あ行〕

委任契約から導かれる善管注意義務
　15, 45

委任契約書　109

動かしがたい事実　62, 86

訴え提起前の証拠収集の処分　134

訴え提起前の和解　138

訴えの提起　150

訴えの提起前における照会　131

〔か行〕

仮執行宣言　255

簡裁訴訟代理等関係業務　6, 35, 110,
　120, 158, 175

簡裁訴訟代理等関係業務委任契約書
　110

間接事実　59

期日報告書　188, 189

擬制自白　185

擬制陳述　184

既判力　254

供述　220

経験則　66, 68, 72

経験則違反　75

現地調査報告書　199

交渉　102

控訴　256, 261

控訴状　256, 258, 259, 262

控訴理由書　257, 262

〔さ行〕

債権者主張額説　43

裁判書類作成関係業務　1, 8, 12, 16,
　19, 21, 35, 116, 120, 162, 177

裁判書類作成関係業務基本契約書　116

事実認定　56, 61, 62

事情　60

支払督促　103

受益額説　43

主尋問　225, 226, 229

受任前提相談　40, 45

主要事実　58

書面尋問　251

準備書面　181, 182

準文書　195, 198

少額訴訟　107

少額訴訟債権執行　107

証拠説明書　168, 171

証拠申出書　231

証拠力　204

書証　63, 195

処分証書　195

信義則上の義務　13, 45

尋問　225, 240, 250

尋問事項書　231

ストーリー　65, 87, 91

説明助言義務　13, 45

善管注意義務　15, 45

277

事項索引

送還受取人　151
送還場所　151
訴訟委任状　160
訴訟外の和解　146
訴訟上の和解　146
訴訟遂行能力　100
訴状　150, 154, 158, 162, 165

〔た行〕
代理訴訟　106
調停　104
陳述書　208, 213
提訴前証拠収集の処分申立書　134
提訴予告通知書　131
答弁書　175, 177
独立相談義務　40, 45

〔な行〕
内容証明郵便　126
人証　64, 220

〔は行〕
判決の言渡し　254

反対尋問　240, 241, 244
複製申請書　253
弁論準備手続　185
報告文書　195
報酬　264, 266, 270, 273
法的判断限定説　19, 21, 25
補助事実　60
本人訴訟　107, 108, 250
本人訴訟支援　35, 120

〔ま行〕
目的的法的判断肯定説　19, 21, 25

〔や行〕
要件事実　56
用語等説明書　224

〔ら行〕
立証活動　61, 195, 206

〔わ行〕
和解勧試　143
和解に代わる決定　146

278

判例索引

◎判例索引◎

〔最高裁判所〕

最判昭和23・2・10集民1号73頁 ……………………………………… 67

最判昭和32・10・31民集11巻10号1779頁 ………………………… 59, 62, 86

最判昭和33・6・14集民32号231頁 …………………………………… 76

最判昭和34・1・8民集13巻1号1頁 ………………………………… 76

最判昭和36・8・8民集15巻7号2005頁 …………………………… 77

最判昭和37・2・22民集16巻2号350頁 …………………………… 86

最判昭和38・4・19集民65号593頁 …………………………………… 77

最判昭和38・7・30集民67号141頁 …………………………………… 76

最判昭和39・1・23集民71号237頁 ……………………………… 62, 86

最判昭和40・2・5集民77号305頁 ……………………………… 63, 86

最判昭和42・5・23集民87号467頁 …………………………… 76, 86

最判昭和43・3・1集民90号535頁 …………………………………… 86

最判昭和43・7・11民集22巻7号1489頁 …………………………… 77

最判昭和45・3・26民集24巻3号165頁 …………………………… 205

最判昭和45・10・30集民101号313頁 ……………………………… 156

最判昭和45・11・26集民101号565頁 …………………………… 59, 63, 77

最判昭和46・3・30判時628号45頁・判タ263号202頁 …………… 76

最判昭和47・3・2集民105号225頁 …………………………………… 76

最判昭和50・10・24民集29巻9号1417頁 ……………………… 61, 77

最判昭和54・3・23判時924号51頁 …………………………………… 78

最判昭和59・3・13金法1077号32頁 ………………………………… 76

最判平成14・6・13判時1816号25頁 ………………………………… 63

最判平成28・6・27民集70巻5号1306頁〔和歌山訴訟最高裁判決〕………… 1, 43

〔高等裁判所〕

東京高判昭和52・7・15判タ362号240頁 ……………………………… 208

高松高判昭和54・6・11判時946号129頁〔高松高裁判決〕…・ 1, 3, 4, 8, 9, 16,
22

東京高判平成24・7・25判時2165号84頁 ……………………………… 253

大阪高判平成26・5・29民集70巻5号1380頁〔和歌山訴訟大阪高裁判決〕‥ 1, 8,

279

判例索引

9 , 11, 13, 14, 15, 16, 17, 25, 45, 273

〔地方裁判所〕

大分地判昭和46・11・8判時656号82頁 ……………………………………… 207

松山地西条支判昭和52・1・18判時865号110頁〔松山地裁判決〕…………… 1 , 2

東京地判平成10・5・29判タ1004号260頁 ……………………………………… 208

和歌山地判平成24・3・13民集70巻5号1347頁〔和歌山訴訟和歌山地裁判決〕‥ 1

富山地判平成25・9・10判時2206号111頁〔富山訴訟〕……………………… 1 , 152

東京地判平成28・7・5判例集未登載 …………………………………………… 152

名古屋地判平成30・5・31消費者法ニュース117号218頁〔愛知訴訟〕……… 1 , 23

※　日本司法書士会連合会編『司法書士裁判実務大系第1巻［職務編］』では、和歌山訴訟最高裁判決（316頁以下）、和歌山訴訟大阪高裁判決（319頁以下）、和歌山訴訟和歌山地裁判決（361頁以下）、高松高裁判決（379頁以下）、松山地裁判決（387頁以下）の判決全文を収録しているので、あわせて参照されたい。

◎執筆者紹介◎

安河内　肇（やすこうち・はじめ）

〔略　歴〕　平成12年司法書士登録（福岡県司法書士会）、日本司法書士会連合会執務問題検討委員会委員長　ほか

〔著書等〕　共著「最高裁平成28年6月27日判決と実務への影響」登記情報659号（2016年）61頁以下、「福岡における賃貸住宅をめぐるトラブルの現状と取組み」市民と法65号（2010年）56頁以下、「簡裁代理業務開始後の実務状況⑧福岡」市民と法26号（2004年）60頁以下　ほか

谷　　嘉浩（たに・よしひろ）

〔略　歴〕　平成13年司法書士登録（大阪司法書士会）、日本司法書士会連合会執務問題検討委員会副委員長、同紛争解決支援推進対策部本人訴訟推進 WT 座長ほか

〔著書等〕　共著『建物明渡事件の実務と書式』（民事法研究会・2015年）、「民事執行・民事保全手続の幾つかの要点」登記情報592号（2011年）18頁以下、「和歌山訴訟最高裁判決・高裁判決から考察する実務への影響と今後の課題」市民と法101号（2016年）19頁以下　ほか

(以下、50音順)

赤松　　茂（あかまつ・しげる）

〔略　歴〕　平成15年司法書士登録（静岡県司法書士会）、日本司法書士会連合会執務問題検討委員会委員、同紛争解決支援推進対策部民事裁判 IT 化対応 WT 座長　ほか

〔著書等〕　共著『簡裁消費者訴訟の実務』（民事法研究会・2005年）、共著『実践簡裁民事訴訟』（民事法研究会・2006年）、共著『司法書士による被告事件の実務』（民事法研究会・2013年）、共著『民法（債権関係）改正と司法書士実務』（民事法研究会・2017年）　ほか

池末　晋介（いけすえ・しんすけ）

〔略　歴〕　平成17年司法書士登録（群馬司法書士会）、日本司法書士会連合会執務問題検討委員会委員　ほか

執筆者紹介

〔著書等〕 「和歌山訴訟最高裁判決への実務対応の視点」市民と法101号（2016年）33頁以下　ほか

陰山　克典（かげやま・かつのり）

〔略　歴〕　平成19年司法書士登録（広島司法書士会）、日本司法書士会連合会執務問題検討委員会委員、同紛争解決支援推進対策部民事裁判 IT 化対応 WT 副座長　ほか

〔著書等〕 「合資会社の破産の実務と論点」市民と法90号（2014年）10頁以下、共著「最高裁平成28年6月27日判決と実務への影響」登記情報659号（2016年）61頁以下、「裁判手続等の IT 化への期待と懸念」市民と法112号（2018年）80頁以下　ほか

古橋　清二（ふるはし・せいじ）

〔略　歴〕　平成2年司法書士登録（静岡県司法書士会）、日本司法書士会連合会執務問題検討委員会委員　ほか

〔著書等〕　共著『注釈司法書士倫理』（日本加除出版・2004年）、『究極の債権回収マニュアル』（こう書房・2004年）、『司法書士のための破産の実務と論点』（民事法研究会・2014年）　ほか

八神　　聖（やがみ・きよし）

〔略　歴〕　平成8年司法書士登録（愛知県司法書士会）、日本司法書士会連合会執務問題検討委員会委員、名城大学法学部特任教授　ほか

〔著書等〕　共著『司法書士の責任と懲戒』（日本加除出版・2013年）、共著『司法書士簡裁訴訟代理等関係業務の手引［平成29年度版］』（日本加除出版・2016年）、共著『司法書士裁判実務大系第1巻［職務編］』（民事法研究会・2017年）ほか

再考　司法書士の訴訟実務

2019年 5 月12日　　第 1 刷発行

定価　　本体3,500円＋税

編　者　日本司法書士会連合会
発　行　株式会社　民事法研究会
印　刷　藤原印刷株式会社

発行所　株式会社　民事法研究会
　　　　〒150-0013 東京都渋谷区恵比寿3-7-16
　　　　〔営業〕TEL 03(5798)7257　FAX 03(5798)7258
　　　　〔編集〕TEL 03(5798)7277　FAX 03(5798)7278
　　　　http://www.minjiho.com/　info@minjiho.com

落丁・乱丁はおとりかえします。　　ISBN978-4-86556-280-4　C2032　￥3500E
カバーデザイン：関野美香

信頼と実績の法律実務書

── 実務に即対応できる好評既刊書！──

2017年7月刊 司法書士の実務に直結する視点から改正法を解説！

民法（債権関係）改正と司法書士実務
―改正のポイントから登記・裁判・契約への影響まで―

司法書士の実務の観点に徹し、司法書士が知っておくべき論点を重点的に取り上げ、かつ実務での留意点を書式・記載例を織り込み詳説！

日本司法書士会連合会 編　　（Ａ５判・401頁・定価 本体3500円＋税）

2017年11月刊 多重債務者の生活再建をも見据えた債務整理事件の実務指針を明示！

債務整理事件処理の手引
―生活再建支援に向けて―

相談から事件処理方針決定までの基本的な考え方、任意整理・特定調停・個人民事再生・個人破産の特徴を押さえた手続選択と実務の流れを詳解！　債務整理事件の執務のあり方や、生活保護などの社会保障制度の利用方法にも言及！

日本司法書士会連合会 編　　（Ａ５判・331頁・定価 本体3500円＋税）

2015年5月刊 家事事件手続法の求める新しい家事調停の当事者支援の指針を示す！

離婚調停・遺産分割調停の実務
―書類作成による当事者支援―

離婚・遺産分割の調停手続の流れ、実務に必須の基礎知識、申立書等の記載例と作成上のポイントを網羅的に解説して、家事事件手続法の求める新しい家事調停手続における調停申立書等の書類作成を通じた支援の指針を示す！

日本司法書士会連合会 編　　（Ａ５判・486頁・定価 本体4400円＋税）

2015年6月刊 民法、児童虐待防止法、児童福祉法、家事事件手続法などの基礎知識と実務指針を示す！

未成年後見の実務
―専門職後見人の立場から―

親権を行う者がない未成年者の監護・教育、財産管理、契約等の法律行為に関する未成年後見人・未成年後見監督人の実務指針を示すとともに、関連制度の考え方や関連機関の利用方法などをＱ＆Ａ形式でわかりやすく解説！

日本司法書士会連合会 編　　（Ａ５判・221頁・定価 本体2400円＋税）

発行　**民事法研究会**

〒150-0013　東京都渋谷区恵比寿3-7-16
（営業）TEL 03-5798-7257　FAX 03-5798-7258
http://www.minjiho.com　　　　　　info@minjiho.com

■司法書士法の解釈と裁判例から導かれる具体的な執務のあり方を示す！

司法書士 裁判実務大系

第1巻　［職務編］

日本司法書士会連合会　編

A5判・421頁・定価　本体4,000円＋税

▷▷▷▷▷▷▷▷▷▷▷▷▷▷▷▷▷▷▷ 本書の特色と狙い ◁◁◁◁◁◁◁◁◁◁◁◁◁◁◁◁◁◁◁

▶ 裁判書類作成を通じた本人訴訟支援および簡裁代理の理論を探究し、司法書士による裁判実務の指針を示すとともに、司法制度における司法書士制度・司法書士法改正の位置づけ、法律相談・法律判断・倫理等の論点に論及！

▶ 和歌山訴訟最高裁判決・高裁判決・地裁判決、高松高裁判決、松山地裁西条支部判決など、裁判外の代理権や裁判書類作成の範囲が争点となった判例・裁判例を精緻に分析し、相談から委任事務終了までの日頃の業務において留意すべき点を具体的にわかりやすく解説！

▶ 続刊予定の第2巻［民事編］、第3巻［家事編］において解説される事件類型別の実務の基礎となる考え方がわかる！

❖❖❖❖❖❖❖❖❖❖❖❖❖❖❖❖❖ 本書の主要内容 ❖❖❖❖❖❖❖❖❖❖❖❖❖❖❖❖❖

第1章　司法制度の歴史における司法書士制度の位置

第2章　司法制度改革と司法書士制度

第3章　民事紛争解決機能からみた司法書士の多様な可能性

第4章　司法書士の裁判実務とは何か

第5章　裁判書類作成関係業務

第6章　簡裁訴訟代理等関係業務

第7章　司法書士の裁判実務をめぐる諸問題

　　Ⅰ　法律相談と法律判断

　　Ⅱ　裁判業務における倫理

発行　民事法研究会

〒150-0013　東京都渋谷区恵比寿3-7-16
（営業）TEL. 03-5798-7257　FAX. 03-5798-7258
http://www.minjiho.com/　info@minjiho.com

簡裁民事ハンドブックシリーズ

―― 持ち運びに便利なハンディな実務マニュアル！――

2018年10月刊 民事通常訴訟の必須知識をいつでも、どこでも確認できる！

簡裁民事ハンドブック①
〈通常訴訟編〉〔第2版〕

初版刊行（2006年10月）後の最新の法令・実務に対応させた第2版！　民事通常訴訟の必須知識をいつでも、どこでも確認でき、執務中の不意の疑問も解消！

塩谷雅人・近藤　基　著　　　　　　　　　　（Ａ5判・225頁・定価　本体2500円＋税）

2011年12月刊 少額訴訟手続の必須知識をいつでも、どこでも確認できる！

簡裁民事ハンドブック②
〈少額訴訟編〉

「Check Point」として少額訴訟の基礎知識を、「実務ノート」として実務上の留意点を解説するとともに、図表や書式・記載例を用いて視覚的にもわかりやすく解説！

近藤　基　著　　　　　　　　　　　　　　（Ａ5判・224頁・定価　本体2000円＋税）

2011年12月刊 少額訴訟債権執行手続を手続の流れに沿って豊富な書式・記載例で確認できる！

簡裁民事ハンドブック③
〈少額訴訟債権執行編〉

「Check Point」として少額訴訟債権執行に関する基礎知識を、「実務ノート」として実務上の留意点を解説するとともに、図表や書式記載例を用いて視覚的にもわかりやすく解説！

近藤　基　著　　　　　　　　　　　　　　（Ａ5判・204頁・定価　本体1900円＋税）

2018年5月刊 民事保全手続を手続の流れに沿って豊富な書式・記載例で確認できる！

簡裁民事ハンドブック④
〈民事保全編〉

手続の流れに沿った章立てと、各章の冒頭に図示したフローチャートによって、手続の各段階で必要となる知識、準備しなければならない主張や書面の確認に極めて至便！

近藤　基　著　　　　　　　　　　　　　　（Ａ5判・186頁・定価　本体2300円＋税）

2018年7月刊 訴え提起前の和解事件を手続の流れに沿って豊富な書式・記載例で確認できる！

簡裁民事ハンドブック⑤
〈訴え提起前の和解編〉

訴え提起前の和解手続について、手続の流れ・留意点の解説と和解条項の記載例をコンパクトに1冊にまとめた実務必携書！

近藤　基　著　　　　　　　　　　　　　　（Ａ5判・174頁・定価　本体2300円＋税）

発行　民事法研究会　〒150-0013　東京都渋谷区恵比寿3-7-16
（営業）TEL 03-5798-7257　FAX 03-5798-7258
http://www.minjiho.com/　　　info@minjiho.com

実践　訴訟戦術シリーズ（全3巻）

2014年2月刊　勝つためのノウハウ・負けないための留意点・和解のための段取り等を詳解！

実践　訴訟戦術
――弁護士はみんな悩んでいる――

法廷マナー、訴状・答弁書の書き方、尋問の手法、控訴の留意点、依頼者との関係のあり方など、訴訟戦術の視点から若手・中堅・ベテランが新人弁護士の質問に答える貴重な研究会の内容を開示！

東京弁護士会春秋会　編　　　　　　　　　　　（Ａ５判・275頁・定価　本体2300円＋税）

2016年2月刊　示談・接見・尋問・文書作成の手法から公判・上訴・裁判員裁判に取り組む戦術的視点を詳解！

実践　訴訟戦術［刑事弁護編］
――弁護士はみんな悩んでいる――

示談、交渉、刑事文書作成、尋問、上訴から裁判員裁判まで効果的な弁護活動のあり方を検証し、弁護人が刑事事件にどのように取り組むべきかを解説した手引書！

東京弁護士会春秋会　編　　　　　　　　　　　（Ａ５判・391頁・定価　本体3200円＋税）

2018年3月刊　ＤＶ事案や渉外離婚といった個々の類型における留意点にも言及し、実務全般をカバー！

実践　訴訟戦術［離婚事件編］
――弁護士はここで悩んでいる――

交渉から裁判手続、執行までの手続上の留意点から子ども、離婚給付等の争点、最近のトピックの渉外離婚まで経験豊富な弁護士が新人弁護士の質問に答える貴重な研究会の内容を開示！

東京弁護士会春秋会　編　　　　　　　　　　　（Ａ５判・603頁・定価　本体5400円＋税）

発行　民事法研究会

〒150-0013　東京都渋谷区恵比寿3-7-16
（営業）TEL 03-5798-7257　FAX 03-5798-7258
http://www.minjiho.com/　　info@minjiho.com

■**研究のあり方、求められる理論、実務における理論活用の実際を提示！**

これからの 民事実務と理論
―実務に活きる理論と理論を創る実務―

伊藤　眞　加藤新太郎　永石一郎　編

A 5 判・429頁・定価　本体 4,300円＋税

▷▷▷▷▷▷▷▷▷▷▷▷▷▷▷▷▷▷▷▷ **本書の特色と狙い** ◁◁◁◁◁◁◁◁◁◁◁◁◁◁◁◁◁◁◁◁◁

▶「実務は理論に何を期待するか」「理論は実務にしていかなる貢献をなしうるか」。
斯界最高の執筆陣が、法学研究者、法律実務家に向けて、理論構築と実務における
理論の活用・実践のあり方を、自らの経験を踏まえ考察！

【本書執筆者（執筆順）】
伊藤　眞／加藤新太郎／福田剛久／森　宏司／永石一郎／岡　正晶／早川眞一郎／山野目章
夫／大杉謙一／山本和彦／滝澤孝臣／上田裕康／岡　伸浩／伊藤　尚／東畠敏明／後藤　出
／四宮章夫／中井康之

❖❖❖❖❖❖❖❖❖❖❖❖❖❖❖❖❖❖❖❖ **本書の主要内容** ❖❖❖❖❖❖❖❖❖❖❖❖❖❖❖❖❖❖❖❖

第1編　法律学研究のあり方
　　　　―実務から求められる研究とは
第1章　研究者ノススメ
　　　　―理論と実務の狭間（tiraillé）に半世紀（反省記）
　　　　伊藤　眞
第2章　実務家にとっての理論研究の価値
　Ⅰ　弁護士役割論研究の歩み
　　　―実務家は実用法学研究に寄与できるか
　　　加藤新太郎
　Ⅱ　判例の形成と学説
　　　福田剛久
　Ⅲ　学説による判例形成とは何か
　　　森　宏司
　Ⅳ　要件事実論の変遷
　　　―IBM事件からみた租税訴訟における要件事実論およ
　　　び証明責任分配論
　　　永石一郎
　Ⅴ　立法（民法改正）と学説
　　　―「契約の解釈に関する基本原則」についての学説と
　　　実務の対話に向けて
　　　岡　正晶
第2編　法学研究の法律実務への活用
第1章　理論と実務の架橋
　Ⅰ　比較法研究の意義
　　　早川眞一郎

　Ⅱ　実体法研究と実務展開
　　　山野目章夫
　Ⅲ　会社法研究と実務展開
　　　大杉謙一
　Ⅳ　民事手続法研究と実務展開
　　　山本和彦
　Ⅴ　学説（少数説を含む）の存在意義
　　　滝澤孝臣
　Ⅵ　理論が実務を変える場面
　　　上田裕康
　Ⅶ　実務家と理論研究
　　　岡　伸浩
第2章　実務変革の手段としての理論の活用場面
　Ⅰ　実務家にとっての理論の位置づけと研究者への期待
　　　伊藤　尚
　Ⅱ　「法理論」から「法的真理」へ
　　　東畠敏明
　Ⅲ　金融取引の組成における理論の活用場面
　　　―その一例としての仮想通貨の私法上の位置づけに
　　　ついての検討
　　　後藤　出
　Ⅳ　私的整理の普及のための研究の必要性
　　　四宮章夫
　Ⅴ　別除権協定をめぐる理論と実務
　　　―倒産手続における担保権の不可分性について
　　　中井康之

発行 ㊞ **民事法研究会**

〒150-0013　東京都渋谷区恵比寿3-7-16
（営業）TEL. 03-5798-7257　FAX. 03-5798-7258
http://www.minjiho.com/　info@minjiho.com